本书为国家民族事务委员会民族问题研究项目《藏区政务微信发展策略研究》（编号：2017-GMD-009）成果；国家民族事务委员会高等教育教学研究项目暨西南民族大学教育教学研究与改革重点项目《新媒体环境下彝学本科人才培养模式优化发展研究》成果

媒介化社会与少数民族发展研究

林晓华◎著

中国社会科学出版社

图书在版编目(CIP)数据

媒介化社会与少数民族发展研究/林晓华著.—北京:
中国社会科学出版社,2017.8
ISBN 978-7-5203-0740-6

Ⅰ.①媒… Ⅱ.①林… Ⅲ.①传播媒介—影响—
少数民族—民族发展—调查研究—中国 Ⅳ.①K28

中国版本图书馆CIP数据核字(2017)第168829号

出 版 人 赵剑英
责任编辑 李炳青
责任校对 周 昊
责任印制 李寡寡

出 版 中国社会科学出版社
社 址 北京鼓楼西大街甲158号
邮 编 100720
网 址 http://www.csspw.cn
发 行 部 010-84083685
门 市 部 010-84029450
经 销 新华书店及其他书店

印刷装订 北京鑫正大印刷有限公司
版 次 2017年8月第1版
印 次 2017年8月第1次印刷

开 本 710×1000 1/16
印 张 13
字 数 221千字
定 价 56.00元

敲门

作者在“小凉山”（云南省楚雄彝族自治州元谋县凉山乡）走访彝族青年

作者在牟定县江坡乡彝族聚居区访谈

调研组入户访谈

序　言

关注文化民生工程的一部力作

白润生

林晓华撰写的《媒介化社会与少数民族发展研究》，从文化民生理念的视角研究我国少数民族地区“三农”问题，其学术价值在于调查少数民族地区农村信息传播现状，探索少数民族传播的深层模式，提高少数民族农民的媒介素养，提升媒体融合及其传播能力，为少数民族地区农村的社会发展，探索一条可行的发展之路。这部著作是我国少数民族新闻传播学大花园中又一朵鲜花。

中国少数民族新闻传播事业兴起于20世纪初叶，至今已有110多年的历史了，当前已形成了多语种、多层次、多渠道的新闻传播体系。截至2014年底，全国少数民族文字报纸出版103种，平均期印数117.52万份，总印数21443万份，总印张317683万张，总金额13724万元。[①] 期刊出版方面，全国少数民族文字期刊出版227种，平均期印数129.55万册，总印数1254.50万册，总印张5848.86万张，总金额6585.82万元。[②]

2014年，全国少数民族广播节目播出时间合计1405.83万小时，较上年增长1.91%；全国少数民族电视节目播出时间1747.61万小时，较上年增长2.46%。2014年全国少数民族广电总收入4226.27亿元。[③] 从中央到地方，包括省（自治区）、地（州盟）、县（旗）共办有蒙古、藏、维吾尔、哈萨克、朝鲜、壮、彝、傣等20余种少数民族语言的广播电视节目，呈现出满园春色、欣欣向荣的繁荣景象。

---

① 《2015年中国新闻年鉴》，中国新闻年鉴社2015年版，第852页。

② 同上书，第861页。

③ 同上书，第863页。

中国少数民族新闻传播研究始于20世纪80年代中叶。当时已有一些成果问世，并创建了专门的研究机构，如内蒙古新闻研究所。内蒙古新闻研究所当年作为全国唯一的一所省（区）级的专门研究机构，还创办了蒙古文版和汉文版的新闻业务刊物《新闻论坛》。1988年11月上旬，中国少数民族新闻研究会（现更名为：中国报协民族地区报业分会）在贵州省黔东南苗族侗族自治州首府凯里成立。该会系全国性的新闻学术团体，并创办《民族新闻界》（初名《民族新闻》）作为会刊。这个研究会的影响十分广泛，尤其在新闻业界。

内蒙古乌兰察布日报社原副社长兼副总编辑马树勋（回族）主任编辑是我国少数民族新闻学的开拓者之一。他的主要著作有《民族新闻探索》《民族新闻纵横谈》《民族地区采访经验谈》《中国少数民族文字报纸概略》等。其中，《民族新闻探索》获内蒙古自治区社会科学二等奖。

进入20世纪90年代，少数民族新闻研究获得初步发展。1994年由中央民族大学出版社出版的《中国少数民族文字报刊史纲》，引起了新闻界和新闻学术界的广泛关注。1996年该书获北京市第四届哲学社会科学优秀成果二等奖，1998年获教育部普通高等学校第二届哲学社会科学优秀成果二等奖。1997年广西师范大学出版社出版了白克信（回族）、蒙应的《民族新闻学导论》，填补了少数民族新闻学研究的一项空白。1998年出版的《内蒙古日报五十年》，论述和总结了我国最早的少数民族文字省级党报《内蒙古日报》半个世纪的发展历程和办报经验。

进入21世纪少数民族新闻传播学研究，取得了更加丰硕的成果，甚至有人称之为“显学”。史学方面有林青主编的《中国少数民族广播电视发展史》（2000）、周德仓撰写的《西藏新闻传播史》（2005）和《中国藏文报刊发展史》（2010）、白润生主编的《中国少数民族新闻传播通史》（2008）和《中国少数民族新闻传播史》（2008）、帕哈尔丁撰写的《新疆新闻事业史研究》（2009）、张丽萍撰写的《内蒙古民国报刊史研究》（2014）等。实务方面有牛丽红撰写的《新闻报道中的西北民族问题研究》（2007，获甘肃省第十一届社会科学优秀成果三等奖）、刘世树等撰写的《走向辉煌——新时期中国民族市州报发展谋略初探》（2011）等。理论研究有张小平撰写的《民族宣传散论》（2005）、邱沛篁等主编的《西部大开发与西部报业经济发展研究》（2008）、王晓英撰写的《民族新闻传播简论》（2013）等。周年纪念著作、文集有张小平等主编的《实践与思考——中央人民广播电台民族广播55周年》（2005）、莫树吉主编的《走向辉煌——西藏人民广播电台四十五周年巡礼》（2004）、白润生撰写的《白润生新闻研究文集》（2004）和《守护好我们的精神家园——白凯文少数民族文化文选》（2014，获“新闻传播学学会奖”第二届组委会特别奖）、周德仓等主持的《西藏新闻传播与社会发展研究》文集（2013年结项）等。传播学著作有张宇丹主编的《传播与民族发展——云南少数民族地区信息传播与社会发展关系研究》（2000）、益西拉姆撰写的《中国西北地区少数民族大众传播与民族文化》（2002）、郭建斌撰写的《鄂伦春族：黑龙江黑河市新生村调查》（2004）和《独乡电视：现代传媒与少数民族乡村日常生活》（2005）及《寻找格桑梅朵——西藏昌都地区流动电影放映田野研究实录》（2015）、阿斯买·尼亚孜撰写的《新闻传播与少数民族受众》（2006）、赵丽芳撰写的《存异求同——多元文化主义与原住民媒体》（2008）、徐晓红撰写的《民族地区媒介素养引论》（2010）、庄晓东等撰写的《网络传播与云南少数民族文化的现代建构》（2010）、孙信茹撰写的《广告与民族文化产业》（2011）、高卫华主编的《民族文化传播与地方社会发展研究报告》（2011）、岳广鹏撰写的《冲击、适应、重塑：网络与少数民族文化》（2012）、李克撰写的《冲击碰撞下的交流与融合——西北民族地区大众传播现状与对策研究》（2013）、朱杰撰写的《徘徊与踌躇中的抉择——西北民族地区大众传播与社会变迁研究》（2013，获甘肃省第十四次哲学与社会科学优秀成果奖）、张硕勋撰写的《大众传播与西部民族地区社会变迁——以甘肃藏族地区为例》（2015）、中南民族大学大民族文化传播研究中心编《民族文化传播研究》（2015）。工具书有徐丽华编著的《藏学汇志》（2003）、白润生主编的《中国少数民族新闻工作者生平检索》（2007）、周德仓整理的《〈申报〉涉藏文献索引（1872—1949）》（2015）等。调查报告有《当代中国少数民族新闻事业调查报告》（2010，获教育部第六届高等学校科学研究优秀成果三等奖）、王斌等撰写的《少数民族地区电视传播效果研究——以西藏、新疆地区为例》（2012）、郑保卫等主编的《中国少数民族地区新闻传播发展报告（1949—2010）》（2012）、张志等主编的《人·媒介·社会互动与发展》（2012）等。以上仅是就笔者所掌握的资料列举的八类四十部研究成果，难免挂一漏万。

中国少数民族新闻传播研究基本由三大块构成，即史学研究、对现实的观照、理论的沉淀与提升。我完全赞成本书作者林晓华的见解，“少数民族新闻传播学学科的建立，首先是历史的沉淀，其次是对现实的观照，最后过渡到理论的抽象，这是一般研究的规律”。从以上八类四十部研究成果来看，诚如林晓华所言，“建立完善的研究机制和研究格局，构建少数民族新闻传播理论体系这一块，目前还是这个研究领域的薄弱环节”。2012年我为王晓英副教授的专著《民族新闻传播简论》写的序里说，“我们越是肯定史学成果的丰富与创新，越发觉得少数民族新闻理论的研究相对滞后”。“《简论》的问世，变一条腿走路为两条腿走路，‘史’‘论’并进，为少数民族新闻传播学学科建设找到了新的支撑点。”王晓英《民族新闻传播简论》的出版，虽然对“薄弱环节”有所缓解，但并未彻底改变林晓华所指出的弱项。

总体来看，进入21世纪之后的少数民族新闻传播学研究已有长足发展，研究队伍壮大，研究成果日益丰富，还创办了自己的学术组织。2011年7月19日，经国家民政部批准，中国新闻史学会少数民族新闻传播史研究委员会正式批准成立，并于2012年12月3日在中央民族大学召开成立大会。少数民族新闻传播史研究委员会是中国新闻史学会所属全国性的二级分支机构，也是全国第一个由国家主管部门批准的少数民族新闻传播研究学术团体。业务范围是理论研究、学术交流、书刊编辑、咨询服务，接受教育部和民政部的业务指导和监督管理。中央民族大学文学与新闻传播学院副院长赵丽芳副教授当选为第一任会长，内蒙古日报社《新闻论坛》主动与研究委员会合作，成为刊发少数民族新闻传播学研究成果的主要平台之一。2016年5月28日，少数民族新闻传播史研究委员会第二届常务委员会在河北大学新闻传播学院召开，在第二任会长白贵教授主持下，常务委员会就研究委员会章程、入会条件的修改，副会长、常务理事、理事单位及相关人员的增补和调整方案，下一阶段学会工作及发展方向等问题进行了讨论，并一致决定将开办研究委员会官方网站和官方微信公众号。研究委员会将继续健全运行机制，丰富活动内容，加强与中国新闻史学会的联系、沟通与配合，扩大成员队伍，提升协调能力和管理水平，团结更多的各族学者和媒体从业人员，在保持自身特色的同时，尽快把研究委员会的各项事业和工作提高到新水平。

本书的出版，是我国少数民族新闻传播研究走向繁荣的最新成果之一。林晓华主要从事少数民族新闻传播教学与研究，2012年他撰写的少数民族调研报告获得中共中央办公厅、国务院办公厅的首肯，这次在调研的基础上撰写的《媒介化社会与少数民族发展研究》，是在其利用本校学生遍布全国少数民族地区的优势，先后组织团队开展五次媒介调研的基础上，获取的少数民族农村“媒化”现状与少数民族发展的一大收获。该书的学术价值、作者的功力集中体现在第四章“对策思考：提升少数民族地区媒介的传播能力”和第五章“深层模式：民族传播中‘媒化’机制研究”之中。

第四章主要总结和论述作者2006—2015年近十年五次深入民族地区，围绕同一主题“大众传播与少数民族发展”调研的结果，结论是：民族地区自然灾害与重大突发事件频发度呈上升趋势，大众传播面临新的压力与考验；传统主流媒体（电视、报纸）依然有重大影响力，而传播不及时、不全面的短板也十分明显。尤其是有突发事件袭来，网络、手机则成为少数民族高信任度、高使用度的媒体。由于微博、论坛、贴吧等新媒体没有严格的把关人，在突发事件中如何“控制舆情”，发挥“提振”作用，改变新媒体在民族地区的失衡状态，作者据实提出切合实际的举措。首先改变传统主流媒体的播报方式；政府重点发展民族地区传媒“双语合璧”机制，使之尽量跨越“有声有影有字”初级阶段，做到传播的“入脑入耳入心”。在这一章还设有两节即第二节民族地区突发事件舆论引导对策探究和第三节少数民族出版业的数字化发展策略，对于如何提升民族地区舆论引导能力进行了探索。

在第五章，作者就羌族、哈尼族、藏族信息传播中“媒化”机制的深层模式进行了专门研究。羌，亦称羌戎。古族名。商周时，已广泛分布在今青海、甘肃、新疆南部和四川西部一带，有一部分羌人曾迁入中原定居。羌族，中国55个少数民族之一。自称“尔玛”或“尔咩”。主要分布在四川省茂汶羌族自治县以及汶川、理县、黑水、松潘、北川等县。现存的石棺葬，属羌人中戈基人的墓葬，为西汉文物。1936年4月中国工农红军经过羌族地区时，成立茂县工农民族政府。新中国成立前处于封建地主经济发展阶段。羌族是一个只有民族语言，没有文字的古老民族。大多信奉原始宗教，最敬白石神。哈尼族，主要分布在云南省南部，其中以红河哈尼族彝族自治州的红河南岸，墨江哈尼族自治县、元江哈尼族彝族傣族自治县、江城哈尼族彝族自治县及西双版纳傣族自治州、澜沧江拉祜族自治县为多，云南北部和中部地区亦有分布。操哈尼语。1957年创制哈尼文，属拼音文字类型。藏族分布在西藏自治区以及四川、青海、甘肃、云南等省的部分地区。使用藏文藏语。多信奉喇嘛教，文化遗产丰富。公元641年松赞干布与文成公主联姻，710年，赞普墀德祖赞又与唐金城公主联姻，双双成为中国历史上的佳话。中国工农红军长征时，在阿坝、甘孜等地建立过革命政权。新中国成立前，大部分地区保持着封建农奴制度。1959年平息了一小撮上层反动分子的叛乱。实行民主改革，废除农奴制度，径直跨入社会主义历史阶段。

“媒化”机制是当今网络时代，经过大众传媒展演之后，在少数民族传播中形成的“深层模式”。作者认为，自古以来形成羌笛“悲凉”的“刻板印象”的原因是羌族文化传播中缺乏“主体性”。由于传媒设置议程的变更，关于天仙妹妹的传媒报道摒弃了庸俗的网络炒作话题，围绕羌族文化的挖掘、保存和发扬的主题，把人们的目光引导到对羌族儿童，尤其是女童的关怀上。汶川地震后，天仙妹妹以自己的网络身份换得无数“粉丝”对灾区的关注和支援。2008年，尔玛依娜（天仙妹妹）入选奥运火炬手，成为羌族文化的代言人。由被动而主动的议程设置的转变，实现了对羌族文化的理性传播。在作者看来，具备了“自然主体”和“文化主体”本民族认可的人物才可实现羌族文化的正确、全面传播。2008年汶川大地震，羌族文化遭到近于毁灭性的打击。全国各大媒体就保护和传承羌族（羌笛、羌女、羌绣、羌碉、羌语、释比）文化进行持续报道和紧急呼吁。震后八年，羌族文化遗产受到前所未有的重视和保护，羌族文化美丽重生。作者认为，羌族的整体文化自觉，是加强羌族文化传播主体性的根本。羌族文化的完整保护、延续与开发，首先是羌族人民的自觉，所有羌族人民都应有保护民族文化的主体意识。

在探讨哈尼族“媒化”机制深层模式时，作者提出“少数民族文化屏障”的理念。他强调：“少数民族文化屏障，指借助宗教信仰这种在族群群体中具有高认同度的强势文化，在群体与个体心理上树立具有内生性的规范机制、约束机制，从而在群体成员中形成对于族群文化传承、生态建设理念的高度认同。由此，借助宗教艺术力量，使得民众自发保护自然，并把对精神生活的不断追求、不断纯净，作为族群所有成员的集体意识。”这一理念的提出具有重要的现实意义。诚如作者所阐述的那样，“哈尼族万物有灵的宗教信仰、人与自然高度和谐的生态智慧，则可成为我国生态文明理论的另一重要来源：民族资源”。人类总是不断甚至无限地向自然索取，导致严重的生态危机，其原因是“不加约束、不加规范的主体性”。如何规范、约束主体性呢？其实也比较简单，即人类的生产活动、各种社会活动不要危及生态平衡。政府、法律的力量固然重要，更重要的是培养内在的调节机制。作者认为，哈尼族宗教艺术中生态文化屏障概念对于建立个体心理的内在规范机制，将生态保护内化为全民的心理意识有重要的现实意义。哈尼族文化面对强势文化的冲击，仅仅依靠宗教文化力量保护本民族的生态文明建设，显然是处于“守势”，而借助民族文化屏障，对本民族生态建设将彰显其应有的价值。

调研表明，西藏自治区正在加速进入网络社会。互联网在西藏的普及，缩短了西藏外界的时空距离，改变了沟通交流方式。媒介化引起了整个社会生产、生活方式的转型。

1. 媒介化对藏族传统节日文化的影响重大，给藏族人民的生活带来了变化。本次调查在拉萨藏历新年期间进行，通过对调查数据的分析，发现新媒体在调查样本中已实现全覆盖，并为藏族传统节日文化注入了新的元素。比如，拉萨藏历新年期间藏族同胞喜欢发微信红包，发微信联系亲友，送上节日的祝福；节日期间，人们通过手机、互联网观看全球各地的电视剧、电影，收听流行音乐，不少人渐渐不爱观看传统的藏族歌舞表演。流行音乐、电视剧、电影，一看就懂，而且可以根据自己的爱好进行选择。

2. 网络社会给这个全民信教的民族带来的变化是深远的。部分人空闲时间不再去寺庙拜佛、转经、祈祷，而是去游玩。尤其是年轻人，他们认为宗教活动比较沉闷，游玩更有趣；网络游戏、手机游戏种类繁多，有趣味；通过新媒体了解世界各地节日的庆祝方式，也想将其融入到自己的节日中去。供“切玛”，尝“切玛”，到亲戚家拜年送“切玛”，这个长期形成的习俗，近几年正在逐渐消失，尤其是在城市已经少见了。过年①不少人家喜欢贴藏文春联，走亲访友不再带“切玛”，而是送礼盒。生活节奏的加快，使得部分藏族同胞在重大节日不再穿藏装，喜欢穿衬衫、裤子、裙子。因此，在保留自身特色的同时，藏装也在进行改革，融入了其

① 藏族的“年”，因时间与习俗不同有三个：拉萨等地以藏历正月初一为新年，称为“帝王年”；曲水、日喀则、江孜等地以藏历十二月初一为新年，称为“农民年”；工布、米林、林芝等地则以藏历十月初一为新年，称为“工布年”。

他民族的服装特点。总之，媒介化的影响重大而深远。从传统节日习俗到新潮节日的庆祝方式，从心理到行动，从单一民族文化到多种民族文化的融合，以及社会生活方式的方方面面都发生了变化。当前，学界提出的“文化援藏”观点，成为藏族传播中“媒化”机制中“治边稳藏”的重要途径。

调查证明，“新媒体已成为藏族传统节日文化传承的重要手段，为藏族民间传承与保护提供了一种可能的途径”。新媒体的出现使藏族社会媒介化进程加快，极大地增强了媒介对社会政治、经济和文化的影响力。

羌族、哈尼族、藏族等民族传播中的“媒化”机制研究，虽是个案特色研究，但代表性强，论证具有说服力，成为“少数民族社会在‘媒化’进程中，正在逐步建构出一种新的族群性”这一结论的有力支撑。作者这种水到渠成的内在的逻辑力量，令人心悦诚服。

通读全书，作者潜心研讨的“大规模的‘媒介化’进程中，少数民族农民的媒介素养问题；传统媒体、新兴媒体对少数民族农民的影响；少数民族新闻传播的深层模式探究；媒介化与少数民族族群的互动”，等等，无不关注少数民族百姓的日常生活和精神状态，并以少数民族同胞熟悉的、喜爱的书写形式和价值取向彰显论题的个性与品质。显然，《媒介化社会与少数民族发展研究》是一部字里行间洋溢着关乎亿万少数民族同胞的“家”“国”情怀的“文化民生”工程力作。

是为序。

自　序

十年光影

2016年5月22日，四川大学新闻学硕士生答辩，我列席答辩委员，遇到博士同门冯、杨、陈三位师兄。冯师兄谈起：今天是一个特殊的日子，是我们博士论文答辩十周年纪念日。大家感慨良多，不胜唏嘘。

5月22日对于我来说也是个特殊的日子。写作一年多，书稿《媒介化社会与少数民族发展研究》一书在今天结稿了。写自序时，心中有一点点如释重负，更多的是对这十年时光的回首。

十年风景，光影变幻。2003年我进入四川大学攻读文艺与传媒方向博士学位，导师邱沛篁教授就曾提点我要多关注少数民族新闻事业的发展，研究少数民族传播现象。2004年博士论文选题，在邱老师指导下，我确定了《媒介素养与少数民族发展》作为学位论文论题，并带领学生到少数民族地区开展了第一次媒介调查。2006年取得博士学位后，利用本校学生遍布全国少数民族地区的优势，我又先后组织团队开展了数次媒介调研，这几次调研的方向为：民族地区农村"媒化"现状与少数民族发展。

少数民族新闻传播研究是一个有着重大现实意义与理论价值的学科。近年来，这个领域出现了一批优秀的学术成果。如中央民族大学白润生教授，以20年的功力凝聚成《中国少数民族新闻传播通史》，该书全景式地记录了中国少数民族新闻传播事业（报刊、广播、电视、网络、新闻教育与研究、队伍建设）的兴起、发展和繁荣，全面系统地挖掘和阐发了其中所蕴涵的新闻传播规律。书中指出：中国历史新闻传播学是中华民族共同创造的，没有55个少数民族的新闻事业的新闻传播就不可能是一部完整的、科学的、系统而全面的史学著作。此类优秀著作还有西藏民族大学周德仓教授的《中国藏文报刊发展史》，该书的出版，填补了藏文报刊史的一个重大空缺。此外，云南大学郭建斌教授的《独乡电视：现代传媒与少数民族乡村日常生活》，以个案研究的方式，在传播民族志和媒介人类学方面进行了广泛深入的探讨。实际上，近年来这个领域的论著如雨后春笋般不断涌现，以上三部著作仅是近年出版的民族传播学术成果中的佼佼者。

以我之浅见，少数民族新闻传播研究的基本构成有三大块：一是史学研究；二是对现实的观照；三是理论的沉淀。前面所述的三部专著正是史学研究与现实观照的优秀代表。少数民族新闻传播研究，首要的事情是历史的积淀。其次，这个学科的重要意义在于：直面现实，特别是直面现实的困难和挑战。

在大多数情况下，研究者面临的是大众传播与民族地区社会变迁的具体问题，在社会大规模的“媒介化”进程中，传播作为少数民族地区居民的日常化、生活化的一部分，是如何在本地的社区网络中嵌入、运行并发挥影响的？

因此，在将“媒介化社会与少数民族发展”作为论题时，我们面对的是这样的问题：在今天的中国，大众传媒无所不在的触角已延伸到了乡村的角角落落；那么，大众传媒对少数民族农民生活的影响主要在哪些方面？有多大的影响？大众传媒在少数民族农村扮演了什么样的角色？

针对上述问题，结合十年来的五次少数民族地区调研数据，我努力对民族传播的深层模式进行综合、概括、提炼，并进而探索：在媒介化进程与少数民族族群性的互动中，少数民族是否会演化出一种新的族群性？

以上思考，可以说是我致力于民族传播研究十年光影的一个句号。虽然思考暂告一个段落，书稿已经成形，但是我深知它的肤浅，也可能随处是缺陷。但是，我们不妨把它当作一次新的起点。如前所述，当前少数民族新闻传播学研究在历史的积淀、对现实的观照这两方面已有大成；但是，在建立完善的研究机制和研究格局，构建少数民族新闻传播理论体系这一块，目前还是这个研究领域的薄弱环节。

探索既然开始，关于少数民族地区新闻事业与信息传播现状的研究，少数民族新闻传播学理论体系的建构，特别是媒介化进程如何促进少数民族地区发展这个有着极强现实意义，同时又充满挑战的命题，相信会有更多的实践者、研究者去不断推动、深化它。

林晓华

2016年5月22日于西南民族大学

目　　录

绪　论

一　研究对象

本书研究对象为：媒介化社会与少数民族发展。主要内容包括：大规模的社会"媒介化"进程中，少数民族农民的媒介素养问题；传统媒体、新兴媒体对少数民族农民的影响；少数民族信息传播的深层模式探究；媒介化与少数民族族群性的互动。

我国的少数民族主要分布在内蒙古、新疆、宁夏、广西、西藏、云南、贵州、青海、四川、甘肃、黑龙江、辽宁、吉林、湖南、湖北、海南等省、自治区，2010 年 11 月 1 日为 11379 万人。[①] 少数民族地区约占我国总面积的 60%，民族地区地域辽阔，资源丰富，我国著名的五大天然牧区都在民族地区。此外，少数民族地区还有大量的森林资源、水力资源、矿藏资源以及丰富的动植物资源和旅游资源。

推动少数民族农村社会变迁的是综合合力，传播媒介只是其中因素之一，但随着传播媒介在整个社会生活中占的比例越来越大，传播媒介在农村社会结构中的地位越发重要；于是关于媒介与少数民族农村社会变迁、发展的研究也越来越受到重视。

首先，从国家层面来看，少数民族地区现代化进程是关系到我国社会整体发展的大问题。现代化理论主要将大众媒介视为社会由传统走向现代的动因，所以，循着大众媒介这条主线，加强对少数民族农村媒介化现状及其发挥的作用研究，可以提升我们对少数民族新闻传播在促进现代化进程、凝聚国家认同两方面的认识。

其次，从学科建设看，开拓少数民族新闻传播研究的新领域，提升其研究水准，可以充实中国新闻传播学的学科建设。作为中国新闻传播学的

---

① 《第六次人口普查》，国家统计局 http：//www. stats. gov. cn/。

一个重要分支，近年来颇为兴盛的少数民族新闻传播研究，改变了过去只限于研究以汉语文为载体的新闻史的单一格局，充实了中国新闻传播学的研究及学科建设。

本书研究主体是少数民族农民。[①] 少数民族农民是媒介化社会中的“双重弱势群体”。首先，与发达地区居民相比，少数民族农民无论在大众传媒设施的拥有还是信息资源的接收等方面，整体上都处于弱势地位。其次，少数民族农民与本地区城市居民相比又处于弱势地位，少数民族农民是媒介化社会中名副其实的“双重弱势群体”。

弱势群体（social vulnerable groups），系指社会中在生活上比其他社群拥有较少的控制力和主宰力的群体，这群成员处于其他社群所支配的社会，其接受教育，追求成功、财富与个人幸福的机会，远比其他社群有限。因而，相对于主流群体（dominant group）或强势群体（majority group）而言，弱势群体往往扮演附属的角色。台湾传播学者黄葳威教授认为，弱势群体通常具备以下特质：1. 感受到强势群体的偏见、歧视、隔离等形式的不平等；2. 在生理上或文化上不同于强势群体；3. 每一个人无法自愿选择成为弱势群体；4. 由于意识到自己的附属地位，这种认知导致强烈的族群孤立，因为当一个群体长期被歧视，其成员对此群体的归属感逐渐形成，且日益强烈，而对于主流社会日渐疏离甚至仇视。[②]

按道理说，大众传播媒介既为社会整体，也为其中的团体、个人传递不同的次文化，但在实际上并非如此。在我国，“弱势群体”是一个特殊的名词，主要指信息的不对称、经济收入的不对称以及能力上的不对称的群体，他们离社会的主流文化或生活方式相对偏远，而主流文化或生活方式对边缘群体有明显的歧视，“弱势群体”很难进入主流文化或生活方式。当前中国“弱势群体”具备两个特征，其一是生活贫困，另一特征是在就业竞争中处于弱势地位。从这两个特征来看，少数民族农民属于典型的弱势群体。

---

① 少数民族地区的农村居民自然以少数民族为代表；但在同时，生活在这个区域内的农民，无论是少数民族还是汉族，他们对各种媒介信息的解读、评判能力及使用媒介信息为个人生活、社会发展服务的能力，基本上都处于同一水平。因此，本书的研究对象虽然描述为“少数民族”，但实际指生活在少数民族地区所有族别的农村居民。

② 戴元光、陆琼琼：《弱势群体在中国电视中的“弱势”》，中国新闻研究中心网 http://www.cddc.net。

关于少数民族，《中华人民共和国宪法》（2004 年修正）第四条规定："中华人民共和国各民族一律平等。国家保障各少数民族的合法的权利和利益，维护和发展各民族的平等、团结、互助关系。禁止对任何民族的歧视和压迫，禁止破坏民族团结和制造民族分裂的行为。国家根据各少数民族的特点和需要，帮助各少数民族地区加速经济和文化的发展。"① 如果我们从信息社会的角度出发，今天的少数民族农民因为所在区域的大众传播设施、技术等的相对落后，以及自身主动利用媒介信息的意识和能力的欠缺，还未能和经济发达地区居民享有、使用同等的信息资源。

据此，我们认为信息时代的"民族平等"，其实质应是少数民族农民和发达地区居民平等地共享社会信息的问题。而目前中国民族地区农村的特殊落后现状，以及国家对民族地区农村的高度重视，使我们认识到：

1. 从"媒介化社会与少数民族发展"角度来审视民族地区农村，是把传播学的理论资源用于解决中国实际问题的一个大胆尝试。其最大的意义可能还不在于为目前实证研究相对匮乏的民族传播学提供一些数据或案例，而是要为传播学研究的"本土化"、"民族化"，更是为少数民族农民素质的提高、民族地区农村的发展探索一条可能的途径。

2. 研究的现实紧迫感。随着"三农"问题成为我国社会发展未来一段时期内的主要任务，加强对农村，尤其是相对落后的民族地区农村信息传播现状的了解，并在此基础上探究民族传播的深层模式，就是一项社会的发展所赋予传播学科的现实的、紧迫的任务。

从 2006 年到 2015 年，笔者利用本校学生遍布全国少数民族地区的优势，开展了五次媒介调研活动，调研主线为：少数民族农村"媒化 "现状与少数民族发展。

表 0—1 **历年调研主题**

序号	调研时间	调研主题
1	2006 年	少数民族媒介素养现状
2	2008 年	大众传媒对少数民族农村的影响度
3	2010 年	传统主流媒体在少数民族地区的公信力状况

① 《中华人民共和国宪法》（2004 年修正），人民网 http：//legal. people. com. cn/n/2014/1204/c42510 - 26146159 - 2. html。

续表

序号	调研时间	调研主题
4	2012 年	手机媒体在少数民族农村信息传播中的作用
5	2015 年	主流意识形态在少数民族地区的影响力现状

由此，本研究综合运用媒介化社会、社会变迁、发展传播学等理论视角，立足于问卷调查和个案访谈，在调查的基础上进行实证分析。

二　文献综述

（一）国外研究概述

发展传播学理论认为：传播媒介促进现代化。传播学者施拉姆关于大众传播在发展中国家社会进步中的角色探讨是这一范式的理论注脚，罗杰斯关于创新与发明在农村中的传播扩散研究的研究则更进一步。

此外，两位美国学者的实证研究证明了这一理论范式的有效性。美国麻省理工学院勒纳教授的《传统社会的消失——中东的现代化》，通过对土耳其、黎巴嫩、约旦、埃及、叙利亚和伊朗六国的社会调查结果进行研究，将不同的传播系统与不同的社会发展阶段相对应，从而阐明传播媒介是社会发展进步之推手这一主题。另一位美国学者柯克·约翰逊的《电视与乡村社会的变迁》，选取印度马哈拉施特拉邦西部的两个偏僻村庄，采用民族志的研究方法深入村民的日常生活，“让他们讲述了他们与电视不断演变的联系，进而分析了电视在乡村生活中所扮演的角色及它在近几年中对极大改变印度农村的社会、经济与政治发展进程所产生的影响”①。研究的重点指向媒介对乡村社会日常生活深层次的制度化影响，包括“电视对社会性别、种姓制度和家庭关系产生了什么影响？村民的志向、前程和关切是什么？电视是怎样冲击他们的？村民们认为电视在该地区不同的社会、政治和经济过程中扮演了什么样的角色？”②

在西方，美国芝加哥大学的罗伯特·帕克（Robert Park）是最早对少数民族（族裔）和大众媒介的关系展开研究的学者。在美国芝加哥大学

① ［美］柯克·约翰逊：《电视与乡村社会的变迁》，展明辉、张金玺译，中国人民大学出版社 2005 年版，第 17 页。

② 同上。

的芝加哥学派中，对传播学影响最大的是被称之为“开创了大众传播研究的学者”的帕克。帕克是约翰·杜威（John Dewey）[①] 在密执安大学的忠实信徒（学士生），是乔格·齐穆尔（G. Simmel）[②] 在柏林大学的得意门生（博士生），又是一位绝无仅有的集新闻记者、出版代理人、雇用作家、专家和教授于一身的人。其代表性著作是与人合著的《社会学科学导论》（1921）、《城市》（1925）。但是，他最具影响力的还是《移民报刊及其控制》（1922），这本书是迄今为止关于早期美国传播学最重要的教科书和读物。

19 世纪末 20 世纪初，大量新移民来到美国。如何使这些新移民同化，是当时美国主流社会普遍关心的问题。同时，美国社会也存在着排斥新移民的现象。帕克深入少数民族社区，在对数十种外文报刊进行调查后，于 1922 年出版了关于移民报刊的专著《移民报刊及其控制》，反对压抑或控制这些报刊。他强调它们的角色有助于维护种族文化，并使读者透过家乡的语言而接触到大都会生活，使移民顺利融入美国社会中。

《移民报刊及其控制》共四部分十八章。第一部分“移民报刊的生存土壤”，分四章介绍了外语报刊存在的原因，移民报刊的欧洲背景，移民报刊与相互融合，移民报刊带来的启示；第二部分“外语报刊的状况”分五章分析了广告，地方报刊的发展，都市报刊，都市报刊与战争，阶级斗争；第三部分“移民报刊的历史”，分五章介绍了早期移民创办的报刊，后期的移民报刊，报刊对其移民状况的反映，报刊的生存斗争，以及适者生存的结果；第四部分“报业控制”，分四章讨论了控制杠杆，海默林的操纵控制，对手宣传与政府干预，联盟控制。

《移民报刊及其控制》是作为一种民族担忧的结果而问世的，即担忧美国的移民可能出现的不忠诚。成千上万的德国裔美国人会忠诚于美国还是会忠诚于 K. 威廉？他们会扩散宣传，还是会从事破坏？帕克指导了对

---

① 约翰·杜威（John Dewey），1859—1952，美国哲学家和教育家。在个性鲜明、思想活跃的所有美国教育家中，杜威的权威地位是世界教育界一致公认的。他和他的实用主义教育思想体系不仅在美国，而且在世界上许多国家都产生了深远影响。

② 乔格·齐穆尔（G. Simmel，又译为西姆米尔，1858—1918）是一位富有灵感的教师和多产的学者。齐穆尔不注重社会的大结构的分析，但对微观的小型的社会单位的考察却格外认真，见解独到。虽然他并未建立起一个社会学的“学派”，但他的学术成就确立了他在德国社会学界的权威地位，吸引了一批国内外的追随者，对于美国 20 世纪初的社会学（包括传播社会学和人际传播学）的发展也产生过很大影响。

移民外语报刊的研究。他发现，意第绪语、波兰语、德语等报刊主要帮助近来的移民懂得如何在北美生存下来。很少有报刊鼓励对于原先祖国的忠诚。美国的外语报刊通过帮助它们的移民读者同化于美国文化，而逐渐地构成了它们自己的角色。

帕克注重实证分析，将解决社会现实问题作为其主要的研究方向，他调查了芝加哥的贫民窟与当时颇为严重的犯罪问题。帕克的研究内容和方法，对日后欧美和日本等国从社会学角度研究媒体的学者产生了巨大的影响。

在《移民报刊及其控制》中，帕克提到了传播学一直到现在还在关注的论题：媒介内容怎样影响公众意见？大众媒介是怎样被公众意见所影响的？大众媒介是否能够带来社会改变？人际传播是怎样与大众传播进行联系的？这些问题，也是本论题“媒介化社会与少数民族发展”高度关注的问题。

（二）国内研究概述

国内关于媒介化与少数民族农村社会变迁的研究，基本构成有三大块：一是史料发掘，即少数民族新闻传播史的研究。二是对民族传播现实的观照，包括两方面，一方面是民族传播的受众调查与社区研究；另一方面是民族地区重大突发事件应对策略探讨。三是理论的沉淀，对民族传播现象进行综合性研究，以探究其深层传播模式，终极目的是少数民族新闻传播理论体系的构建。

首先，新史料的发掘。优秀学术成果代表如中央民族大学白润生教授的《中国少数民族新闻传播通史》，白教授的少数民族新闻史研究成果丰富，重在做了长期的资料搜集工作，实现了对民族传播一手资料的大量掌握。《中国少数民族新闻传播通史》全面、系统地记录了中国少数民族新闻传播事业的兴起、发展和繁荣，全面系统地挖掘和阐发了其中所蕴含的新闻传播规律，还纳入了新闻教育、民族传播研究队伍建设的总体情况。此外，在地方民族新闻传播史上，西藏民族学院周德仓教授出版了《中国藏文报刊发展史》。这两部著作的出现，标志着少数民族新闻传播史的研究已初具规模。

从研究论文来看，被引频次是文献计量学中被用来测度学术论文的社会显示度和学术影响力的重要指标，在 40 篇少数民族新闻传播高引用频次论文中，“少数民族新闻史方面的高被引用论文有 8 篇，排在少数民族新闻传播研究学术热点第二位”[①]。说明史料挖掘确是少数民族新闻传播史研究的热点问题。

其次，这个学科的重要意义在于：现实观照。直面现实，特别是直面现实的困难和挑战。现实观照这一块，分为两部分，一方面是民族传播的受众调查与社区研究；另一方面，2008 年以后民族地区重大突发事件频发，大量研究成果聚焦于民族地区重大突发事件应对策略探讨。

民族传播的受众调查与社区研究主要是运用社会学—人类学的理论视野，量化研究结合质化研究，进行民族传播的效果研究，或是以传播民族志的方法进行个案研究。民族传播的受众调查，代表著作有张宇丹主编，新华出版社 2000 年出版的《传播与民族发展——云南少数民族地区信息传播与社会发展关系研究》，作者组织调研团队，深入云南少数民族地区，就信息传播问题作实证调查，在取得大量第一手材料的基础上，研究其历史与现状，提出问题与对策，分析其发展趋势。南京师范大学方晓红教授《大众传播与农村》一书，以 2001 年所开展的江苏农村受众调查、江苏媒介调查、苏南农村入户访谈以及南京市受众调查四项调查资料为依据，分别对苏南农村受众与大众媒介、大众媒介与苏南农村经济、政治、文化的相互关系进行了分析和研究。方教授的研究虽不是专门面对少数民族受众，但是其对媒介与乡村社会变迁的研究方法具有示范性。

在大多数情况下，民族传播学者面临的是大众传播与民族地区社会变迁的具体问题，传播作为少数民族地区居民的日常化、生活化的一部分，是如何在本地的社区网络中嵌入、运行并发挥影响的？民族传播学者深入了解少数民族社区社会变迁的情况，并以传播学、社会学的视角进行细致的分析、思考。国外传媒研究中已经有过一些采用民族志方法的研究成果，除了上文提到的柯克·约翰逊的《电视与乡村社会的变迁》，还有莫利在 2005 年所做的民族志受众研究，华人学者陆晔、潘忠党对新闻从业者的考察中也使用过类似的方法。这一方面，云南大学郭建斌的《独乡电视：现代传媒与少数民族乡村日常生活》是民族志受众研究的代表之作。《独乡电视》是在作者 2001 年 10 月至 2002 年 4 月为

---

① 邓备：《我国少数民族新闻传播研究状况分析》，《西南民族大学学报》（人文社会科学版）2013 年第 11 期。

期半年的田野调查基础上完成的。后四个月所调查的独龙江地区大雪封山，交通完全中断，其中有一个月左右的时间与外界没有电话联系。半年中作者90%的时间吃住在农户家里，力争做到以“文化持有者的视角”来观察、思考。作者的博士导师张国良教授认为：“我的博士生中，有人就云南独龙江地区少数民族与大众传播的关系，以民族志方法展开艰苦的研究，取得出色的成果，被认为是国内迄今少有的传播学定性研究的成功范例。”继郭建斌之后，浙江大学吴飞教授又进入独龙江地区，随后在调查的基础上撰写了专著《火塘·教堂·电视：一个少数民族社区的社会传播网络研究》，以个案研究的方式，在传播民族志和媒介人类学方面进行了深入的探讨。此外，西北民族大学朱杰教授的《徘徊与踌躇中的抉择——西北民族地区大众传播与社会变迁研究》对西北民族地区维吾尔族、藏族、蒙古族等七个少数民族社区展开个案研究，以调查报告的方式呈现研究对象与大众传播的关系，并对客观的社会发展状况进行定性研究。

2008年以来，民族地区重大突发事件频发，对突发事件应对策略探讨的研究论文大量出现，成为民族传播的现实观照的另一个重要方面。相对专著而言，论文以其较强的时效性成为最适合探讨这一重大问题的文体。在40篇少数民族新闻传播高引用频次论文中，“关于少数民族地区突发事件传播的高被引用论文有12篇，数量排在第一位”[①]。从新闻传播学角度科学分析少数民族地区突发事件，找出恰当的应对之策，有助于及时化解矛盾，保证社会稳定，树立我国良好的国际形象。

当然，少数民族新闻传播学研究的较高目标，是对民族传播深层模式进行分析、探索，进而在此基础上构建少数民族新闻传播的理论体系。从理论进路上来讲，首先是历史的积淀，其次是对现实的观照，最后过渡到理论的抽象，是一般研究的规律。当然，理论的抽象，即构建少数民族新闻传播理论体系，建立完善的研究机制和研究格局这一块，目前还是民族传播研究的薄弱环节。

在取得了较为丰富的前期成果的同时，民族传播学研究面临的问题也是显而易见的。

---

① 邓备：《我国少数民族新闻传播研究状况分析》，《西南民族大学学报》（人文社会科学版）2013年第11期。

1. 少数民族新闻传播研究尚处于初级阶段

从上面的分析来看，少数民族新闻传播研究有一定热度，民族地区突发事件传播的研究成果最丰富。其次，对少数民族新闻史、少数民族新闻理论的研究紧随其后，对于少数民族新闻传播的现状、问题与对策研究也有一定关注度。

但是，从有分量、有影响的民族传播论著来看，屈指可数。我们从CNKI中查询“新闻与传播”（查询时间：2016年5月16日），前40名的论文高被引用频率在97—461次之间；再从CNKI中查询“民族与传播”，前40名的论文高被引用频率在18—74次之间，二者之间的影响力差别巨大。可见，少数民族新闻传播研究整体仍然处于初级阶段。

2. 少数民族新闻传播研究的“本土化”“特色化”不突出

在研究初期，我们需要借用西方的传播学理论来观察、分析少数民族新闻传播现象。但是如果一味依赖西方理论，就会形成路径依赖。而我们所做的实证调查与个案研究，难免会变成西方理论的注脚。

因此，面对鲜活的民族传播现实，我们需要有自己的支点。这个支点就是少数民族新闻传播研究的“本土化”“特色化”，即结合少数民族新闻传播具体的社会环境、文化语境、历史积淀，进行实事求是的分析。这样，我们才有可能从自己的研究中去寻找少数民族新闻传播的真知识。

三 研究方法

（一）调查研究法

调查研究法是科学研究中一个常用的方法，在描述性、解释性和探索性的研究中都可以运用调查研究的方法。它一般通过抽样的基本步骤，多以个体为分析单位，通过问卷、访谈等方法了解调查对象的有关咨询，加以分析来开展研究。我们也可以利用他人收集的调查数据进行分析，即所谓的二手资料分析的方法。

调查研究法的步骤：

1. 确定调查的总体范围与样本个数。

2. 制定抽样方案。

3. 实地访问。

①结构性访问：设计调查问卷。

②主题性访问：按事先设计好的大纲进行现场访问。

4. 整理分析调查结果。

（二）内容分析法

内容分析法最早产生于传播学领域。内容分析法是大众传播学领域的常用信息分析方法，其特点是以信息内容作为研究对象。美国学者贝雷尔森说："内容分析是一种对传播内容进行客观、系统、定量描述的研究方法。"它是传播研究中的一种重要的、常见的方法。

第二次世界大战期间，美国学者 H. D. 拉斯韦尔等人组织了一项名为"战时通讯研究"的工作，以德国公开出版的报纸为分析对象，获取了许多军政机密情报，这项工作不仅使内容分析法显示出明显的实际效果，而且在方法上取得一套模式。20 世纪 50 年代美国学者贝雷尔森发表《传播研究的内容分析》一书，确立了内容分析法的地位。真正使内容分析方法系统化的是 J. 奈斯比特，他主持出版的"趋势报告"就是运用内容分析法，享誉全球的《大趋势》一书就是以这些报告为基础写成的。

内容分析法是一种对文献内容作客观系统的定量分析的专门方法，其目的是弄清或测验文献中本质性的事实和趋势，揭示文献所含有的隐性情报内容，对事物发展作情报预测。它实际上是一种半定量研究方法。

内容分析法的几个特点：

1. 较为客观的研究方法。内容分析是一种规范的方法，对类目定义和操作规则十分明确与全面，它要求研究者根据预先设定的计划按步骤进行，研究者主观态度不太容易影响研究的结果；不同的研究者或同一研究者在不同时间里重复这个过程都应得到相同的结论，如果出现不同，就要考虑研究过程有什么问题。

2. 结构化研究。内容分析法目标明确，对分析过程高度控制，所有的参与者按照事先安排的方法程序操作执行，结构化的最大优点是结果便于量化与统计分析，便于用计算机模拟与处理相关数据。

3. 非接触研究。内容分析不以人为对象而以事物为对象，研究者与被研究事物之间没有任何互动，被研究的事物也不会对研究者做出反应，研究者主观态度不易干扰研究对象，这种非接触性研究较接触研究的效度高。

4. 定量与定性结合。这是内容分析法最根本的优点，它以定性研究为前提，找出能反映文献内容的一定本质的量的特征，并将它转化为定量的数据。但定量数据只不过把定性分析已经确定的关系性质转化成数学语言，不管数据多么完美无缺，仅是对事物现象方面的认识，不能取代定性研究。因此这种优点能够达到对文献内容所反映“质”的更深刻、更精确、更全面的认识，得出科学、完整、符合事实的结论，获得一般从定性分析中难以找到的联系和规律。

5. 揭示文献的隐性内容。内容分析可以揭示文献内容的本质，查明几年来某专题的客观事实和变化趋势，追溯学术发展的轨迹，描述学术发展的历程；依据标准鉴别文献内容的优劣。其次，揭示宣传的技巧、策略，衡量文献内容的可读性，发现作者的个人风格，分辨不同时期的文献体裁类型特征，反映个人与团体的态度、兴趣，获取政治、军事和经济情报；揭示大众关注的焦点。

由于具有以上几个优点，内容分析法“一方面可以避免定质分析过于主观，一方面也可以做较大范围之抽样，但在分析过程中，除了传播内容量的分析外，亦注重其质的分析，这种综合的内容分析方法，可以避免两种方法的缺点，增加内容分析的正确性和有效性”。

（三）个案分析

个案分析是运用尽量多的资料系统地调查一个个体、一个集体、一个组织或一个事件的研究方法。早期多用于检查某个传播者（如新闻编辑部、报社、特稿社、电台、广告公司等）多方面的特性，或者了解研究者所感兴趣的某一特定案例在一个时期内的全面情况。

在做分析和应用时，研究人员必须具备掌握好“度”的能力：哪些结论是有价值的，哪些结论是需要探究的，哪些结论是必须舍弃的。这些正是衡量调查者专业水准的重要方面。

第一章 “媒介化社会”理论

第一节 “媒介化社会”的历史发展

一 媒介化：现代社会的基本表征

1844年，发明了第一台实用电报机的美国人塞缪尔·莫尔斯从华盛顿向巴尔的摩发出了第一封电报，其电报内容是《圣经》中的一句话：“上帝，你究竟创造了什么?”这句话无疑是人类对自身所创造的电子传播媒介的由衷惊叹和赞美，它同时预示了即将到来的传媒奇迹。

正如施拉姆所说：传播媒介一经出现，就参与了一切意义重大的社会变革。电报作为电子媒介的开端，为大众传媒提供了快速有效的技术手段，使大众传媒的蓬勃发展成为现实。电子媒介为人类传播带来的是空间距离和速度上的突破，使人们在传播的效率和质量上获得了质的飞跃。19世纪30年代，继以《纽约太阳报》和《先驱报》为标志的“便士报”深入大众阶层之后，广播利用半导体的电子技术随之跟进；40年代，美国家庭收音机的普及率已经超过80%。在20世纪，电视的出现更是最重大的事件之一，1969年人类第一次在月球上行走的实况转播全世界约有5亿多人观看，电视成为了人们业余生活的主要内容。而自20世纪90年代以来，计算机的普及、互联网络的迅速发展成为世纪末一道最为亮丽的传媒景观。大众传媒的发展极大地改变了人们的传统生活，对报刊、广播、电视、电影，特别是对互联网的利用和享用成为了我们生活的主要方面。用一位国内知名传播学者的话来说：吃饭、睡觉、媒介，成为我们绕不开的三件事。技术发展带来的是传播媒介形态、手段的变化，人类社会生活也相应发生了变化。

然而，任何事物只要有利就有弊。以电子技术进步为基础的大众传媒的快速发展，体现出的是鲜明的“双刃剑”效应：在随时随地给人们带来新鲜和便利的同时，大众传媒也在制造着前所未有的麻烦和困惑。

1922 年，一个民间的慈善机构佩恩基金资助了一项关于电影与青少年的研究，这项研究有许多社会学家、心理学家和教育学家共同参与，1933 年研究结果《电影与儿童研究摘要》发表，这就是美国传播学研究历史上著名的“佩恩研究”。电影对青少年是必然的坏影响吗？参与研究的教育学家、心理学家和社会学家们使用了大量的问卷调查、内容分析等实证方法，得出的却是大众传播“效果不一”的结论。

纵观整个 20 世纪，出于对电影、广播、网络等当时的“新媒体”所传播的流行文化的质疑和反对，几乎每隔十年，人们就向大众媒介进行一次充满焦虑的追问：

> 20 世纪第一个 10 年：我应该带孩子去看电影吗？
>
> 20 年代：为什么我的孩子比我更熟悉收音机里的节目？
>
> 30 年代：收音机里的暴力节目是不是太多了？
>
> 40 年代：卡通漫画会对我的孩子有坏影响吗？
>
> 50 年代：电视对我的孩子究竟是有好影响，还是坏影响？
>
> 60 年代：我的孩子从摇滚乐里学到了什么？
>
> 70 年代：电视节目怎么有这么多的暴力节目？
>
> 80 年代：我的孩子是不是玩电子游戏玩得太多了？
>
> 90 年代：我的孩子使用计算机了，上网了，他会变成什么样呢？①

对于大众传媒的发展给社会带来的影响，② 人们从最初的惊奇、焦虑、诘难，到后来理性的讨论、思考、研究，但关注的目光一直没有离开过。1933 年，在英国学者 ER. 利维斯（ER. Leavis）和他的学生丹尼斯·桑普森（Denys Thompson）出版的文化批评论著《文化和环境：培养批判意识》（*Culture and Environment*：*The Training of Critical Awareness*）一书中，利维斯和桑普森认为，新兴的大众传媒在商业动机的刺激下所普及的流行文化，往往推销一种“低水平的满足”。这种低水平的满足将误导社

① 卜卫：《大众媒介对儿童的影响》，新华出版社 2002 年版，第 3、4 页。

② 对于大众传媒，早期人们主要关注的是它对儿童和青少年的不良影响。

会成员的精神追求。

利维斯和桑普森的观点在当时具有很强的现实意义，并得到广泛认同。不过，以利维斯和桑普森为代表的这种观点，其局限性也是显而易见的。在20世纪30年代，许多学者认为，媒体是一种“文化病毒”（cultural disease）。他们认为文化一旦经由商业媒体传播，就会变质，破坏了高雅文化，混乱了语言结构，滋长了低俗文化及娱乐活动。

姑且不论大众传媒发展的势头本来就是不可阻挡的，单从思维方法上来说，这实际上是一种“反对媒介”、见害不见利的片面思维。

20世纪60年代，随着大众文化（popular arts）的崛起，文化似乎不再是经典巨作的代名词。大众文化的人文观向传统的文化观发起挑战。许多学者也渐渐意识到媒体并不是一无是处，大众媒介给人们带来资讯和文化熏陶等作用，都很值得认同和研究，即由侧重抗拒能力的培养转变为辨别能力的培养。

到了20世纪70年代，许多学者提出：大众传媒是复杂的系统组合体，需要用批判的眼光来分析。20世纪90年代中期以后，随着计算机的普及和互联网的兴起，大众媒介不断地深入人们的生活世界。时至今日，微信、微博、新闻客户端、QQ空间、网络论坛、网络社区等新媒体与新传播手段成为现代人工作生活中随时随地运用的社交工具，中国社会的媒介化程度越来越深。这也印证了“媒介促进现代化，现代化的主要表征就是媒介化”这一发展传播学的论断。

20世纪90年代以来，西方社会进入了高度媒介化阶段。

二　大众传媒的力量

在今天，信息成为社会存在和发展的最重要资源：电视、报刊、广播、网络以及各种新兴媒介每天发布大量新闻与资讯，人们置身于信息的汪洋大海之中。媒介作为信息传播的载体，在我们的生活中扮演着至关重要的角色。对社会而言，媒介是沟通社会、交流思想、传播文明的最有效工具；对个人而言，媒介是个人了解外部世界、与外部世界沟通的必经通道。从这个角度上看，当今时代是信息时代，也是媒介时代。

据《全球传媒蓝皮书：全球传媒发展报告（2015）》，2013年全球传播业总收入118445亿元（12050亿英镑），比2012年增长了2.1%。美国传播业收入位居全球首位，中国成为全球第二大传播市场。[①] 当大众传播媒介的普及与信息传播技术的进步达到一定的程度，信息传播网扩张的速度是惊人的。可以想象，9000多种期刊，近400亿份报纸，4亿盒音像制品，近100亿张电子出版物，4000套日夜不停播出的广播电视节目，再加上联结全世界的互联网，人们随身携带的影子媒体移动互联，构成了一张巨大的笼罩在当今世界之上的媒介之网。

媒介为我们构筑了现代生活的外部世界，然而这又是一个虚拟的、变形的世界。这种经过精心建构的“媒介现实”与现实的真实情形有很大区别，并不具有普遍性和代表性，很大程度上是第二现实，是“虚拟的现实世界”，或是“象征性的现实”。为什么媒介展现的多是不真实的世界？这因为媒介是身不由己的。

（一）大众传媒的外部控制力量

尽管“传播批判研究不是特指某一体系分明的研究派别，而是包含了许多不同的流派和主张”，[②] 对于媒介控制的批判，思考得较为深入的是法兰克福学派的媒介控制理论。

法兰克福学派致力于“对大众传媒的政治经济学和文化病理学的宏大批判”[③]，法兰克福学派的媒介控制思想，主要体现在对“媒介的被控制”，即“谁控制着媒介”“为何控制”以及“媒介控制什么”“媒介如何控制”“控制的后果”等问题的考察上。媒介的被控制，指国家对媒介的控制；媒介的控制，指的是媒介作为国家权力的一种舆论控制工具对社会的控制。前者是国家对媒介的控制，后者是国家通过媒介对社会的控制。国家对媒介的控制是对社会进行控制的前提，或者说媒介的控制不过是国家对社会整体实施控制的一个手段而已。

霍克海默和阿多诺在《启蒙辩证法》[④] 一书中揭示统治阶级利用大众传播媒介压迫、愚弄民众的真相，无情地鞭挞作为虚假意识形态帮凶的大众传媒，实际上是对统治阶级滥用媒介权力的批判。马尔库塞指出，资本

---

① 崔保国主编：《传媒蓝皮书：2015年中国传媒产业发展报告》，社会科学文献出版社2015年版，第2页。

② 张锦华：《传播批判理论》，台北黎明文化事业公司1994年版，第1页。

③ 罗钢、刘象愚主编：《文化研究读本》，中国社会科学出版社2000年版，第23页。

④ ［德］霍克海默、阿多诺：《启蒙辩证法》，洪佩郁等译，重庆出版社1993年版，第150页。

主义社会文化通过大众传媒的传播而导致了一种单向度文化的产生，这种媒介文化像巫术一样被硬塞进人们的头脑中，造成的却是民众精神的压抑。哈贝马斯把大众传播媒介看作一种公共领域，但是这个理应发挥公共性功能的领域却被国家主义和资本势力所盘踞。

总体来看，法兰克福学派的国家理论可以分为两种：前期激进的国家理论；后期现实的国家理论。尽管两种国家理论发展迅速，其观点也各不相同，对于国家控制的性质和方式也有不同的描述，但他们都认为国家对社会的完全控制是确凿无疑的。因此，独裁主义国家也好，福利国家和现代国家也好，它们对社会的控制只有方式的不同，功能和效果则是完全一致的。换句话说，国家对社会的全面控制在任何国家类型中都是存在的。

霍克海默与阿多诺曾以斩钉截铁的语气说过："广播系统是一种私人的企业，但是它已经代表了整个国家权力……切斯特农场不过是国家的烟草供给地，而无线电广播则是国家的话筒。"[①] 法兰克福学派认为，在现代发达资本主义社会中，国家权力对媒介的控制非但没有减弱，反而进一步加强了。马尔库塞曾驳斥"信息和娱乐媒介"论："人们真的能将作为信息和娱乐工具的大众媒介同作为操纵和灌输力量的大众媒介区别开来吗?"[②] 大众传媒乍看是一种传播信息和提供娱乐的工具，但实质上，不发挥思想引导、政治控制等功能的大众媒介在现代社会是不存在的。

根据法兰克福学派的理论，结合传媒发展实际，我们认为媒介的外部控制力量主要有以下三个方面：

1. 政府力量

由于大众传媒对外部环境的巨大影响，所有类型的政府都在想方设法地控制媒介，以便使自己的主流意识形态通过媒介的传播而成为社会主导。目前主要有两种情况：其一是政府出资创办媒体，这样政府可以直接掌控媒体；其二是在商业媒体、自媒体繁荣的今天，政府通过传媒管理法规、政策引导等手段来间接调控众多的商业媒体、自媒体。

2. 企业力量

经济基础决定上层建筑，企业及其自身所拥有的威力无比的经济能量，

---

① 邵培仁、李梁：《媒介即意识形态：论法兰克福学派的媒介控制思想》，《浙江大学学报》（人文社会科学版）2001 年第 1 期。

② ［德］马尔库塞：《单向度的人》，张峰等译，重庆出版社 1993 年版，第 9 页。

正是影响大众传媒的主要力量之一。首先，经济的发展，决定媒介技术的革新和发展。其次，无论是传统媒体还是新媒体，媒介组织的发展与赢利主要仰仗企业的广告。因此，较多的媒介内容建构都受到商业利益的驱动。

3. 受众口味

媒介生存的根本是受众（用户）的需求。当前部分大众传媒为了取悦受众，取悦市场，大量传播媚俗文化，迎合受众喜好，从而导致大众文化品质不断降低。另一方面，长此以往，这种“低品质”大众文化的大量传播直接影响和制约着受众的品位与旨趣，进而影响和制约着大众传媒品质的提高。

（二）大众传媒的内部控制力量

大众传媒的内部控制力量来自于媒介自身的利益诉求。为求得自身利益的最大化，大众传媒千方百计争夺受众的眼球——注意力资源。大众传媒重新塑造着人们的生活方式和人们看待世界的方式，人们对世界的认识直接来自于大量媒介信息的引导，人们对外界环境所作判断的正确与否，也直接受制于媒介对这个世界反映的客观度、准确度。

然而，媒介呈现给受众的“现实”并不是现实世界的本身。媒介信息含有自身的意识形态和价值观，它或多或少地影响受众的意识形态和价值取向；媒介内容是经过少数人制作而成的媒介信息，含有制作者观点的潜台词；媒介信息是通过各媒体特定的语言和美学形式表达出来的，所以，受众只有懂得媒体特有的语言、语法、句法和修辞体系才能提高对媒体传播内容的鉴赏能力和取舍能力。

鲍德里亚认为，铁路所带来的“信息”，并非它运送的煤炭或旅客，而是一种世界观、一种新的结合状态。电视带来的“信息”，并非它所传送的画面，而是它所造成的新的关系和感知模式、家庭和集团传统结构的改变。[①] 不同群体的受众和个体受众对同样的媒介信息内容感受不一；媒体其实是被利益驱使的商业，它的各种信息里有其商业性；媒体不仅是传播各种文化的工具，其本身也成为现代文化的一部分。

（三）受众的错觉：对大众传媒的几种误识

1. 妖魔化

如上所述，法兰克福学派是20世纪西方马克思主义的主要流派之一，

---

① 鲍德里亚：《消费社会》，刘成富、金志刚译，南京大学出版社2000年版，第132页。

他们研究的领域非常广泛，其思想不管在理论上还是在实践上，都对西方社会产生了久远而深刻的影响。“妖魔化”是这一学派对媒介的批判的重要价值取向，在他们看来，资本主义社会中的大众传播与媒体是一种“压迫性结构”：资本控制了国家、媒介、教育和意识形态，并利用它们达到扩大最大化利润、维持社会控制的目的；其手段是消灭个体的存在，并把个体纳入资本主义体系中。在这里，大众媒介“传播着必要的价值标准，它们提供了效率、意志、人格、愿望和冒险等方面的完整的训练”。[①] 从这个意义上可以说，“妖魔化”是这一学派对媒介的批判的重要价值取向。

在《单向度的人》中，马尔库塞分析了极权主义社会是如何利用技术、消费、媒介、语言、国家、文化和意识形态作为新的社会控制和操纵工具的。马尔库塞指出，大众传播媒介消灭了思想的丰富性和人的多样性，“发达工业社会”创造了把个人融进现存生产和消费体系的虚假需要，大众传媒和大众文化塑造出人们新的思维模式和生活模式，这一切又再生产出现存的体系并且力图消除否定、批判和对立。结果是思想和行为的“单面性”——“单向度思想是由政策的制定者及其新闻信息的提供者系统地推进的”。[②]

在其中，任何一种批判思维和对抗行为的倾向和能力都消失殆尽。马尔库塞还指出，传播媒介和公共领域所使用的“单面语言”起到了压抑和意识形态的功能，富裕社会凭借大众传播媒介，如广播、电影、电视、广告等现代科技产物，以无孔不入的方式挤进人们的内心深处，消灭了从思想上颠覆和改变现状的文化。他说：“现在，艺术远离社会、冒犯社会、指控社会的特征已被消除。艺术的异化已经成为同上演艺术的新型剧院和音乐厅建筑一样是以使用的观点来设计的，文化中心变成了商业中心、市政中心和政府中心的适当场所。……现在差不多人人都可以随时获得优雅的艺术享受，只要扭动收音机的旋钮或者步入他所熟悉的杂货铺就能实现这一点，但在这种艺术的传播过程中，人们却成了改造他们思想的文化机器的零件。”[③]

---

① 鲍德里亚：《消费社会》，刘成富、金志刚译，南京大学出版社 2000 年版，第 132 页。

② ［德］马尔库塞：《单向度的人》，张峰等译，重庆出版社 1993 年版，第 78 页。

③ 同上书，第 78 页。

法兰克福学派还指出，媒介是国家加以利用的维护意识形态、传递统治阶级意志的工具，甚至它本身就是意识形态，直接履行着意识形态的社会控制职能，维护着国家统治的合法性。基于此，法兰克福学派的媒介控制思想主要体现为一种意识形态的批判。相对于国家对媒介的控制的关注，他们更多地将其理论目光聚焦在媒介对社会的意识形态控制上。他们眼中的意识形态控制有两种意义：一是作为意识形态工具，维护意识形态；二是作为意识形态，维护国家统治。媒介的工具化就是充当维持政治统治合法化的工具，媒介的工具作用主要体现在促进和维护社会思想的同一性上。而媒介的意识形态的虚假性和欺骗性主要体现在以下三个方面：制造普遍利益和特殊利益的虚假统一，制造虚假需求和美化、幻化现实。最终，充当意识形态的大众媒介构筑了一个统治者控制之下的全封闭的社会体系。在这个体系中，个人头脑中的批判性思维被剥夺，对现状的否定转变为对现状的肯定，个人的意识融入并等同于社会意识，甚至对儿童的直接影响也由媒介取而代之。

2. 神圣化

所谓媒介的“神圣化”，就是认为媒介在政治、经济、文化以及社会意识形态等方面发挥的是“正面”“积极”的效果，传播学中的经验学派主要采取的是这种价值立场。

经验学派主要指以美国学者为代表的传统学派，代表人物有以拉扎斯菲尔德为首的哥伦比亚大学应用社会科学研究所的一些学者的传播流研究，以及以霍夫兰为首的说服研究的一些学者。他们在研究中注重经验材料和实证考察，故自称为经验学派（empirical school）。西欧的一些学者则认为美国经验学派的研究是站在行政当局的立场上出发的，因而还把他们称为行政学派。

经验学派在研究方法上具有明显的实用主义趋向。实用主义乃是西方社会普遍的一种思维方式和哲学流派，特别是美国，它坚持“真理就是效用”这一信念，认为社会科学研究必须立足于现实生活，以解决实际问题为目的。经验学派的方法就是获得可观察、可测定、可量化的经验材料并以这些材料来对社会现象、社会行为进行分析的方法，这种方法自 19 世纪后期出现以来，广泛应用于现代社会科学。此种方法认为对于研究来说，切实可靠的经验材料和客观真实的数据是非常重要的，那种从观念到观念的纯主观抽象式的说明是不科学的。经验性方法主张从环境或外部条件的变量出发来揭示社会现象和社会行为的原因和客观规律。

经验学派虽然也要“批判”媒介传播中的一些不健康内容，但是对大众媒介本身，经验学派的基本态度是肯定和赞美的。

3. 模糊化

首先，对于大众媒介的态度，无论是法兰克福学派“妖魔化”——对大众媒介的内容表示怀疑，还是经验学派的“神圣化”——相信绝大多数媒介内容，这两种价值取向都有其产生的社会环境与传播语境，有其合理性，也有偏颇之处。在实际生活中，没有人会对媒介的内容表示完全不相信，也不大会有人对媒介内容是完全相信的。

通过数次少数民族农民的媒介调查与分析，我们认为：大多数的少数民族农民对媒介内容的认识处于“模糊化”状态。所谓“模糊化”，是指人们觉察到媒体内容有部分真实，部分虚假；但关键的问题是无法分清哪些是真实的，哪些是虚假的。我们把少数民族农民这种无法辨识媒介内容的状态，称之为“模糊化”。

第二节　“媒介化社会”理论的内涵

一　媒介化社会

媒介化社会，是指一个全部社会生活、社会事件和社会关系都可以在媒介上展露的社会。媒介化社会的一个重要特征，就是媒介影响力对社会的全方位渗透。有网民这样调侃：“有一种相爱叫互粉，有一种分手叫取消关注；有一种示爱叫评论，有一种调情叫私信；有一种暗恋叫关注，有一种力量叫粉丝；有一种冷酷叫拉黑，有一种暴力叫加密……”在今天，微信、微博、QQ空间、网络社区等新媒体与新的传播形态很大程度上取代了我们原来的现实朋友圈，刷新了社交模式。新媒体在对我们的生活圈进行数字化表征的同时，更是嵌入了现实交往的深层结构之中。由此，引发了传统的生产方式、生活方式的重大变革。

丹麦学者嘉沃德[①]《社会的媒介化》一文中，对媒介化“Mediatiza-

① Krotz, Friedrich (2007): Mediatisierung. Fallstudien zum Wandel von Kommunikation. Wiesbaden: VS Verlag für Sozialwissenschaften.

tion” 做出了深入的阐释。他认为，“Mediatization” 是社会和文化制度以及互动模式因为不断加剧的媒介影响而发生改变的一个更长的社会进程。他认为，“Mediatization” 用来专指由现代媒介和媒介化进程引发的社会和日常生活的变迁。嘉沃德强调，与作为文化技术和社会机构的现代传播媒介相关的社会转型和文化变迁才可称为“媒介化”。

嘉沃德将社会的“媒介化”界定为社会对媒介及媒介逻辑的高度服从和依赖。社会的“媒介化”进程具有双重性特征，一方面媒介已经整合到其他社会机构的运作中，另一方面媒介也受到社会状态的影响。社会“媒介化”的结果就是，各机构内部、机构与机构之间直至整个社会的互动都将通过媒介来进行。

不过，拉什（Scott Lash）和卢瑞（Celia Lury）[①] 又将媒介化社会的分析更推进了一步。他们认为，霍克海默和阿多诺当初对文化工业的批评固然发人深省，但是文化工业本身到了全球化时代又有了新的变化。在早期经典文化工业理论中，文化是以商品或同一性产品的形式流通；在全球文化工业兴起的时代“一度作为表征的文化开始统治经济和日常生活，文化被‘物化’（thingified）。在经典文化工业中，媒介化主要发生在表征的层面，而在全球文化工业中（就反抗和统治而言）则是通过‘物的媒介化’实现的”。正是由于物的媒介化，电影就变成了电脑游戏（或者相反），卡通人物就变成了玩具收藏品或服装，音乐变成了商场里播放的背景音乐或手机铃声。总之，“当媒介变成物的时候，我们就进入了一个只有操作、没有解释的工具性的世界。我们更多地‘做’它们，或是用它们来做事，而不是‘读’它们”。

由此，随着全球化时代的到来，媒介化社会中“物的媒介化”导致了其对象也发生了变化。在传统的大众传播时代，作为媒介产品消费者的受众被诸多理论家赋予了积极意义。最著名的当然是英国文化研究学派的主将之一斯图亚特·霍尔（Stuart Hall）所提出的三种解读方式（主导式解读、协商式解读和对抗式解读），其中的“协商式”和“对抗式”就突出了受众的主动“阐释能力”。但是，在媒介化社会中，意义就已经不再是阐释性的，而是行为性的。这种行为性在很多时候就表现为对对象的消费，我们在看电视的时候，不得不忍受不断蹦出的广告，被割断的剧情连

---

① 斯科特·拉什（Scott Lash）：《全球文化工业》，社会科学文献出版社 2010 年版。

续性；我们在浏览网页的时候，同样无法回避间或弹出的对话框。德赛图（Michel de Certeau）一针见血地指出，消费与生产的合二为一是当代社会的主导性景观，“一个理性化的、扩张主义的、中心化的、奇观式的以及声势浩大的生产，正遭遇着一种判然有别的生产，它的名字叫‘消费’。其特征是：诡计、分裂（这是环境使然）、偷袭、私密性、不知疲倦却静悄悄的行为”①。

在媒介化社会里，在整个世界范围内发生的种种时代变化都与媒介的参与息息相关。媒介逻辑不仅是引发和推动这些变化的原因，而且更是为进一步的发展演变提供架构支持。一言以蔽之，媒介逻辑是媒介化社会的形成逻辑。

媒介化已成为当代中国社会发展的重要推动力。本书以“媒介化”为视角，并非单纯为“媒介化社会”理论寻找中国版本的理论注脚，从整体来看，中国社会正处于规模的媒介化进程中。“互联网＋”在中国社会各行各业大面积铺开，为考察“媒介化社会”理论的发展、变化提供了别具一格的现实场典型，如微信，截止到2015年底，微信和WeChat的合并月活跃账户数已经达到6.97亿，比2014年同期增长39%。② 也就是说，目前两个中国人中已有一个开通微信，微信整合了人际传播、网络传播、大众传播等各种传播方式，深深植根于中国文化支撑的社会关系网络中，创造了新媒体传播的中国模式。而且，自从2014年底突破5亿以来，微信每个季度都会新增5000万活跃用户，微信的活跃用户还在高速增长之中。当前，以“两微一端”为代表的新传播模式，不仅激发了最新一轮的中国传统大众媒介的新媒体转型，更带动了几乎所有的社会机构如政府、企事业单位、学术机构以及公民个人等建立微信公众号的浪潮，形成了新媒介环境中蔚为壮观的中国社会场景。当前中国社会的大规模数字浪潮，其发展特点是快速性、独特性，迥异于西方“后工业社会”的媒介化进程。因此，扎根中国本土经验的新媒体研究，有望拓展欧美现有的“媒介化”理论，在这个层面展开中国传播研究与欧美理论的对话、交锋。

① 洪长晖：《论媒介化社会的层级构建》，《浙江传媒学院学报》2014年第5期。

② 《腾讯：2015年微信平台数据研究报告》，中文互联网数据资讯中心 http://www.199it.com/archives/324845.html，2016年5月4日。

二 我国大众传播发展概况

报纸期刊方面，我国报刊呈现出以党报党刊为主体，都市报晚报与文化生活类报刊、行业专业类报刊为两翼的格局，形成门类比较齐全、结构日趋合理、多品种多层次共同繁荣、出版产业和事业共同发展的现代报刊出版体系。

截至2014年底，中国内地共出版报纸1912种，其中党报、都市报等综合类报纸800余种，占报纸总数的43%；专业类报纸约1000种，占报纸总数的57%。2014年全国报纸总印数463.9亿份，较2013年减少18.5亿份，降低3.8%；总印张1922.3亿印张，减少175.5亿印张，降低8.4%；平均期印数超过100万份的报纸减少3种；报纸出版实现营业收入697.8亿元，减少78.8亿元，降低10.2%；利润总额76.4亿元，减少11.2亿元，降低12.8%。[①]

在媒介融合方面，传统媒体进行着卓有成效的探索，主要体现为重视大数据、人工智能、虚拟现实等前沿技术发展，推动采编业务与技术手段深度融合。2015年6月8日，“新华社”客户端新版正式发布上线，上线当日，单条稿件最高点击量超过700万人次，页面点击量超过7000万。截至2015年底，总下载量超过1亿，居中央主流媒体新闻客户端首位。2015年6月15日，新华网新版正式发布，在新闻网站中率先实现全媒体化和移动化。

广播电视方面，截至2015年9月，全国有线数字电视用户近2亿户，双向网络覆盖用户达1.28亿户，开通双向业务的用户超过4400万户，宽带业务用户接近1600万户。各级电台电视台多渠道、多平台建设已成规模。截至2014年底，有224家广播电视机构获准开办互联网视听节目服务，28家省级以上（含省级）广播电视播出机构获准开办网络广播电视台，24家城市电视台获准联合开办城市网络电视台，6家广电机构提供手机电视集成播控服务，34家机构提供手机电视内容服务，7家广电机构建设、管理和运营互联网电视集成平台，14家广电机构提供互联网电视内容服务。[②]

---

① 《中国新闻事业发展报告（2015）》，中国记协网 http://news.xinhuanet.com/newmedia/2016-04/29/c_135320084_12.htm，2016年4月29日。

② 同上。

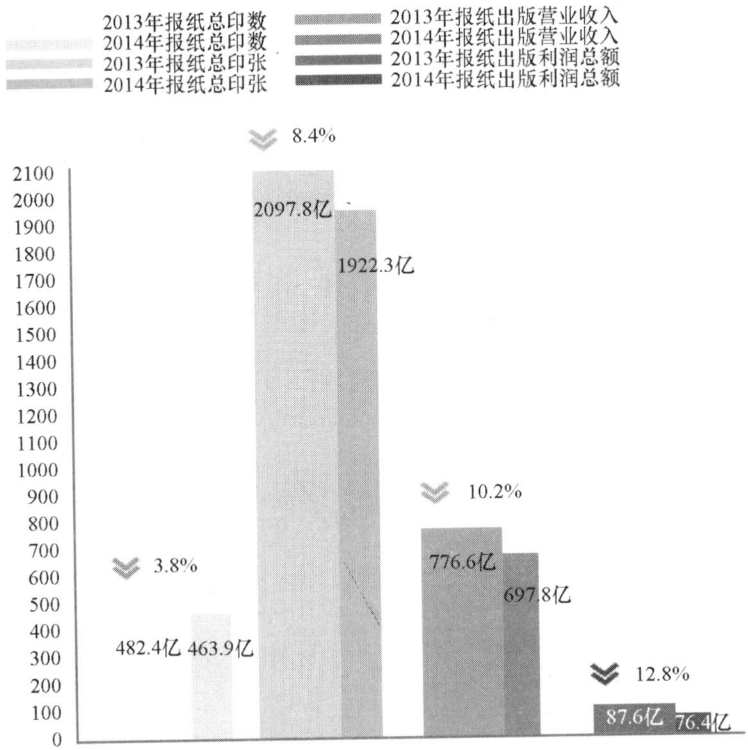

图 1—1 2014 年报刊业发展总体情况

广播电视加快推进在内容、渠道和平台、经营与管理等方面的融合发展，融合政策逐步完善，融合广度日益拓展，融合程度日益加深，融合路径日益清晰。以中央电视台为例，该台在 2015 年积极推进媒体融合。一是加强顶层设计，成立媒体融合领导小组，改变各部门“单兵作战”，形成“全台一盘棋”的工作格局；二是制订媒体融合的中长期规划，明确阶段性目标、每个阶段的重点产品和重点项目；三是加大融合资金和人才投入，通过上市融资等资本运作手段，增强发展动力；四是针对目前存在的短板，打破思维定式，更新观念理念，重点理清台网关系，通过体制机制、生产流程、渠道建设、管理架构、经营方式、人才队伍等方面的大胆创新，实现弯道超车、跨越式发展。

新媒体发展方面，互联网已经成为中国网民获取新闻信息的重要渠道。截至 2015 年 12 月，中国网民规模达 6.88 亿，其中手机网民 6.2 亿，互联网普及率达到 50.3%。网民上网设备逐渐向手机端集中，手机上网使用率达 90.1%。在中国网民各类网络应用中，网络新闻用户规模达 5.64 亿，网民使用率达 82%，其中手机网络新闻用户规模为 4.82 亿，网民使用率为 77.7%。①

以“两微一端”为代表的微传播逐渐成为主流新闻信息传播方式。在综合社交领域，典型应用主要有 QQ 空间、微博，网民使用率分别为 65.1%、33.5%。其中 QQ 空间主要满足用户对个人关系链信息的需求，在产品形态和商业营销方面一直坚持变革，凭借良好的用户基础，在基于大数据的关系营销方面做了诸多有益的探索，回报显著；微博则主要满足用户对兴趣信息的需求，是用户获取和分享“新闻热点”“兴趣内容”“专业知识”“舆论导向”的重要平台。同时，微博在帮助用户基于共同兴趣拓展社交关系方面也起到了积极的作用。

微信成为 2015 年的热门应用。微信/wechat 合并月活跃用户达 4.68 亿。微信用户男性为主，超过 40% 用户为企业员工；超过九成微信用户每天都会使用微信，半数用户每天使用微信超过 1 小时；拥有 200 位以上好友的微信用户占比最高，61.4% 的用户每次打开微信必刷“朋友圈”。46.3% 的用户在使用 APP 时第一选择是微信，每天打开并使用微信 10 次的受访者占 60%。在电话调研“最主要的一个资讯获取源”，微信成为首选。② 随着智能手机的大范围普及、移动新媒体和可穿戴设备的迅猛发展，人们获得新闻信息的方式正在发生日新月异的变革，越来越多的人改变以前的阅读、收听和收视形式，形成新媒体接触习惯，碎片化时间阅读新闻成为网民的主要活动之一。

第三节 少数民族地区大众传播发展概况

一 少数民族地区社会发展概况

中国是一个统一的多民族国家，由于汉族以外的 55 个民族相对汉族人口较少，习惯上被称为“少数民族”。迄今为止，通过识别并经中央政府确认的少数民族有 55 个，即蒙古、回、藏、维吾尔、苗、彝、壮、布

① 《第 37 次中国互联网络发展状况统计报告》，中国互联网络信息中心 http://www.isc.org.cn/，2016 年 4 月 15 日。

② 《“微信”影响力报告：用数据读懂微信五大业务》，腾讯科技 http://tech.qq.com/a/20160321/030364.htm，2016 年 3 月 21 日。

依、朝鲜、满、侗、瑶、白、土家、哈尼、哈萨克、傣、黎、傈僳、佤、畲、高山、拉祜、水、东乡、纳西、景颇、柯尔克孜、土、达斡尔、仫佬、羌、布朗、撒拉、毛南、仡佬、锡伯、阿昌、普米、塔吉克、怒、乌孜别克、俄罗斯、鄂温克、德昂、保安、裕固、京、塔塔尔、独龙、鄂伦春、赫哲、门巴、珞巴、基诺族。①

中国各民族分布有两个特点。第一，大杂居、小聚居、相互交错居住。汉族地区有少数民族聚居，少数民族地区有汉族居住。这种分布格局是长期历史发展过程中各民族间相互交往、流动而形成的。中国少数民族人口虽少，但分布很广。全国各省、自治区、直辖市都有少数民族居住，绝大部分县级单位都有两个以上的民族居住。目前，中国的少数民族主要分布在内蒙古、新疆、宁夏、广西、西藏、云南、贵州、青海、四川、甘肃、辽宁、吉林、湖南、湖北、海南、台湾等省、自治区。

第二，分布范围广，但主要集中于西部及边疆地区。2010 年第六次人口普查数据表明，全国总人口为 1339724852 人。汉族人口占 91.51%，比 2000 年人口普查的 91.59% 下降 0.08 个百分点；少数民族人口占 8.49%，比 2000 年人口普查的 8.41% 上升 0.08 个百分点。各民族平均分布在 30 个省区，有 29 个民族分布在全国所有的省区中。全国拥有 56 个民族的省区有 11 个，占全国 31 个省区的 35.5%。尽管少数民族分布范围很广，但其人口仍主要集中在西部及边疆地区。广西、云南、贵州、新疆四个省区的少数民族人口之和占全国少数民族人口的一半以上，再加上辽宁、湖南、内蒙古、四川、河北、湖北、西藏、吉林、青海、甘肃、重庆和宁夏，以上 16 个省区的少数民族人口占全国少数民族人口的 91.32%。我国陆地边境线全长 2 万多公里，绝大部分是少数民族地区。②

中国民族政策中非常重要的一项是民族区域自治制度，这是中国政府结合中国实际情况采取的一项基本政策，即在国家的统一领导下，各少数民族聚居的地方实行区域自治，设立自治机关，行使自治权，使少数民族人民当家做主，自己管理本自治地方的内部事务。目前，我国实行自治的少数民族人口占少数民族人口总数的 75%，民族自治地方行政区域的面

① 《中国的少数民族政策及其实践》，新华网 http://news.xinhuanet.com/zhengfu/2002-11/15/content_630587.htm，2016 年 1 月 8 日。

② 《第六次人口普查》，国家统计局 http://www.stats.gov.cn/。

积占全国总面积的64%。由于历史、自然、地理等因素的制约和影响，中国中西部少数民族较为集中的地区与东部沿海地区相比，在发展上还存在着较大差距，有部分少数民族地区人民还未解决温饱问题，有些地区因生产条件较差严重影响持续发展。

尽管近年来民族地区发展步伐不断加快，但相关研究表明：西南、西北的少数民族地区，在全国区域经济发展、社会发展、教育能力、科技能力、管理能力等方面的排名，仍然处于相对劣势。

民族地区农村总体发展水平偏低制约着对信息的接收，也导致了大众传媒在这些偏远地区功能发挥的失常。

二 少数民族地区大众传播发展概况

目前，我国少数民族地区的大众传播已形成以党的报纸、杂志、人民广播电台和电视台为主体，都市报、文化服务类杂志、广播电视系列台为两翼的传播体系，同时，积极开发、发展、运用各种新媒体手段。

少数民族新闻传播主体是少数民族文字报刊，这些报刊多为党报性质，在传播的总体思路上确定国家对于少数民族地区经济建设、文化建设、社会稳定以及民族团结的全局观念，在传播内容上以主流社会价值观为主体。据统计，截至2014年底，全国少数民族文字报纸出版103种，平均期印数117.52万份，总印数21443万份，总印张317683万张，总金额13724万元。与2013年相比，全国少数民族文字报纸出版数量增减百分比为：种数增加1.98%，平均期印数增加7.12%，总印数增加2.16%，总印张减少4.97%，总金额增加16.68%。[①] 总体来看，少数民族文字报纸出版态势平稳，呈现出稳中有增的良好势头。

截至2014年底，全国少数民族文字期刊出版227种，平均期印数129.55万册，总印数1254.50万册，总印张5848.86万张，总金额6585.82万元。与2013年相比，全国少数民族文字期刊出版增减百分比为：种数减少1.73%，总印数减少1.36%，总印张增加6.06%，总金额增加8.48%。[②] 从以上数据，可以看到以党报为核心的多层次、多地区、多种类、多种文字的民族报纸期刊体系，正在不断优化发展中。

---

① 《2015年中国新闻年鉴》，中国新闻年鉴社2015年版，第852页。

② 同上书，第861页。

自少数民族语言广播电视兴起，到今天已有六七十年了。典型如内蒙古人民广播电台蒙语部，年发各类新闻近5000条，其中重点报道120余条，专栏、特别节目64组。黑龙江人民广播电台设有全国唯一的省级朝鲜语广播，每天播出5小时节目。从1998年起，有一个小时的节目通过亚洲2号卫星的转发扩大覆盖面，并向韩国KBS每年传稿540余件。

表1—1　　2014年全国少数民族广播电视播出情况统计表①

	广播节目播出时间（万小时）	增长率（%）	电视节目播出时间（万小时）	增长率（%）	广电总收入（亿元）
全国合计	1405.83	1.91	1747.61	2.46	4226.27
少数民族广电	429.27		608.16		509.44
内蒙古	67.47	0.77	65.14	1.95	46.59
吉林	48.67	7.09	52.47	3.91	49.38
黑龙江	48.92	3.99	62.80	0.39	59.64
广西	35.85	10.38	54.87	1.04	51.97
四川	60.69	2.26	111.27	0.71	138.79
云南	30.19	2.80	79.24	3.86	56.51
西藏	4.86	14.42	5.86	0.25	9.16
甘肃	32.35	4.51	45.29	2.48	28.26
青海	7.39	-1.35	9.17	2.12	16.34
新疆	82.17	2.55	106.16	10.74	38.9
宁夏	10.71	6.66	15.89	3.19	13.9

四川人民广播电台藏语部办有康巴语《藏语新闻》节目，每天20分钟。康巴语专题节目《雪山草地》，每周播3次，每次10分钟。全年播出新闻节目636组，约165万余字。云南人民广播电台办有西双版纳傣语、德宏傣语、傈僳语、景颇语、拉祜语等21种少数民族语言广播。各种语言广播每天安排上星节目一次，每次45分钟。新疆人民广播电台有维吾尔、哈萨克、蒙古、柯尔克孜四种民族语言广播，并录制维、哈、蒙、柯四种语言的歌曲。如今，新疆电台已形成了卫星、短波、中波、调

① 《2015年中国新闻年鉴》，中国新闻年鉴社2015年版，第863页。

频四位一体的交叉覆盖网，和世界上20多个国家和地区保持着听众联系，成为全国开办语种最多、覆盖面最广的省级广播电台。

根据今后“把国家建设的投入更多地转向农村”的原则，国家将加大包括信息基础设施在内的农村基础设施的投入，在政策、资金、人力、物力方面向农村、农民、农业倾斜，以工业反哺农业，以城市支持农村。其中，老少边穷地区①卫星电视接收及转播站点的建设，中西部地区农村广播电视的“村村通”工程、“三网合一”工程等等，就是长期扶持的重点。国家还在电视接收设备、家用电脑、数字或有线电视收费上对经济落后的农村地区和农民制定特殊的扶持政策，例如，对一部分经济困难的农民实行价格优惠，以推进现代传媒在全社会的普及，为所有的社会成员提供均等的传播机会。

国家加大了农村信息基础设施的投入和建设，各种相关工程的大力推进，确实在逐步地、有效地改善少数民族地区人民群众听广播、看电视、看电影以及打电话的问题。但是，仅有信息基础设施和接收设备等“硬件”的改善是不够的，还要有媒介尤其是新媒介使用知识和技能等“软件”的普及，否则，缩短城乡“信息沟”只能是一句空话。于是，在“硬件”——民族地区农村外在的传播环境得到持续改善之后，“软件”的问题——民族地区农民对于大众媒介，能否发挥主体性自觉，提升利用媒介的意识与能力，就成为下一个需要重点关注的环节。

① 在这些地区中，以民族地区居多。

第二章　主体自觉：少数民族农民的媒介素养现状调查

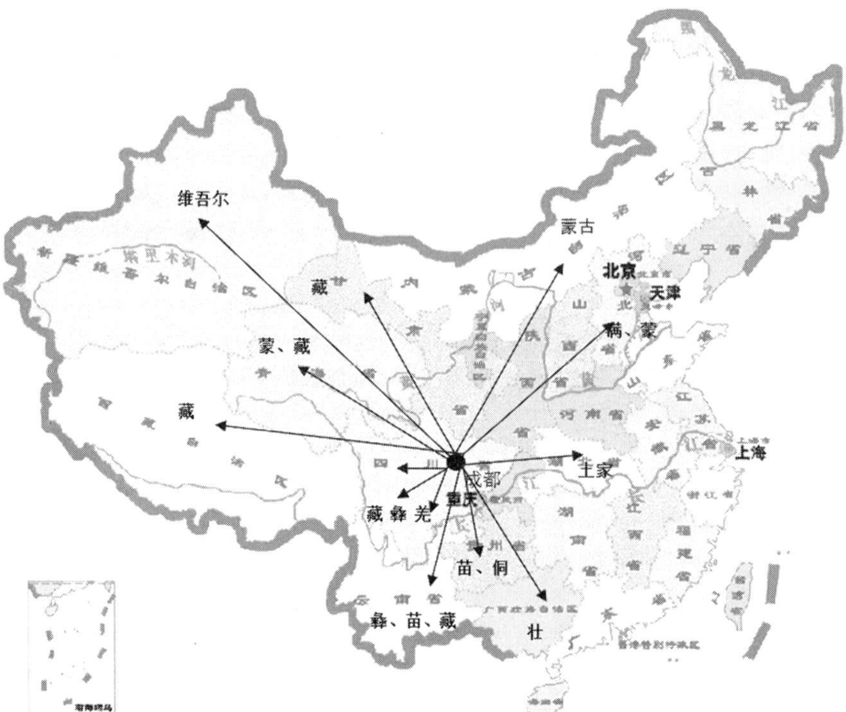

图 2—1　“少数民族地区农民的媒介素养”调查点区域示意图

第一节　少数民族媒介素养的内涵

一　媒介素养的概念

媒介素养这一概念是由“素养”这个概念延伸而来的，而“素养”的内涵显然是随着社会发展而不断持续变动的。一般而言，“素养”最简单的定义就是“具有读与写的能力”。许多研究中心将素养一词区分为两层，其一为人们日常生活中所需要的基本能力；其二为基本的读写能力。这些观点反映出在印刷时代，素养这个概念主要指人们的识字、书写能力。

自从电报、电影等电子媒介出现后，人们日常生活中的媒介已不再只是文字（或者印刷媒介）。所以一些学者认为，在现代社会中必须对传统的素养概念加以扩充，以符合这个时代多变的媒体环境。正如张一蕃所言：“信息时代的素养是个人与外界做合理而有效的沟通或互动所具备的条件。”随着信息社会的到来，“素养”常出现在信息社会的语境中，人际间的沟通多是通过各种媒介。媒介素养便是这种情况下的产物。

媒介素养，在北美的美国和加拿大叫做 Media Literacy（媒介素养），在欧洲叫做 Media Education（媒介教育），港台地区和日本则称为“媒体识读”。[①] 在中国内地有多种译法，常见的有以下几种：媒介素养、媒介教育、媒体教育、传媒教育、媒体素养、媒介素质、传媒素质。按照国内多数学者的共识，本文采用“媒介素养”这一提法。

从词义来辨析，“媒介素养”英文原词为 media literacy。literacy 指读写和知识的使用能力，从中文词义来看，“素养”指平日的修养。根据英文原词 media literacy 的解释，它是“被引申为具有正确使用媒介和有效利用媒介的一种能力”。[②] 而“媒介素养教育”则是以媒介素养为内容而进行的教育活动。

美国学者凯瑞·巴扎尔盖特指出，媒介素养的构成包含：1. 技术和应用层面，即能从事媒介部门的工作。2. 语言、语意、美学和价值观层

① 郑保章、程佳林：《我国公民媒介素养教育的建构与培养》，《新闻与传播》2004 年第 10 期。

② 臧海群：《传播学教育新方向：从媒介研究到媒介素养》，《新闻与传播》2004 年第 3 期。

面，对媒介内容的鉴赏与辨别能力。3. 结构层面，媒介部门的结构、经营管理等方面的知识。可见，在全球化背景下，公众的素养构成已经远不能用一般读写能力和一般媒介知识以及本土文化标准来衡量。

1992年，美国媒体素养研究中心给媒介素养作出如下定义：媒介素养就是指人们面对媒体各种信息时的选择能力（ability to Choose）、理解能力（ability to understand）、质疑能力（ability to question）、评估能力（ability to evaluate）、创造和生产能力（ability to create and produce）以及思辨的反应能力（ability to respond thoughtfully）。[①]

较早开展媒介素养教育的加拿大安大略教育部（Ontario Ministry of Education），是这样给媒介素养下的定义：媒介素养旨在培养学生对媒体本质、媒体常用的技巧和手段以及这些技巧和手段所产生的效应的认知力和判断力。更确切地说，媒介素养是一种教育，宗旨为增强学生理解和欣赏媒体作品的能力，使学生了解媒体如何传输信息、媒体自身如何运作、媒体如何构架现实，以及要求学生具有创作媒体作品的能力。[②]

加拿大媒介素养教育全国通用教科书（Scanning TV），对媒介素养下了更为详细的定义，并且提出有关媒介素养的基本原理（主要理念）。定义为：媒介素养是一个帮助学生读懂媒体、使用媒体的过程，是帮助学生认清媒体特性、媒体传播技巧和媒体传播效果的手段。另外，媒介素养教育还要求学生具有创作媒体作品的能力。媒介素养的基本原理为：1. 媒介信息是对现实的再架构；2. 媒体决定了人们对现实的认识；3. 受众对媒介信息接纳是有条件的；4. 媒介信息拥有商业内涵；5. 媒介信息必然反映某种意识形态和价值观念；6. 媒介信息拥有社会和政治理念；7. 媒体信息的内容和形式密切相关；8. 不同媒体都拥有自己的独特美学形态。

英国电影学院媒体教育学家卡里·巴扎尔格特（Cary Bazalgette）认为，媒体教育关注着媒介的特性、媒介的运作以及媒介如何传输信息、如何起到让大众娱乐的功效。媒介素养旨在帮助人们学会和掌握有效使用媒介表达自己的思想的能力。在大众媒介（电视、广播、电影、报纸、杂志、流行音乐、互联网）成为我们日常生活的一部分的今天，发展媒介

---

① *Skills & Strategies for Media Education* by Elizabeth Thoman from Center of Media Literay of USA.

② Media Literacy online Project by College of Education, University of Oregon.

素养教育对社会进步和发展尤为重要。

在吸收西方学者的研究与实践成果的基础上，国内学界对媒介素养定义和媒介素养教育的作用，给出了自己的概括与表达：

1. 媒介素养指了解媒体自身如何运作，媒体的组织建构及其政治和经济上的各种微妙隐性关系，媒体如何架构现实等，从而对媒体所传递的信息进行思辨、解读，透视信息背后所隐含的媒体的意识形态和价值取向，给予正确的评估和选择的能力，通俗地说，就是给人们一双明亮的眼睛，看清楚自己所处的媒体周围的世界，凭借自己的能力来去伪存真。[①]

2. 媒介素养是指人们对各种媒介信息的解读和批判能力，以及使用媒介信息为个人生活、社会发展所用的能力。[②]

3. （媒介）素养是一种对各种形式的信息进行存取、分析、评估和传播的能力。这个定义包含两层意义：学习的过程和概念的外延由“文本”扩大到各种信息。[③]

4. 狭义的媒介素养使人们一方面成为具有批判意识的思考者，另外在一个广泛应用图像、语言和声音传递信息的时代成为有创造力的生产者。广义的定义，在北美，媒介素养教育被看成是用多种形式，包括非印刷的信息，系列信息能力的组成，包括接受、分析、评价和传播信息的能力。[④]

5. （作为一种教学科目）媒介素养是指导人们特别是青少年正确理解、建设性地享用大众传媒资源的教育，通过这种教育，培养公民辨别媒介传播内容的能力和健康的媒介批评能力，使其能充分利用媒介资源完善自我，参与社会发展，同时监察和改善传媒，做个有责任心又有批判能力的公民。[⑤]

---

① 杨丹：《媒介素养教育与媒体发展》，复旦大学媒介素养研究网站 http：//www. medialiteracy. org. cn。

② 张志安、沈国麟：《一个亟待重视的全民教育课题——对中国大陆媒介素养研究的回顾和简评》，复旦大学媒介素养研究网站（http：//www. medialiteracy. org. cn）。

③ 瑞尼·赫伯斯：《信息时代的媒介素养》，曹凯译，《媒介研究》2004 年第 3 期，中国传媒大学广播电视研究中心。

④ 张玲、徐雯：《媒介素养教育初识》，《媒介研究》2004 年第 3 期，中国传媒大学广播电视研究中心。

⑤ 郑保章、程佳林：《我国公民媒介素养教育的建构与培养》，《新闻与传播》2004 年第 10 期。

6. 媒介素养，是指人们对大众传媒的认识、利用和参与方面的素养，包括具有利用传媒的技能（如上网、摄影、摄像）。[①]

也有学者从全球化背景的战略高度出发，提出了自己对于媒介素养内容的看法。苏州大学的陈龙教授认为，目前关于媒介素养内容的设定都是静态的、笼统的，并不能解决所有的问题，特别是全球化背景下的新情况。我国在尚未落实媒介素养初级内容的情形下，很快就面临了新的复杂局面，在基本素养尚不具备的情况下，就必须进行更高层次的调整。因此，媒介素养教育的任务十分艰巨。据此，陈龙认为，界定媒介素养的内容，首先应考虑媒介全球化的大背景。其次，媒介素养教育核心的调整是人格主题重塑。最后，随着中国加入WTO，外来媒介文化与我国民众接触的机会必将越来越多，当媒介普及的速度、媒介文化消费的需求以及公众对媒介依赖的程度逐步加深时，公众的素养储备就要经受考验。时代、社会对待公众媒介素养的标准要求不断提高，需要他们做出相应的调整。这种调整必须是立体的联动，即知识结构、观念、主体人格和能力同时调整，只有这样，受众才能永远是具有自主精神和人格的中国本土受众，本民族传统文化才不会陷入覆灭的命运。[②]

综合以上各种关于媒介素养内涵的界定，我们可以归纳出媒介素养的基本内涵。媒介素养是传统素养（听、说、读、写）能力的延伸，它包括人们对各种形式的媒介信息的解读能力，除了现在的听、说、读、写能力外，还有批判性地观看、收听，并解读影视、广播、网络、报纸、杂志、广告等媒介所传输的各种信息的能力，当然还包括使用宽泛的信息技术来制作各种媒体信息的能力。媒介素养无疑是一个全新的素质概念，它的宗旨是使大众成为能积极地使用媒体、对无所不在的信息有主体意志和独立思考的优质公民。它与提高社会文化品质与健全公民社会的发展息息相关。因此，媒介素养是信息时代大众所必备素质之一。

应该说，上述种种提法都有自己的侧重点。不过，归纳学者们的共识，大家都认为媒介素养有以下三个方面的基本内涵：

---

① 谢金文：《扩大传媒教育，提高媒介素养》，《媒介研究》2004年第3期，中国传媒大学广播电视研究中心。

② 陈龙：《媒介全球化与公众媒介素养结构的调整》，《现代传播》2004年第4期。

1. 认识、识别大众传媒及其所传递的信息

加拿大学者约翰·彭金特所提出的“媒介素养教育的八大理念”即是这种内容的代表。贯穿这个内容取向的核心词是——“再现”，媒介运行机制及其特征是隐藏于信息洪流之后的最值得识别的内容，与麦克卢汉的“媒介即讯息”的精神相一致。例如：“媒介向我们提供的是经过人工精心建构（constructions）的产品”①；我们日常生活的大部分信息来自媒介，媒介在很大程度上左右着我们对客观事实的感觉和判断；媒介获得巨额利润的源泉是我们的注意力等。

2. 参与、使用媒介及其信息

这一点是建立在民主社会公民所具有的一项基本人权——传播权的基础上的。不同于一般意义上的对于媒介及其终端信息产品的使用，这种被称为“近用媒体”（access to media）的权利，最大限度地保证了媒介在传播者与受传者之间的均衡关系，形成力量的制衡。

3. 批判性接受的能力

受众的媒介素养还应包括一种批判性接受的能力，这是一种高层次的发展能力。这种能力是以发展、提高媒介受众的整体素质为最终旨归的。

二　“受众中心”研究视角下的少数民族媒介素养

以笔者的几次调研结果来看，目前我国“传者中心”的传播格局，几乎完全脱离了民族地区农村的实际情况。因此，我们应把研究的方向转到“受众中心”上来，以具体地调查、研究少数民族农民的媒介素养现状为起点，摸清少数民族农村的新闻传播与信息传播现状，进而探索少数民族新闻传播的深层模式。

（一）媒介效果研究的历程

早期的传播理论认为受众是被动的，先后提出了“枪弹论”和“强效果论”等理论，其实质就是把受众看作是被动的信息的接受者，也就是传者中心论。

1. “枪弹论”

“枪弹论”认为，软弱的受众像射击场的靶子，无法抗拒子弹（大众

① 宋小卫：《西方学者论媒介素养教育》，复旦大学信息与传播研究中心 http：//cics. fudan. edu. cn/。

传播）的射击，受众只是消极被动地等待和接受媒介所灌输的各种思想、知识等内容。大众传媒有着不可抗拒的巨大力量。这种理论也叫“皮下注射论”或“刺激—反应论”，是盛行于20世纪20—40年代的一种媒介效果理论。

“枪弹论”是在孔德、斯宾塞等人的社会有机体思想和韦伯等的工业化理论基础上形成的，认为媒介对社会影响巨大。“枪弹论”将传播效果绝对化，将传媒作用不分时间、地点、对象、环境地夸大化，其缺点显而易见。

2. “有限效果论”

美国传播学者通过对政治选举和商业活动进行大量的实证调查研究，推翻了“枪弹论”的观点，发现大众传播媒介的力量相当有限，往往小于人际传播的影响力。而且传播媒介通常只能加强或削弱受众的原有立场，很难改变他们顽固的态度和行为。其代表学者克拉帕认为，大众传播不是通常作为媒介效果的一个足够的原因，只是在协调各种因素方面起作用。

有限效果论的代表研究成果有：拉扎斯菲尔德的《人民的选择》、《个人影响》等书中关于“传播流”的研究，提出了“两级传播”和“意见领袖”的观点；霍夫兰的说服效果研究表明了传播在改变态度上的效果；罗杰斯的创新扩散的“N级传播”研究；约瑟夫·克拉珀1960年在《大众传播的效力》的著作中对效果研究作了总结，指出了大众传播产生效果通常必须通过一系列中介因素发生作用。

这些影响传播效果的中介因素有：

> 传播效果的发生受到传播主体的制约；
> 传播效果的发生受到受众心理生理因素制约；
> 传播效果的发生受到媒介自身条件制约；
> 传播效果的发生受到意见领袖的影响；
> 传播效果的发生受到媒介环境的制约。①

3. 效果研究的转折

随着研究的发展，传播学者们发现受众并不是单纯的被动的接受

① 甘惜分主编：《新闻学大辞典》，河南人民出版社1993年版。

者。1959 年，以卡茨为代表的传播学者认为，受众是传播的主动者，他们并不是消极地被动地接受信息，而是积极地寻求有用的信息为自己所用。

在这一阶段，对于媒介到底是具有强大的力量还是无效果这个问题进行了进一步的研究。媒介无效果的观点一旦被肯定，受众就会对媒介报道的所有内容持怀疑态度；另一方面，媒介经营者也不愿放弃认为媒介实际上有着重要的社会效果并且是实践社会和政治权力的工具的观点，因此对有限效果论提出了质疑。

“枪弹论”也好，“有限效果论”也好，都有失偏颇。这是许多因素造成的，其中最主要的一个原因就是：过度地关注于一个有限范围的效果，特别是对于个人短期效果（如在战争或选举期间），而不是关注于更广阔的社会范围的效果。

这一时期的效果研究的转折性发展表现在：研究的注意力转向对长期效果的研究，而不只是对认知、态度、感情的研究；转向对环境、倾向和动机之间互动关系的研究；转向对集体现象的研究，如意见的趋势、信念的结构、意识形态、文化模式和媒介规范的研究。另外，效果研究也与传播内容的加工制作研究相得益彰。

4. 重新认识媒介的力量

在媒介效果研究的第四个阶段中，对媒介拥有强大的效果这一观点有所发展。研究者认为媒介是通过建构意义并把这一建构以一种系统的方式提供给受众，这个过程通常受到一些社会利益群体的参与和受众的社会背景的强烈影响。这种研究的突破也表现在方法论的转移，尤其是脱离了定量分析的窠臼。有的研究者甚至认为这是“行为主义效果研究的破产”。

新研究阶段的起源是多种多样的，与过去的研究有很深的渊源。这种新思想也与早期的强效果理论非常相似，包括诸如意识形态理论、培养理论、沉默的螺旋理论等。这些效果研究有两个主要的信念：第一，媒介以一种可预测的方式通过构造现实的图像来构造社会信息和历史本身，第二，受众通过与媒介提供象征性的建构进行相互作用来为自己建构对社会现实的看法和自己的定位。这种方式使媒介的权力和受众的权力在不断进行相互选择。

到现在为止，许多研究都在这个框架内运作，注意力主要集中在媒介如何与社会中重大的活动相互作用。当然这种建构不能取代所有的以前对媒介效果的阐述，例如，注意力的获得、对个人行为或情感反应的直接的刺激。它的方法和研究要求更深、更广阔和更加定性类型的论据，特别是关于建构形成期间关键事件的背景。尽管在研究方法和研究形式上有很大不同，但并不是与早期的理论完全不相符。传播效果的调查必须在一个社会背景中，而且效果最终是在复杂的社会事件中许多参加者的大量行为和认知的结果。这种方法可以适用于许多假定的环境影响因素，特别是关于舆论、社会态度、政治选择、意识形态和许多问题。

（二）“使用与满足”理论

“使用与满足”研究把受众成员看作是有着特定需求的个人，把他们的媒介接触活动看作是基于特定的需求动机来使用媒介，从而使这些需求得到满足的过程。受众的需求是促使其接触媒介的动因之一。

“使用与满足研究”揭示了受众媒介使用形态的多样性，从受众角度出发，通过分析受众的媒介接触动机以及这些接触满足了他们的什么需求，来考察大众传播给人们带来的心理和行为上的效用。它把能否满足受众的需求作为衡量传播效果的基本标准，具有重要意义。这有助于纠正大众传播效果论中的“受众绝对被动”的观点。

1. 早期的“使用与满足”研究

最早对广播节目的使用形态进行考察的是哥伦比亚大学广播研究室的赫卓格。1944 年，他对一个名为“专家知识竞赛”的广播节目的 11 位爱好者进行了详细的访谈；赫卓格认为，有三种基本心理需求使得人们喜爱知识竞赛节目：

（1）竞争心理需求。

（2）获得新知识的需求。

（3）自我评价的需求。

赫卓格还对 100 名广播肥皂剧的听众进行了调查，发现人们怀着多种多样的动机收听肥皂剧：有的是为了“逃避日常生活的烦恼”，有的是为了“寻求代理参加的幻觉”，有的则把肥皂剧当作“日常生活的教科书”，等等。这既反映了听众动机的多样性，也说明一种节目形式具有多种功能，有些甚至是一般人料想不到的功能。

对肥皂剧媒介的使用形态最早进行考察的是贝雷尔森。1940 年，在

《读书为我们带来什么》一文中，贝雷尔森还归纳了一些具有普遍性的读书动机，如追求书籍的内容对学习、工作和生活的参考和利用价值的“实作动机”，解消疲劳、获得休息的“休憩动机”，通过谈论读书内容以获得他人称赞或尊敬的“表现动机”，等等。1949 年贝雷尔森还总结了人们对报纸的六种利用形态。

20 世纪 40 年代的“使用与满足”研究具有开创性，但还比较简单。这主要表现在：第一，早期的研究仅仅归纳了“使用”或“满足”的基本类型，在理论上没有进一步的突破；第二，在方法上以访谈记录为主，没有形成较严密的调查分析程序。

2. 对“使用与满足”过程的研究

传播学家卡兹对“使用与满足”过程的研究，把传播效果研究推向了深入。而日本传播学家竹内郁郎在对卡兹的研究进行补充的基础上所提出的“使用与满足”的过程模式，具有总结的意义：

（1）人们接触的目的是为了满足他们的特定需求，这些需求具有一定的社会和个人心理起源。

（2）实际接触行为的发生需要两个条件，其一是媒介接触的可能性，其二是媒介印象。

（3）根据媒介印象，人们选择特定的媒介或内容开始具体的接触行为。

（4）接触行为的结果可能有两种，即需求得到满足或没有得到满足。

（5）无论满足与否，这一结果将影响到以后的媒介接触行为。人们会根据满足的结果来修正既有的媒介印象，在不同程度上改变对媒介的期待。

不过，有学者指出“使用与满足”研究也有它的局限性①：

（1）“使用与满足”研究过于强调个人的和心理的因素，行为主义和功能主义的色彩较浓。

（2）它脱离开传媒内容的生产和提供，单纯地考察受众的媒介接触行为，因而不能全面揭示受众与传媒的社会关系。

（3）“使用与满足”研究指出了受众的某些能动性，仅仅限于对媒介提供的内容进行“有选择地接触”的范围之内。因而不能反映受众作为

① 郭庆光：《传播学教程》，中国人民大学出版社 1999 年版，第 98 页。

社会实践的主体、有着传播需求和传播权利的主体所具有的能动性。

（三）麦奎尔："社会—文化"传统的意义

1994 年，英国学者麦奎尔在《大众传播理论》及随后出版的《受众分析》[①] 中提出，在受众研究领域，除了结构传统、行为传统之外还存在着第三种传统："社会—文化传统"。这一传统主要包括批判研究、文化研究、接受分析。批判研究紧扣统治权力和传播媒介的关系问题，揭露权势集团怎么操纵和控制传播的。但对受众研究而言，只不过是引起研究者对受众的重视。

三种研究传统的比较：

(1) 结构研究的传统

主要目的　描述受众构成，展示其社会关系

主要材料　社会统计的数据

主要方法　调查、统计分析

(2) 行为研究的传统

主要目的　解释和预测受众的选择、反应和行为

主要材料　动机；选择性行为；反应

主要方法　调查；实验，心理测试

(3) 社会—文化的研究传统

主要目的　理解内容接受的意义及其在语境中的使用

主要材料　意义接受；社会文化环境

主要方法　人类学的、定性的方法

麦奎尔把受众研究的"社会—文化"传统的特征概括为：(1) 受众从媒介提供的文本中构建意义，获得愉悦。(2) 受众感兴趣的是使用媒介的过程及其展现的方式。(3) 不同类型的受众构成不同的解释共同体，有共同的经验、话语意义形式和构建媒介意义的框架。(4) 受众从来不是被动的，受众成员彼此也不平等，其中一些比另外一些更主动、更有经验。(5) 研究方法是定性的、深入的，注重内容、接受行为和接受环境，常常被称之为"民族志"方法。

① 丹尼斯·麦奎尔：《受众分析》，中国人民大学出版社 2006 年版，第 21 页。

（四）关于研究方法的一些思考

1. 上面对大众媒介效果的研究发展脉络的简单梳理，呈现出一个由“传者中心”向“受者中心”转变的过程。

到了麦奎尔的“社会—文化传统”，则完全抛弃了“枪弹论”，不再突出媒介的权力和文本的权力，而是强调受众的权力。不过，情况似乎并不是那么乐观。从受众研究的主流来看，结构研究和行为研究（经验学派、管理学派）是为了媒介组织和管理者控制和操纵的目的去获得关于受众的知识。他们并没有真正的兴趣了解受众，更不要说理解受众。尽管目前的受众研究出现了以受众为本位的趋势，但并没有改变主流传统，更没有改变实践的（以传播者为中心的）传播格局。

从大众传媒在我国民族地区农村的传播情况来看，目前“传者中心”的传播格局，几乎完全脱离了民族地区农村的实际，形成了传播资源的大量浪费。因此，本研究树立“受众中心”的观念，彻底改变目前的传播格局，对民族地区农村的传播首先应该考虑少数民族农民的实际需要。

2. 受众研究的传统主要是量化的经验研究。在麦奎尔那儿，注重内容、接受行为和接受环境，常常被称之为“民族志”方法，这是一种以质化研究为主的方法。

日本社会学家安田归纳出两种社会调查方法的不同特点：

表 2—1　**统计调查与实地研究的区别**

统计调查	实地研究（个案调查）
调查范围广泛，涉及大量单位	涉及少数个案
从一个单位中选取少数侧面	选取多数侧面
客观地统计与量度总体特征	主观地洞察性地把握个体特征
用相关分析等客观方法得出普遍化的结论	用主观洞察性方法得出普遍化的结论

事实上，这两种受众研究的基本取向都有力所不能及之处。量化研究将受众变成了一组组抽象数据，无视受众是有血有肉的社会个体；而且，面对同一传播内容，不同亚文化环境中的受众所做出的不同的接受选择就无从解释。质化研究当然可以深入到某一特定的社区，并对某些个体的媒介接受行为做出精细的描述，但是对于无数的、千差万别的个体受众，麦奎尔的质化研究方法只能是望洋兴叹，显得力不从心。

不过，如果我们将“量化”与“质化”两种方法尝试性地结合起来，可能会更为客观地描述我们的研究对象。具体到“媒介化社会”与“少数民族发展”关系研究这一论题，我们可以发现：量化研究可以使我们了解中国少数民族农村的媒介化整体状态，而质化研究通过典型个案的分析，可以为我们了解局部的细微情况提供帮助。

第二节　“少数民族农民的媒介素养”调查活动的开展

一　调查的必要性

美国农民学家丹尼尔·托尼曾说：即使在当代发达工业化国家，农民与农民的子孙仍构成人口的大多数。[①] 据国家统计局数据，从城乡结构看，城镇人口 71182 万人，乡村人口 64222 万人。[②] 中国农民的这种数量特征，构成了中国社会最基本的国情之一，也是中国根本性的问题之一，直接或间接地决定了中国社会的政治、经济和文化特征。中国要在 21 世纪实现工业化、现代化，庞大的农民队伍不能不是这一奋斗目标的重要发展动力。他们创造的物质财富将在工业化、现代化过程中举足轻重，他们的精神状态、思想情绪和社会行为也举足轻重。从这个角度，可以说目前中国最大的问题，就是农民问题。

那么，处于双重落后地位的少数民族地区的农民，其现状又是如何呢?

我国是统一的多民族国家，有 56 个民族，少数民族有 1 亿多人口，分布在全国各地，民族自治地方占国土面积的 64%，西部和边疆绝大部分地区都是少数民族聚居区。目前，由于地理条件限制、发展基础薄弱、市场开发条件差、自身发展能力弱等原因，少数民族地区经济社会发展仍然面临着一些突出的困难和问题，同发达地区相比存在着相当大的差距。

农民问题涉及社会学、传播学、经济学等诸多学科，并且一直与农村问题紧密联系在一起。从传播学角度来看，农民与大众媒介的关系是一个非常重要的问题。因此，对少数民族农民的媒介素养现状进行较为全面、

① J. 米格代尔：《农民、政治与革命》，李玉琪等译，中央编译出版社 1996 年版，第 8 页。

② 国家统计局网站，http: //www. stats. gov. cn/tjsj/ndsj/。

系统的调查与分析，就是非常有必要进行的一项工作。

二　“少数民族农民的媒介素养”调查活动的开展情况

2006 年 7—9 月期间，利用本校学生遍布全国各少数民族地区的优势，笔者组织来自全国少数民族地区农村的大学生 30 余人，进行了以“少数民族农民的媒介素养”为主题的调查活动。

本次调查面向全国主要少数民族地区农村发放调查问卷 440 份。面向的民族地区包括内蒙古、新疆、宁夏、广西、西藏、云南、贵州、青海、四川、甘肃、湖北等省、自治区，回收有效问卷 415 份。

调查采取统一问卷、由调查员在本地抽样调查的方法。首先由调查员在本乡（镇）选择三个经济发展大致处于好、中、差程度的村庄，同时这些村庄中的少数民族的主族[①]必须占到 50% 以上。然后，调查员再选择村庄中经济条件分别处于好、中、差的农户发放问卷，由被调查者现场填写（不会写字的由被访对象作答，调查员代填）。

我国少数民族自治区域幅员辽阔，占全国总面积的 64%，在此区域内的农村又大体占到民族地区总面积的 2/3 左右。从这个角度上来说，我们此次进行的调查，无论从调查团队的人数、发放问卷的数量，还是调查的广度与深度来说都是远远不够的。而且，由于本次调查面向的区域宽广，也由于经费、时间等客观条件的限制，调查样本在县这一级的选取无法采用抽样形式，只能由回家的同学在本乡（镇）根据抽样调查原则选择村庄进行调查。因此，所得结论为探讨性，尚待进一步调查论证。

其次，少数民族文化的问题。通过本次调研，我们感觉到民族地区农村主要存在两个传播系统，一是以大众媒体为代表的外来传播系统，二是以本民族传统文化为中心的内在传播系统，这两套系统相互交织，共同发挥作用。对于第二种传播系统，只有以熟谙本民族文化的“局内人”身份，进行民族志传播学研究才能深入。对此，本次调研重点落在第一种大众媒体传播系统上，对第二种传播系统尚无力顾及。

---

① 如：在西藏自治区进行的农村调查，调查的主族选定为藏族；其他的以此类推，内蒙古自治区的主族选定为蒙古族，云南省楚雄彝族自治州的主族选定为彝族等。

表 2—2　　本次调查的主要区域及问卷分布情况

调查区域	发放问卷（份）	回收问卷（份）	调查员
云南省：迪庆藏族自治州；红河哈尼族彝族自治州；文山壮族苗族自治州；楚雄彝族自治州	120	110	8
四川省：甘孜藏族自治州；阿坝藏族羌族自治州；凉山彝族自治州	120	115	6
贵州省：黔东南苗族侗族自治州	20	20	2
内蒙古自治区	20	20	2
新疆维吾尔自治区	20	20	2
广西壮族自治区	20	20	2
西藏自治区	20	10	2
河北省：围场满族蒙古族自治县	20	20	2
甘肃省：天祝藏族自治县	20	20	2
青海省：海西蒙古族藏族自治州；海北藏族自治州	40	40	4
湖北省：恩施土家族苗族自治州	20	20	2
总计	440	415	34

三　调查结果的分析方法：内容分析法

内容分析法最早产生于传播学领域。内容分析法是大众传播学领域的常用信息分析方法，其特点是以信息内容作为研究对象。美国学者贝雷尔森说："内容分析是一种对传播内容进行客观、系统、定量描述的研究方法。"[①] 它是传播研究中的一种重要的、常见的方法。

第三节　"少数民族农民的媒介素养"调查问卷的数据统计与分析

一　民族样本[②]的经济状况与大众传媒拥有情况

（一）民族样本的基本情况

1. 本次调查的民族样本构成情况

农业劳动者占 76%，外出打工者占 11%，在校学生占 11%，国家工

① 张国良：《现代大众传播学》，四川大学出版社 1998 年版，第 76 页。

② 以下为行文方便，将本次调研中的"少数民族农村居民"简写为"民族样本"。

作人员（包括党政机关工作者、企事业单位职工）占 2%。

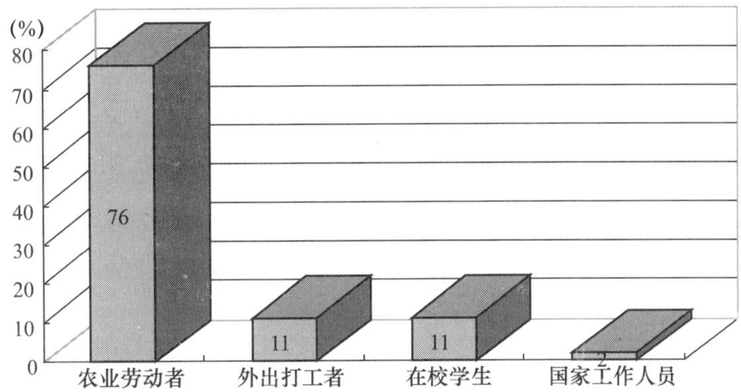

图 2—2 本次调查的民族样本构成情况

2. 民族样本的主要经济来源

种植业 59%，养殖业 27%，外出打工 12%，在企业工作（包括乡镇企业）2%。

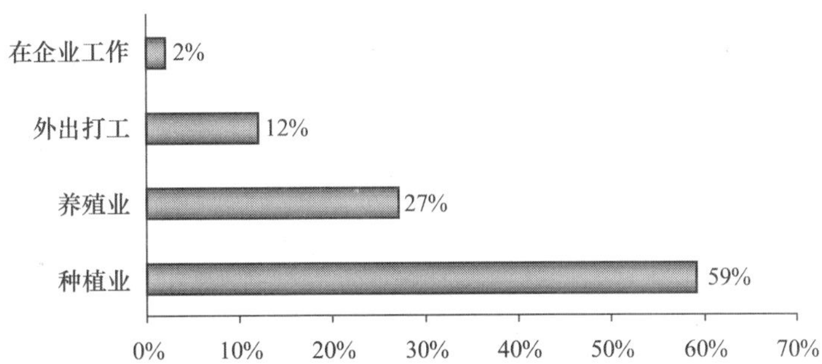

图 2—3 样本的主要经济来源

3. 民族样本的经济收入状况

目前的贫困线是 2011 年确定的，我国农村（人均纯收入）贫困标准为 2300 元。在受访家庭中，不计算支出，2004 年实际人均年收入 1000 元以内的占 15%，1000—3000 元的占 60%，3000—5000 元的占 16%，5000 元以上的占 9%。

但是，如计算支出，67% 的家庭入不敷出，出现负数，25% 的家庭则收支平衡，只有8%的家庭有盈余。

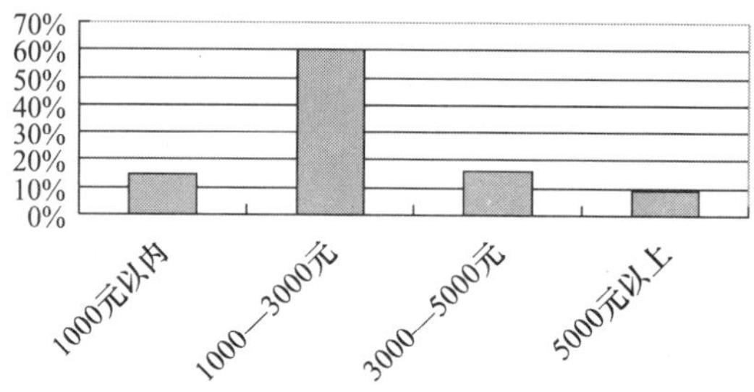

图2—4　样本的经济收入状况

分析：八成的少数民族农民的力气花在种田养猪上，七成农民家庭入不敷出，民族地区农村的经济情况总体较差。

近年来，我国民族地区农村大批农民向城市流动，形成了农民工群体。从上述三项数据，可以看出民族地区农村居民的主要经济来源中，传统的种植业（种田）与养殖业（养猪）两项之和达到86%，而居民中包括党政机关工作者、企事业单位职工在内的国家工作人员仅占2%，说明少数民族农民仍停留在传统的农耕经济，经济来源单一，农民角色分化缓慢。

67%的家庭入不敷出，出现负数，25%的家庭则收支平衡，只有8%的家庭有盈余，说明少数民族农民家庭的经济情况总体较差。

根据调查员的访谈，90%的青年外出打工，由于一缺技术，二缺资金，能在城市站住脚，最后留在城市发展的极少，打工结束后多数人都返回家乡。

六成的农民家庭入不敷出，但八成以上的家庭有电视也有电话，两者之间形成一个巨大的反差——少数民族农民的经济情况总体较差，但是，今天的电视机、智能手机（电话）、收音机，以其价格的低廉（农民购买的大多是中、低档产品）和使用费用的低廉，已大量涌入了少数民族农民的日常生活。

（二）大众传媒设施拥有情况

1. 拥有彩色电视机的家庭占88%，加上拥有黑白电视机的7%，电视机总拥有率为95%。

2. 拥有手机（或固定电话）的家庭占 96%。

3. 拥有收音机的家庭占 60%。

4. 拥有组合音响的家庭占 43%。

5. 拥有电脑的家庭占 5%。

分析：九成以上少数民族农民家庭有电话，九成五的家庭有电视。但是现代媒介的大量拥有对民族地区农村的经济发展起到的作用甚微。

在 2006 年的调查样本中，5% 的家庭拥有电脑，这是一个引人注目的现象，但上网的电脑仅 1%。

拥有手机（或固定电话）的家庭占 96%。拥有智能手机的家庭增多，电视拥有率很高，民族地区农村家庭的电视机总拥有率为 95%。如此之高的电视、电话拥有率完全推翻了部分研究者对“少数民族农民的大众媒介拥有率低”的主观臆判。

传播学理论认为，大众传媒的进入会对该区域经济有明显的提振作用。但我们从前面柱状图 2—4 所显示的民族地区农村糟糕的经济现状，说明大众媒介的大量拥有并没有对民族地区的经济发展起到“提振”作用，传媒设施的大量拥有对民族地区农村的经济发展起到的作用甚微。

二　民族样本的媒介接触动机

你接触传媒的原因是什么？（限选 3 项）

表 2—3　**民族样本的媒介接触动机**

选项	百分比
了解社会	56%
寻求娱乐或刺激	39%
了解发家致富的信息	39%
习惯	28%
消磨时间	32%
学习	17%
其他	10%

分析：四成的民族样本想通过大众媒介信息发家致富。

在本题所设选项中，56%的民族样本选择“了解社会”这一项，远远超过“寻求娱乐或刺激”一项（39%）17个百分点，说明近六成的民族样本在接触大众媒介时已不仅限于娱乐消遣，更多的是想通过媒介来了解外面的世界。

40%受访者选择了“了解发家致富的信息”。说明民族样本接触大众媒介的目的性更为明确：想从外面的世界获得更多信息，使自己摆脱目前经济不宽裕的现状进而发家致富。这值得我们深思：既然少数民族农民已有了对致富信息的渴求，那么作为信息的输出方——大众传播媒介，应该如何满足他们的信息渴求？

三　民族样本的媒介接触行为

（一）少数民族农民与电视

1. 能接收多少套电视节目？

10套以下的占15%，30套以下的占38%，30套以上的占47%。

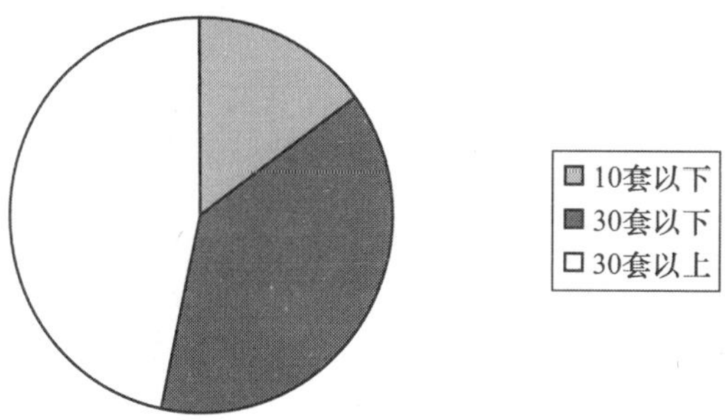

图2—5　能接收多少套电视节目

2. 请您估计一下，您上周每天大概用了多少时间看电视？

表2—4　上周周一到周五，民族样本平均每天大致的收看时间

选项	百分比
1小时内	23%
3—6小时	30%
6小时以上	47%

表 2—5　　**上周周六到周日，民族样本平均每天大致的收看时间**

选项	百分比
1 小时内	27%
3—6 小时	17%
6 小时以上	56%

分析：民族样本人均看电视的时间略高于全国平均数。

电视机拥有率非常高，达 95%。电视节目的到达率不低。85% 的电视机能接收 10 套以上节目，能接收 30 套以上节目的占 47%，部分最多的能接收 80 套节目。

收看时间长。上述表 2—4 数据显示，民族样本周一到周五，平均每天大致的收看时间在 3 小时以上的达 77%，在这 77% 的人中，47% 的人看电视时间达 6 小时以上。周六到周日，略有变化，平均每天大致收看时间在 3 小时以上的为 73%，比周一到周五看电视时间下降 4 个百分点，据调查，主要是少数民族农民选择在周六到周日外出赶集、购物、办事。但看电视时间 6 小时以上的群体比例上升到 56%。

数据显示，中国人收看电视节目的时间人均约为 251 分钟/每天。① 据上述表 2—4、2—5 数据，半数的民族样本收看电视节目的时间在 6 小时以上，日均看电视时间为 3—6 小时的有二至三成。由此推算，少数民族农民收看电视节目的时间略高于全国人均收看时间。

（二）民族样本与电话

1. 拥有手机、固定电话的家庭占 96%，没有固定电话、手机的家庭占 4%。

2. 您家使用电话的主要目的是（限选 2 项）：

和亲戚朋友联系占 91%，做生意占 25%，快速知道外面的信息占 25%，别人有我也要有占 4%。

分析：电话拥有率高，但主要不是用于发展经济。

96% 的少数民族农民家庭有电话（固定电话或手机），但主要用途是

① 封翔：《2015 年中国人看电视时间为 251 分钟》，微信公众号《收视中国》，2016 年 3 月 7 日。

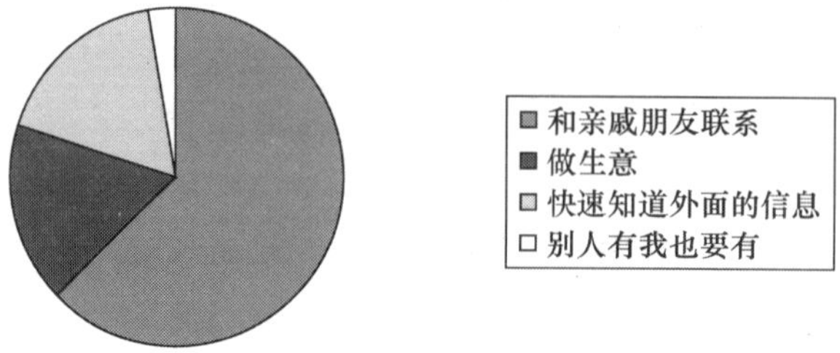

图 2—6 民族样本使用电话的目的

联系亲友，只有两成多的少数民族农民用电话来从事与经济相关的活动（做生意占 25%，快速知道外面的信息占 25%）。

（三）少数民族农民与报纸

1. 您是不是从未订过报纸但偶尔购买过报纸？

偶尔购买的占 31%，从不购买的占 69%。

2. 你获得报纸杂志的方式：

（1）零购 29%　（2）借阅 34%　（3）报栏阅读 16%

（4）自费订阅 12%　（5）公费订阅 9%

分析：七成少数民族农民从不购买报纸。

从不购买报纸者占 69%。需要说明的是：本次调查的主要对象是少数民族农民家庭中的当家人或对家庭发展有重大影响的家庭成员，这些人年龄基本在 20—50 岁之间，观念较开放，更易于有如“购买报纸”等接受新事物、新观念的举动。但如将没有购买能力的少年儿童以及 50 岁以上思想较传统的人考虑在内，估计不购买报纸的比例还会上升。

3. 请回答您阅读报纸的情况

（1）经常看 14%　（2）偶尔看 15%　（3）碰到了就看 28%

（4）外出打工时看 14%　（5）所在的单位有报纸就看 6%

（7）别人买了自己就看 8%　（8）从来不看 15%

经常看报的少数民族农民不足两成（占 14%），主要原因其一是没时间，其二是语言障碍，其三是农村订报或购报很困难，所以不看报。

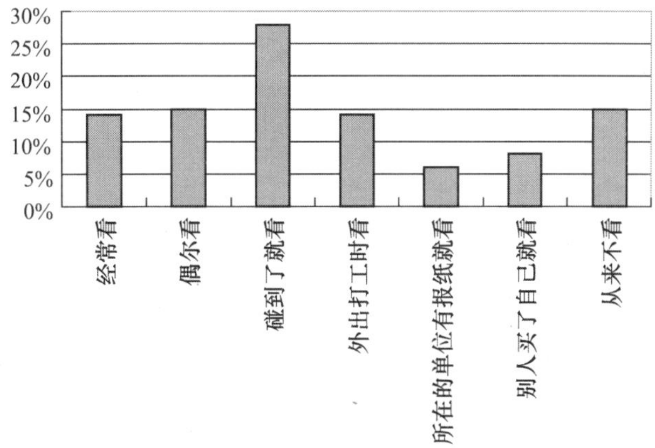

图 2—7　民族样本的报刊阅读情况

4. 如果你经常看报刊或有时看看，请问主要原因是什么？（限选 3 项）

表 2—6　**民族样本的报刊阅读动机**

选项	百分比	排序
报刊上有些信息可以帮助脱贫致富	44%	1
可以知道自己所不知道的事	38%	2
没有什么特别的原因，碰到了就看	36%	3
闲得无聊、为了解闷而看	32%	4
报刊上有些内容很有意思、有趣味	29%	5
为了寻找就业的途径	11%	6
因为报刊能反映农民呼声	9%	7
为了解国家对农村的政策	8%	8
为了寻找农产品销售市场	8%	
因为喜爱文学艺术	6%	9
为了寻找生产资料来源	5%	10
了解股市行情	0%	11

5. 如果你不看报刊，请问主要原因是什么？（限选 3 项）

表 2—7　　民族样本的报刊阅读动机

选项	百分比	排序
没时间	31%	1
农村订报或购报很困难，所以不看报	23%	2
识字太少，看不懂	18%	3
买报刊要花很多钱，家里没有余钱去买报刊	18%	4
没兴趣	12%	5
没有与我们相关的内容	9%	6
认为报刊上的内容和电视、广播一样，不必看	7%	7
报刊不如电视、广播有趣，所以不看	5%	8
报刊上反映的内容不真实	1%	

分析：半数少数民族农民有通过阅读报刊来了解脱贫致富信息的愿望。不过，当前报纸在民族地区农村处于“缺席”状态。

近一半的少数民族农民表达了通过看报刊来了解脱贫致富信息的愿望（44%）。在回答“如果你经常看报刊或有时看看，请问主要原因是什么”时，选择“报刊上有些信息可以帮助脱贫致富”一项的人多达 44%，在本题所提供的选项中排名第一；选择“可以知道自己所不知道的事”一项的也高达 38%。

虽然是新媒体时代，但报刊等纸质传播在民族地区依然有其不可替代的地位。特别是随着我国农业科技推广体系日趋完善，信息培训教室和农业信息化综合信息服务试点等为少数民族农民提供农业科技信息，发放农业科技资料和“明白纸”，成为少数民族农民学习农业实用技术的重要渠道。

（四）少数民族农民与广播

拥有收音机的家庭占 60%。

经常听电台广播的占 14%，偶尔听占 49%，从来不听占 37%。

分析：广播在民族地区农村全面萎缩。

广播媒体具有购买方便、无安装费用的特点。1965 年以后，我国农村的有线广播网得到飞速发展，小喇叭的平均入户率已超过了 80%，是当时集信息传播、娱乐消遣于一体的大众媒介，在农村发展中起到了重要的作用。

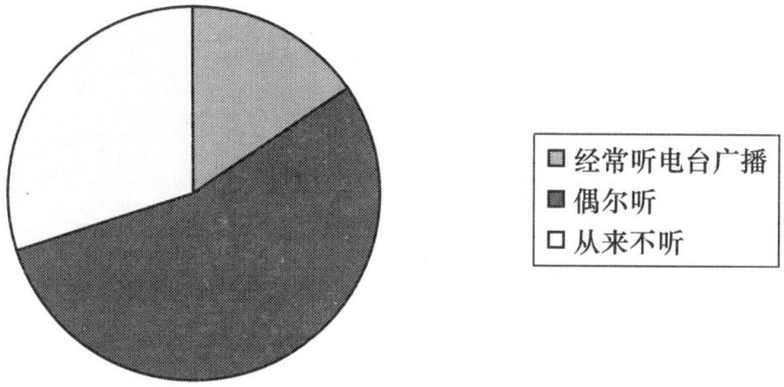

图 2—8　民族样本的广播接触情况

但在今天，从上述调查数据可以看出，六成家庭拥有收音机，但经常听电台广播的不到两成（占 14%），由 80% 降到 14%，说明了广播在民族地区农村的全面萎缩。

（五）少数民族农民与电脑

拥有电脑的少数民族农民家庭占 5%。

1. 您家的电脑是否上过互联网？

（1）是 20%　　（2）否 80%

2. 上网的主要目的是（限选 1 项）：

（1）获取生产资料来源与产品销售渠道的信息 20%

（2）了解一些报刊、广播、电视所不能提供的新闻信息 20%

（3）主要是为了好玩 60%

分析：少数民族农民的电脑拥有率低，使用率更低。

拥有率低，使用率更低。据调查，拥有电脑的家庭都是富裕家庭，购置电脑的目的多是为家中子女学习之用，家中成年人较少使用。电脑、网络这些对于许多城里人来说是每天都要接触、使用的熟练工具，在民族地区农村却是在电视里看得见、摸不着的“高科技”。

四　少数民族农民对媒介经济性信息的利用情况

（一）民族样本与农业节目

1. 您知道中央七套是主要播出农业节目的电视频道吗？

（1）知道 64%　　（2）不知道 36%

2. 您看过《科技苑》、《致富经》、《每日农经》（中央七套）节目吗？

（1）都看过 26%

(2) 只看过《科技苑》17%

(3) 只看过《每日农经》14%

(4) 只看过《致富经》7%

(5) 都没有看过 36%

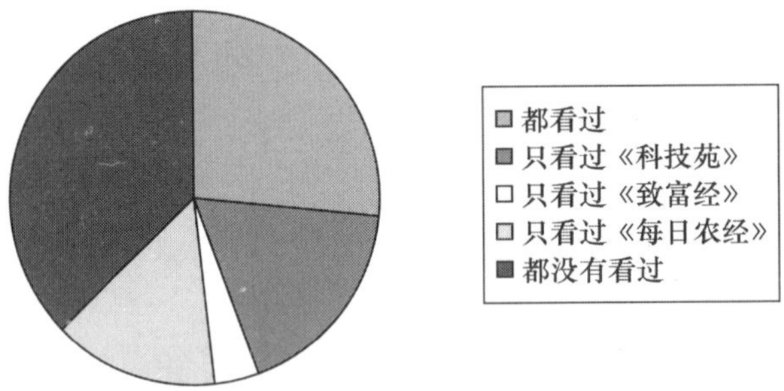

图 2—9 民族样本对《科技苑》《致富经》《每日农经》的接触情况

3. 您喜不喜欢看上述三个节目?

(1) 喜欢 41% (2) 不喜欢 8% (3) 无所谓 51%

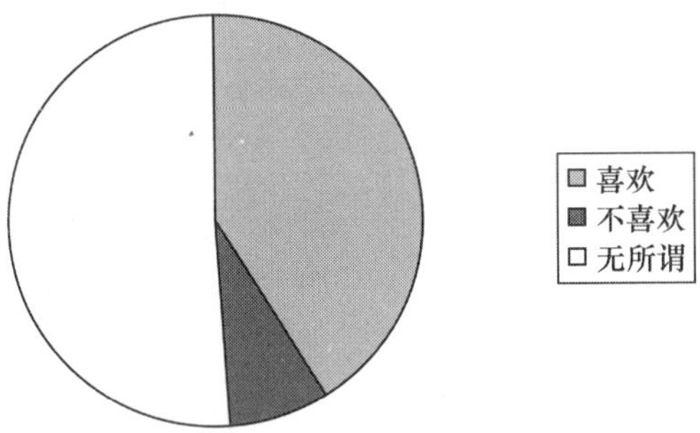

图 2—10 民族样本对《科技苑》《致富经》《每日农经》的喜爱程度

4. 本省、本地区、本县电视台播出的农业节目,您经常看吗?

(1) 从来不看 9% (2) 几乎不看 14% (3) 碰到了就看 56% (4) 经常看 21%

分析:近四成少数民族农民不知道中央七套是农业频道;只有一成农民经常看本省、本地区、本县电视台播出的农业节目。

中央七套是国家专门为全国农民开办的“半个”农业频道(军事

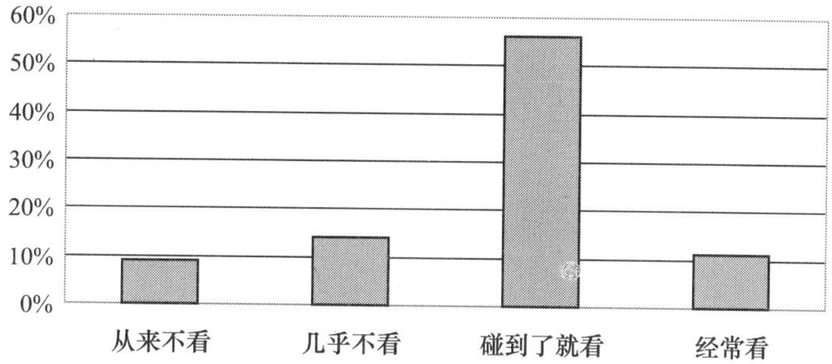

图 2—11　民族样本对本地电视农业节目的态度

节目也是放在这个台播出），接收的硬件方面，只要使用“大锅盖”——卫星天线的农户都可以收到，如果是有线电视信号就更不用说了。在本次调查中，拥有电视机的家庭 90% 使用卫星天线接收信号，10% 则通过有线电视网接收信号。从接收的硬件方面，收看中央七套是没有问题的。

调查结果显示：近四成少数民族农民不知道中央七套是农业电视频道，也没有看过《科技苑》、《致富经》、《每日农经》这三个中央七套办得较好的农业栏目。对这三个节目，总计有六成少数民族农民表示无所谓（51%）、不喜欢（8%）。

而本省、本地区、本县电视台播出的农业节目则“待遇更低”，只有一成少数民族农民经常看（11%），其余近九成则选择了碰到了就看（56%），几乎不看（14%），从来不看（9%）。

（二）少数民族农民与广告（限选 3 项）

1. 您对新闻媒介广告的态度是：

表 2—8　**民族样本对大众媒介广告的态度**

选项	百分比	排序
广告数量太多	81%	1
多数广告都是“王婆卖瓜，自卖自夸”	67%	2
好的广告给人以美的享受	26%	3
广告信息对生产和经营没有多少作用	22%	4
广告信息对生产和经营有相当大的作用	14%	5
广告引导了人们的合理消费	9%	6

2. 您曾在电视、广播、报刊上为自己的农副产品做过广告吗?

（1）做过 2%（2）没做过 98%

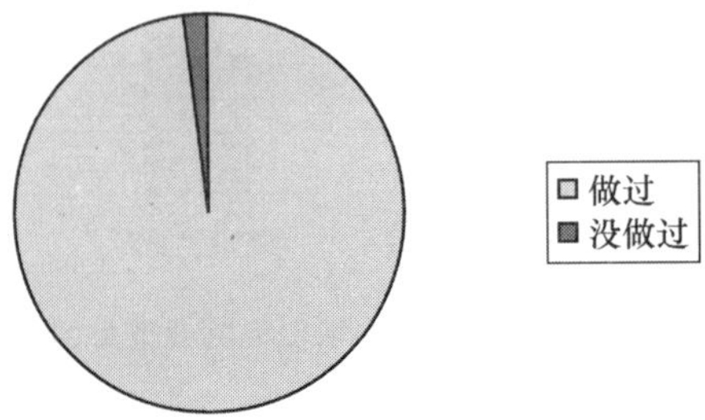

图 2—12 民族样本对媒介广告的利用程度

3. 您认为：为了出售您的农副产品而掏钱做广告划得来吗?

（1）划得来 5%（2）划不来 38%（3）要看情况 57%

4. 你不愿做广告或视具体情况决定做不做广告的原因是：（限选 3 项）

表 2—9 民族样本对媒介广告的利用程度的影响因素

选项	百分比	排序
产品少，不值得做广告；产品多，可以考虑做广告	38%	1
生产的产品三钱不值两钱，做广告不上算	35%	2
广告没人看，做了白做，浪费钱	30%	3
不知道广告做了有没有用	29%	4
做广告好是好，但用辛苦钱做广告实在舍不得	22%	5
要看广告的价格	9%	6

分析：八成少数民族农民对广告持排斥态度，只有一成多的人认为广告对生产、经营、消费有作用。不为自己的农产品做广告的原因大致有两个方面：一是产品少，而且不太值钱；二是对广告的效果心存疑虑。

机构调查发现，影响少数民族农民接受广告的主要因素有如下三点：一是广告本身的创意；二是选择什么样的媒体投放；三是广告传播的力度。这是影响民族地区农村广告效果的关键所在。

在本调查中，81% 的少数民族农民认为：广告数量太多了；67% 的人认为：多数广告都是“王婆卖瓜，自卖自夸”。选择了“广告信息对生产和经营有相当大的作用”的占14%；选择“广告引导了人们的合理消费”的占9%。

5. 您有较多的农副产品准备出售时，将会采用什么样的方式？（不限选项）

（1）打算在报刊、电视或其他媒体上做广告 12%

（2）人托人，四处打听有哪些地方需要自己的产品 64%

（3）由自己家人分头去赶集、进城镇市场或走街串巷叫卖 47%

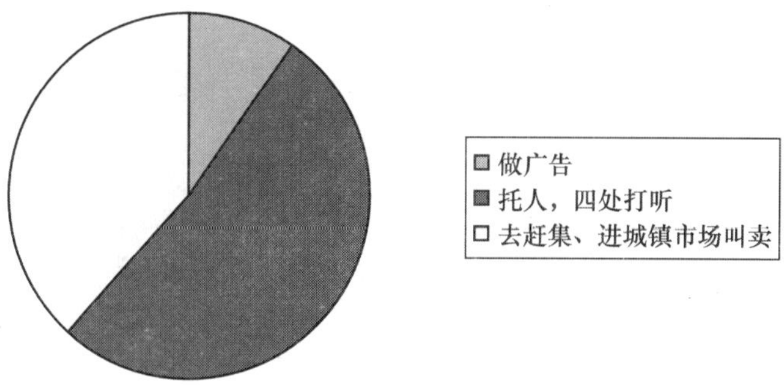

图 2—13　民族样本的农副产品营销方式

6. 您购买主要家用电器（如电视机、空调、洗衣机等）时，决定购买何种品牌的原因是（限选 4 项）：

表 2—10　媒介广告对民族样本购买行为的影响程度

选项	百分比	排序
亲友买了这一牌子的，说很好，所以我们也买了	66%	1
价格便宜，所以买了	32%	2
看了电视广告后，决定买	21%	3
在商场里，看见好些人买，所以也决定买	13%	4
看了报纸上登的广告后，决定买	12%	5
听了广播电台的广告后，决定买	3%	6

分析：在农村，人际传播依然是最为重要的传播方式。购买大宗商品

时，七成少数民族农民主要的选择标准是商品的口碑传播，即“亲友买了这一牌子的，说很好”。其次，只有两成的人表示是看了电视、报纸广告以后买的。

（三）民族样本在实际生产中借助大众媒介的情况

1. 您在种植业、养殖业活动中，有借助媒介帮助的情况吗？

（1）有 31%　　（2）没有 69%

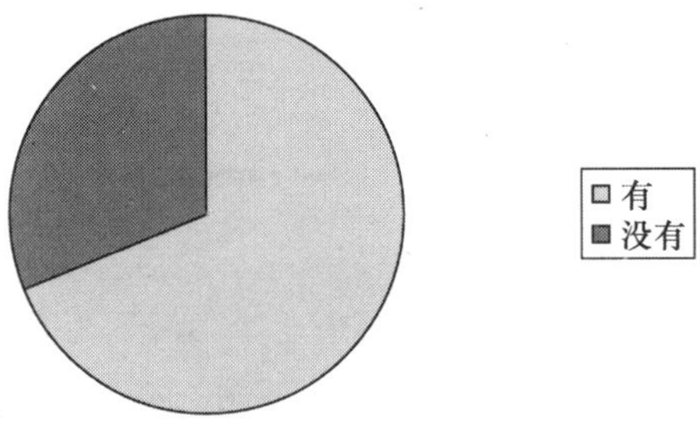

图 2—14 民族样本在农业生产中借助媒介的情况

2. 上述帮助主要是属于哪一方面？（不限选项）

表 2—11 **民族样本在农业生产中得到的媒介帮助**

选项	百分比	排序
从媒介中了解了社会需求或从某个节目中受到启发	25%	1
通过媒介理解了国家政策	25%	
从媒介中学习科学的生产技术	23%	2
从媒介中知道了进货渠道或产品的销售渠道	17%	3
从媒介中知道了招工信息	16%	4

分析：少数民族农民对媒介的利用率低，七成以上的农民在种植业、养殖业活动中没有借助过媒介。

有不到三成的少数民族农民在种植业、养殖业活动中借助过媒介，主要的借助内容是从媒介中了解了社会需求或从某个节目中受到启发（25%），通过媒介理解了国家政策（25%），从媒介中学习科学的生产技术（23%）。但总体来看，媒介利用率低。

（四）调查小结

> 发展权是每个人不可剥夺的人权。每个人及各国人民均有权参与、促进并享受经济、社会、文化和政治的发展。在这种发展中所有人权和基本自由都能获得充分实现。[①]

1. 少数民族农民的经济情况总体较差，但电视、电话的普及率很高。

2. 四成的少数民族农民想通过大众媒介信息发家致富。

3. 民族地区农村电视机拥有率非常高，电视节目的到达率高，农民人均看电视的时间略高于全国平均数。

4. 电视、手机成为影响少数民族农民思想观念的重要因素。

5. 只有一成少数民族农民经常看本省、本地区、本县电视台播出的农业节目，近四成少数民族农民不知道中央七套是农业频道，七成以上的少数民族农民在种植业、养殖业活动中从没有借助过媒介。

6. 八成少数民族农民对广告持排斥态度，只有一成多的人认为广告对生产、经营、消费有作用。

购买大宗商品时，七成少数民族农民主要的选择标准是商品的口碑，其次是价格；只有两成的人表示是看了电视、报纸广告以后买的。

7. 约 30% 的少数民族农民明确认为：在民族地区农村，大众媒介在帮助发家致富方面有很大作用，应尽快发展大众媒介。

五　贵州土家族聚居区调查手记

大众传媒遭遇尴尬

今天是晴朗的一天，头顶似火的骄阳，时隔两年，我重返老家——贵州省铜仁地区的一个土家族村庄，熟悉又陌生！万里无云的蔚蓝天空仿佛一块晶莹剔透的蓝宝石，那种难得的纯净透亮却似乎有点刺眼，以致我畏于抬头欣赏这瑰丽神奇的大自然杰作。虽然天气不饶人，但我还是兴奋地拿着早就拟好的采访计划，开始调研工作。

傍晚，村里的人都吃过晚饭在家乘凉。我们走进了第一个采访对

---

① 联合国《发展权利宣言》（联合国大会一九八六年十二月四日第 41/128 号决议）。

象的家里，男主人正坐在门口歇息，听我说想要采访他，他脸上瞬间充满了笑容。

“这个要怎么写？嘿嘿，我好多年都没写过字了，眼睛都看不清了。这样，你说，该怎么填是对的，我就写。”叔叔拿着调查问卷憨厚地笑着说。他大概还没听懂采访是什么意思，准备把它当成试卷来做。

“这个是对我们少数民族地区媒介使用情况的调查，也就是了解大家看电视、用手机、上网、看书看报、听广播的一些情况。”

“嘿嘿，原来是这样啊，行！你看，我应该怎么写呢？”听完我的解释，叔叔摸着后脑勺说，“但是，我们这里哪有电脑啊，我活了三四十年了，还从来都没摸过电脑咧。你看嘛，就是三年前才买了个手机，一天就是接打一下电话。我们这农村不是个个都一样吗？”

看着眼前这位虽然只有四十多岁，却因常年为家庭生计四处奔波而骨瘦如柴、有着和他年纪完全不符的外形的叔叔，听着他那谦虚得近似自贬的话语，我心里不禁唏嘘不已。

我出生的小山村是一个比较特殊的地方，五年前，因为滚滚乌江从此呼啸而过，当地政府便在此修建了一座水电站。村里人都拿着征地得来的补偿款住进了新房，告别了潮湿阴暗的老木屋，与外界也能便利地沟通了，还在村里开起了小卖店，做做生意。五年过去了，这里发生了太大的变化，人们的思想观念也发生了很大的改变。但今天，连续走访了五个家庭的我，在和亲人们谈话时，心里总会涌出些许的“无奈”，住在这里的人们并没有像我所想象的那样，许多以前的想法和观念依然根植于他们的心中，抹不去！不禁心生疑问：他们的生活真的变好了吗？

第一天的调查情况没有多大差异，因为年龄在同一个层次，结果如同第一位叔叔所说。但我发现，自己低估了村里人对土地的依赖程度，原本以为日落后大家便都在歇息，但恰恰相反，由于今年持续干旱，每天都是艳阳高照，人们便只是午饭后休息一会儿，然后出去干活，天色很晚才回家。

走访的五个家庭中，这些家里的“一把手”都是高中肄业或者毕业后进入社会的，在他们那个年代里，他们是这个社会的知识分子，是社会的主力军。如今的他们也正处于生命的黄金期，但是属于他们的绝对主导地位似乎已经沉没，不是为生计而奔波就是为下一代去辛勤劳作，没有条件接触更多我们认为理所当然的东西。他们在现代传媒面前，显得不知所措！在80后、90后们玩转网络的这个时代，作为家庭的支柱，他们用起了手机，但在他们那里，手机只是起到了通信工具的作用，走访调查的人之中有80%—90%在日常生活中仅仅只是利用手机接打电话、传传信息，其他的譬如上网、看书报、在网上用聊天工具等等，离他们似乎有十万八千里！

第二天的走访调查，我们吸取了前一天的教训，把采访时间选在了中午。当我们走进采访对象家里时，男主人很热情地接待了我们，他第一句话便是："终于有人关心我们农村了，还是第一次有人来做调查，平时我们有好多话要说都不知道该找谁说，没有人愿意听，人家都看不起我们农民，现在好了，你们来了，就是我们的救星啊！"

"其实大家平时有什么意愿是都可以表达的，现在我们就是来调查关于这方面的情况，你看现在我们有手机、网络、电视等等这些工具，合理利用，就不会没有机会去反映自己的情况，所以我们应该学会用这些工具。"我向叔叔解释道。

"说是这样说，但你也看到了，我们这些农村哪里有那个闲钱买什么电脑、手机啊，能吃饱就不错了！"叔叔说。

"大众传媒"，顾名思义，即普通大众的传媒，是每个个体都有权利了解、运用的面向大众的传媒。但在我所接触到的这几个土家族聚居的村子，大众传媒似乎从未"大众"，大多数时候只是单向的受众，他们很少有机会做一个大众传媒的传播者。

在今天，大众传媒的影响与作用越来越不容忽视。一个地区的发展离不开大众传媒，我们每个人本身就是一个媒介，传媒每天都与我们发生着关系。但在闭塞落后的小乡村，传媒的力量却显得"娇小薄弱"，甚至可以忽略不计，这样的地区又如何谈发展？人们的生活水平何时才能实现质的飞跃？

利用大众传媒改变人们的思想观念，是我们每个人的责任，让我们的观念与时俱进便能更好地谈发展。不积跬步，何以至千里？传媒的力量虽然有限，但坚持总是有回报的。拥有接受新兴事物的果断和与时俱进的魄力，从而促进该地区的长足发展，是每个人的责任。

（调查员：李蕾）

第四节 构建少数民族媒介素养教育体系的基本途径和方法

一 媒介素养教育的基本内涵

当前学界多数人认为，媒介素养教育的历史起点，是英国学者 ER. 利维斯（ER. Leavis）和他的学生丹尼斯·桑普森（Denys Thompson）于 1933 年出版的文学批评著作《文化和环境：培养批判意识》（*Culture and Environment: The Training of Critical Awareness*），该书首次就学校引入媒介素养教育的问题作了系统的阐述并提出了一套完整的建议。作者在书中设计了一系列以新闻、广告和流行小说为题材的课堂练习，这部论著此后又数次修订再版。

利维斯的观点一时受到广泛关注和讨论。这种思想的核心观念是文化保护，即保持本国文化传统、语言、价值观和民族精神的纯正和健康，从这种观念出发，有关大众文化教育的目的被理解为鼓励学生去“甄辨与抵制”（Discrimination and Resist）。通过这种教育，使得学生能够防范大众传媒的错误影响和腐蚀，自觉追求符合传统精神的美德和价值观。这种教育、强化学生具备甄辨和批判意识的方法被后来的批评家们称之为“免疫法”（Inocultion）。这种方法的另一显著特点是：用教育学的语言学；高度自信。ER. 利维斯和丹尼斯·桑普森力求帮助教师们学会批判大众文化的欺骗性、虚伪性和麻痹作用。他们确信；文化中的不良成分一旦被揭露和甄辨，就能被觉悟的学生们唾弃和谴责。

到了 1940 年，情况发生了改变。西方学者通过大量研究发现，大众传播一般只加强人们已有的观点，而不会改变其信念。受众对大众传播的各种内容总是会加以选择、判断，他们一般只接受那些与自己信念相符的信息。这是由于人们在接受任何事物时总是以自己已经先有、先见、先把握的东西为基础，这种先有、先见、先把握的东西，我们将其定义为意识的“先结构”。意识的这种“先结构”由文化艺术修养、社会历史文化传统、审美能力、生活经验、思想感情等内在因素构成。由于这些内在因素每个人是不同的，因而文化意识的这种“先结构”事实上各有不同，每个人都有属于自己文化意识的“先结构”。而这一事实导致的一个直接文化信息的接受现象，就是对文化信息的接受效果有明显的差异。面对媒介信息时人们会有不同的诠释与交互作用。同样的一个文本，不同的受众很可能有迥异的感受，因此媒介素养教育应该尊重每个受众的观点。

发展到今天，媒介素养教育的内涵有了很大的演变。从“文化素养”始，至今已有：人文素养、信息素养、网络素养、计算机素养、影视素养、高科技素养等概念。这说明媒介素养是一个不断发展的范畴，它的内涵伴随着新媒介的产生、发展而进一步的丰富、完善。中国社会科学院卜卫研究员从英国、美国和中国台湾等国家与地区的媒介素养教育中概括出四点作为其基本内容：媒介特质、媒介信息特质、媒介生态与组织和受众对自己接触行为的管理和分析。陈启英在《媒介素养教育——E 时代之新公民教育》中，将其内容概括为“是对媒体有认知（cognitive）、情绪（emotional）、美学（aesthetic）及道德（moral）四方面的知识与能力”。而张志安、沈国麟在《媒介素养：一个亟待重视的全民教育的课题》一文中，则将主要内容概括为两方面：一是增加对媒介的了解，学会以批判的意识接触媒介的信息；二是掌握与媒介交往的尝试，懂得合理地运用媒介完善自我，服务自我。这三种表述各有见地，前两者着眼于媒介素养教育内容的内涵，后者着眼于媒介素养教育的功能。学者们还翻译了英国媒介素养教育领域权威大卫·帕金翰（David Buchingham）博士对于英国媒介素养教育的回顾；李月莲则从加拿大的传媒教育运动中得到启发。

此外，中国学者还较多地引用美国传媒素养研究中心和加拿大安大略教育部对媒介素养的界定。按照学界大体达成的共识，媒介素养教育的内涵应该包括认识大众传媒、参与大众传媒和使用大众传媒三个部分。宋小卫在《西方学者论媒介素养教育》一文中摘译介绍了加拿大、英国等三位学者关于媒介素养教育的观点。有加拿大约翰·彭金特（John Pungente）的“八大理念”，如“媒介并不提供外部客观世界的简单映像”、“我们对于外部世界的多数观察和体验是通过媒介获得的”、“大部分媒介生产是一种商业活动”、“所有的媒介产品都具劝服因素”等；还有英国利物浦大学高级研究员莱恩·马斯特曼（Len Masterman）就媒介素养教育提出的 18 项基本原则，以及伦敦大学教育学院副教授大卫·帕金翰（David Buckingham）对英国媒介素养教育超越保护主义的观点。

除宽泛探讨媒介素养教育的内容外，长期关注儿童媒介素养教育问题的学者卜卫还特别针对信息时代的青少年教育指出网络素养教育的内容：（1）了解计算机和网络的基础知识，对计算机、网络及其使用有相应的管理能力；（2）培养创造和传播信息的能力；（3）培养保护自己安全的能力，即在网上能够处理不良信息，保护自己不受侵害。

目前看来，媒介素养教育涵盖的层面很广，涉及心理学、传播学、美学、社会学等学科领域，如何以一种有效的方式有系统地进行学习，是一项重要的课题。目前来看，尚未形成较完善的模式；不过，大多数人认为媒介素养教育内容应依据以下几项核心概念：（1）媒介信息是建构出来的“真实”。媒体所承载的内容并不全是客观世界的真实反映，而是经过刻意选择，常是许多因素相互融会、碰撞的结果。人们根据各种媒介所提供的信息建构了关于这个世界的图像，我们对世界的观察与经验往往是以媒介为“媒介”，因此在某种意义上可以说，媒介塑造了我们对世界的态度与看法。媒介素养教育就是试图解构这些隐藏在媒介信息背后的机制，让人们了解为何会呈现这样的媒介面貌，从而相对更加真实地了解世界的原貌。（2）媒介对人类社会的进程有巨大的影响。媒介作为一种技术手段，对于人类感知方式有非常强烈的影响。媒介的技术特性决定了人类的感知方向和感知方式，决定了信息的形态、信息的性质。印刷术的发明和改进以及此后电在传播领域的应用，带来的不仅仅是社会结构层面的变化，而且是人类景观、世界格局的更为深刻的改变。伴随着电子技术的巨大发展和广泛应用，媒介正在构建人类公共生活和私人生活的全新方式。它再一次引致了人类感知、生活结构、世界秩序的“内爆”。（3）媒介信息有着强烈的意识形态及价值观。媒介本身是人类改造客观世界的产物，媒介是意识的载体，意识不可避免地带有国家、阶级和阶层的烙印，它代表着各个阶级、阶层和集团的利益。所有的媒介产物不可避免地都含有意识形态或透露某种价值观，比如宣扬生活方式或价值理念，并传递两性、种族、职业、年龄等各个层面的文化内涵。媒介在政治及社会层面上扮演着相当重要的角色。（4）媒介信息含有强烈的商业动机。当今，商品大潮冲击着各个行业，大多数的媒介都成为商业产品，它们成为获得利润的载体，我们借以了解社会形貌的信息往往掺杂了许多的政治与商业的力量。以电视为例，不论是新闻、运动还是娱乐节目，主要看能吸引多少观众以及能否得到广告支持而定。谁主宰了媒体节目的菜单，电视、广播或报纸上的节目与信息是谁的看法？要了解这些问题，必须了解媒介信息事实上是重重人为包装、修饰以及裁剪过的产品。媒介素养教育就是要让学习者知道节目时段、内容安排、收视率、广告对象、市场利益是如何运作的。媒介素养教育也包含所有权、控制以及相关议题的探讨。（5）媒介信息的形式与内容密不可分，每种媒介都有独特的美学形式与符号特质。每种媒介都有其特定的呈现方式和特质，掌握这些信息能让我们更深入地了解媒介信息的意义。媒介素养教育不单让受众了解媒介文本，更重要的是让他们欣赏每种媒体独特的美学形式。这种愉悦来自于受众懂得欣赏影片拍摄手法、分析诗句中的排比与暗喻、感受音乐中的节奏与气氛等。不同的媒介以及节目形态都会反映出不同程度的社会真实，也会运用不同的方法去组织素材。例如新闻与综艺节目对同一社会事件的呈现方式便有很大的差异，对受众都有不同的影响。应了解不同媒介所使用的符号特质与形式特质，才能方便运用与解读媒介信息。（6）受众诠释和接受媒介信息意义的能力与程度不一。

据此，有学者提出①，媒介素养教育的主要内容应包括以下几方面：（1）建立对信息批判的反应模式。即：学习如何理性地辨别信息的意义，辨别媒介真实与社会真实，不盲目相信或采用信息，在此基础上决定自己的态度和行为。（2）发展关于媒介的思想。媒介素养教育的重要目标之一是帮助受众形成对媒介性质和功能的正确认识。在信息社会里，认识媒介将会成为生存的必要条件之一。所谓“正确”，意味着较完整和较客观地评价媒介的性质、功能和局限。媒介提供的所有信息是一定的媒介传播体制运转的结果，是政治、经济、文化等多种因素相互作用的结果。它不是为某一个受众特别设置的。因此，当我们有效地利用大众传媒时，首先要在对媒介认识的基础上，发现信息对自己或对社会的意义。一个成熟的受众总能从容地面对汹涌而来的信息，因为他有一种思想的过滤能力，运用这种能力可以有效地处理信息，从信息中获得真正的益处。从这个意义上说，没有思想就没有信息。（3）提高对负面信息的免疫能力。由于各种复杂的原因，大众传媒中经常存在着负面信息，即不被主流社会所接受的信息。媒介素养教育要不断地列举并评论这些负面信息，以提高受众对负面信息的免疫能力。（4）学会有效地利用大众传媒帮助自己成长与进步。这是媒介素养教育的根本目的所在。通过媒介素养教育，受众应该了

① 张冠文、于健：《浅论媒介素养教育》，《中国远程教育》2003 年第 7 期。

解媒介及其信息对自己的意义，了解自己的需求，并学会利用媒介满足自己的需求，以帮助与促进自己健康发展。

尽管学者对媒介素养定义及其教育内容的阐述各不相同，但我们认为媒介素养是指受众对各种媒介信息的解读、批判能力，更为重要的是这是一种使用媒介信息为个人生活、社会发展所应用的能力。据此，媒介素养教育的主要内容是两个方面：（1）增加对媒介的了解，学会以批判的意识接触媒介的信息；（2）掌握与媒介交往的尝试，懂得合理地运用媒介完善自我、服务自我。前者是媒介素养教育的基础，将尽可能地减少媒介信息对我们的负面影响，后者是媒介素养教育的提升，将进一步提升我们利用媒介的水平并从中获益。

二　少数民族媒介素养教育的基本途径

> 单单是政府、媒体或是大众，是无法完成这一项使命的；同样的，三方面之中也不能有任何一方面对之有所诿卸。[①]
>
> ——施拉姆

施拉姆在论述大众传播事业的责任时认为，对大众传播事业的现状与希望今后促成变革的责任，他认为应由三方共同承担。

（一）政府传播的主导作用

根据上文对少数民族媒介素养现状调查情况的分析，结合目前中外学界对媒介素养的研究成果，我们提出：政府传播在（民族地区）农民[②]媒介素养的培养中处于绝对主导地位。

虽然在“商业利益最大化”原则的驱使下，大众传媒越发成为和广告商一样具有商业目的和经济逻辑的企业体系，在价值取向上越来越认同“唯利是图”的市场法则，但大众传媒毕竟是“社会公器”，社会弱势群体的话语权不能因其商业价值低而被剥夺。特别是在民族地区农村，传媒设施的建设是高投入、长周期、低回报的工程；因而更需要政府对其给予

---

① 施拉姆：《大众传播事业的责任》，转引自张国良主编《20世纪传播学经典文本》，复旦大学出版社2003年版，第58页。

② 事实上，本研究虽然主要是针对少数民族农村的，但是对全国农村也具有普遍意义。

相应的政策倾斜，为民族地区发展战略的推进营造信息传播的强势，以政策来引导、扶持农村媒体的发展。开始启动的时候，应该由政府来买单，逐步开办一些公益性的农村媒体和栏目；条件成熟之后，可以搞成市场化运作。因此，具体到民族地区的媒介素养教育上，最关键的因素在高层政府，政府如能在政策和资金上给予实实在在的支持，将会在以下三个方面全面推进民族地区的媒介素养教育。

1. 意识与制度

从目前情况看，在我国进行媒介素养教育的最大的障碍还是意识上的落后，大多数人对媒介及媒介信息还是被动接受，其媒介素养还处于自发状态，而这种现象在少数民族地区尤其突出。因此，构建少数民族媒介素养的教育体系，先决条件是促成决策者、接受者在思想意识上的重视，并在此基础上建立健全的媒介素养教育制度。只有具备了强有力的政策、制度支撑，少数民族的媒介素养教育才会落到实处。

具体来说，建议国家制定政策，将民族地区农村的媒介素养教育纳入目前农业部的“农村信息化”体系之内，再由农业部、国家民委、中宣部、教育部、国家新闻出版广电总局几家联合发文，将媒介素养课程列为民族地区基础教育的必修课程；从学校到家庭，从城市到乡村，以点带面，点面结合，推动整个民族地区的媒介素养教育。

2. 资金与组织

有了好的政策，还需有资金保证。少数民族媒介素养教育在有了政策支持之后，下一件事便是建立“民族地区媒介素养教育专项基金”，并成立负责民族地区媒介素养教育的专门组织。这些组织的主要功能自然是开展媒介教育，但组织之间更要注意充分利用媒介来进行信息资源共享，更应与世界上的相关重要媒介教育机构例如加拿大安大略的 AML（Association for Media Literacy）、美国的 CML（Center for Media Literacy）等组织互动交流。

从外国的媒介素养组织的类型来看，一类是政府给予政策和资金支持的，另一类是民间团体、宗教团体和私人自主成立的。就我国的现实情况而言，主要应以政府出面或政府委托某些组织来成立；其次也大力鼓励、支持民间媒介教育组织的建立，并给予一定的政策与资金倾斜。

3. 师资与教材

实施少数民族媒介素养教育，师资培训是关键的一环；没有高水平的师资，传媒教育就是无源之水，无本之木。至 2015 年底，我国有 681 所高校办有新闻传播学相关专业，7 个专业布点数达到 1244 个，[①] 这为开展少数民族传媒教育的师资培训提供了坚实的支撑。同时，也可从媒体中聘请资深编辑、记者担任兼职的媒介教师。

而在少数民族媒介教育的师资建设中，突破口应是针对民族地区的大、中、小学教师进行专业的媒介素养教育培训，提高他们的媒介素养和教学水平，传授基本的媒介素养教育知识和方式，使他们能够在日常教学中有机地融入必要的媒体知识。同时，确立媒介素养教育的教学目标和大纲，编写与民族地区经济、教育现状相适应的“媒介素养”教程。

基层政府应宣传、提高农村受众接触媒体的意识，充分利用县级、镇级、村级大众媒介，传播新观点、新技术、新信息。

（二）大众媒介的社会责任

20 世纪 40 年代，美国学者提出了大众传媒的“社会责任理论”。该理论认为，媒体应有“一种社会责任，即要对社会负责”。在媒体的社会责任中，首要的是公众的信任。一个媒体的生存、价值和社会影响力，在很大程度上，取决于公众对它的信任。

大众传媒对社会有一定的负面影响，而且当大众媒介普及的速度超过大众媒介素养储备的时候，媒介的负面作用就更为凸显，至少是与正面作用呈交错抗衡的状态。现实的情况是，一方面人们无法遏制媒介的发展，另一方面人们又有着越来越广泛的媒介接触行为。由于现代传媒及时迅速、无所不传、图文并茂的信息展现方式，使得依赖传媒往往可以满足我们了解更多信息的需求。人们也心甘情愿地将传媒所营造的信息环境作为自己了解世界的重要“窗口”和自身行为的重要参照体系。以我国各类商业媒体为例，强化服务功能本来是媒介强烈的社会责任感的表现，但同时，部分媒介因竞争的需要也将暴力、煽情等作为竞争的砝码，表现出较强的功利性，而缺乏服务社会的真正自觉。

一方面，媒体必须遵循效益原则，最大限度地谋取生存和发展的资本。据此有人认为，社会责任与经济效益是矛盾的，经济效益是媒体所要追逐的最大目标。其实，这是一种短视。倡导媒体的社会责任，不是让媒体不讲经济效益。从长远来看，社会责任与经济效益不仅不是矛盾的，还

① 胡正荣、冷爽：《中国新闻传播类学生就业现状及难点》，《新闻战线》2016 年第 6 期。

是相互促进的。陈力丹教授在谈及这个问题时，曾说：

> ……把宣传任务与媒体的经济利益结合起来。在市场经济的环境下，单纯把报道西部大开发作为一项“政治任务”，不会有很大的吸引力。如果换一个角度看问题，西部大开发是传媒赢得广泛受众的一个持久而广阔的报道领域。不仅西部人关注，东部人更关注，那里是他们投资的新的重要区域；不仅中国人关注，外国人也关注，那里可能成为新的财源。把持续的西部大开发的报道和言论作为传媒扩大影响、赢得受众的一种品牌来做，真正做出风格、体现人性、实话实说，我国的传媒是可以“三赢”，让党满意，让受众满意，同时赢得相当的广告客户。①

事实上，只有那些既符合人们的健康追求、反映时代特点、勇于承担社会责任，又能满足公众多层次、宽领域信息需求的媒体，才能获得经济效益和社会效益的双丰收，才会得到公众的尊重和认可，也才会有持久的市场生命力和社会活力。

发展传播学的理论认为，对于相对封闭落后的农村地区而言，媒介种类的多元和媒介上新闻、资讯内容的增多，对于该地区人们观念的现代化往往有着举足轻重的作用。在对农村传播尤其是对民族地区农村的传播这个问题上，我们认为：各种大众媒介要增强社会责任感，既要考虑经济效益，更要考虑社会效益。

1. 电视。目前经广电总局批准的电视频道的数量有1254套，但其中面向农民、农村和农业的仅有区区几套，而且针对农民科技普及和技能培训的节目、农村题材电视剧很少。目前我国的电视资源正在向中央和省级电视台集中，这体现了媒介管理层将中国电视“做大做强”的决心，不过，这个政策可能不利于对农电视传播的发展。事实上，市级、县级电视台，如果切实加强电视节目与农村受众的关联度，把镜头多聚焦到农民自己身上，增加推广农业新技术、致富新路子的节目数量，多播放涉农电视剧，解决农村中的实际问题，关注农村中的现象，把市台、县台生存、发展和农村发展紧密结合起来，将会实现电视发展和农村发展

① 陈力丹：《谈谈媒体在西部大开发中的报道选题》，《新闻知识》2003年第2期。

的双赢。

2. 广播。目前，经广电总局批准的广播频率数量共有 2371 套，面向农民、农村和农业的只有 10 套，占全国广播频率的 0.42%，而针对农民科技普及和技能培训的节目、农村题材广播剧更少。广播应发挥自身成本低、易携带、陪伴性媒体的优势，利用已在农村拥有的地位，配合集体广播等形式，加重涉农内容，为农村受众提供更多的新鲜、实用的信息。

3. 网络。据 CNNIC《2015 年第 37 次中国互联网络发展状况统计报告》，截至 2015 年 12 月，中国网民规模达 6.88 亿，全年共计新增网民 3951 万人。互联网普及率为 50.3%，较 2014 年底提升了 2.4 个百分点。中国网民中农村网民占比 28.4%，规模达 1.95 亿，较 2014 年底增加 1694 万人。[①] 从 28.4% 这个数据来看，农村网民还有很大的增长空间，具体而言，首先可以在农村中小学教育中增加以互联网络为代表的新媒体内容；其次是在政府倡导下，大力推进电脑农业，通过这些措施，增强农民的"触网"意识。

4. 电话。据工业和信息化部网站消息，2013 年，新增 1.9 万个行政村开通宽带，新增 1026 个乡镇实施信息下乡，信息下乡的乡镇覆盖率达到 85%。[②]"村通工程"确定了"三大任务、八项举措"，主要工作一是再解决 10600 个未通电话行政村的通电话问题，使我国通电话行政村比例达到 98.6%；二是提高农村电话普及率，同时积极促进村通工程向自然村的延伸，并在湖南、江西试点；三是提高农村信息化程度，建设农村互联网接入平台，开发适农信息资源。

5. 报刊。目前，报刊等纸媒在新媒体的冲击下日渐衰微，目前的媒体竞争聚焦于城市人口，而 7 亿农民尤其民族地区农民，却几乎没有自己的媒体。事实上，农村市场可能是一个潜在的大市场，是一个比城市市场更为广阔的市场。

党报及其网络和省台，尤其是地、县、乡镇级媒体在服务农村方面应起到"领头兵"的作用。根据农村受众的信息需求，充分发挥大众媒介

---

① 互联网网络信息中心，http://www.cnnic.net.cn/hlwfzyj/hlwxzbg/hlwtjbg/201601/t20160122_53271.htm，2016 年 1 月 22 日。

②《工信部：2013 年通信村村通工程任务全面超额完成》，新华网 http://www.chinanews.com/gn/2014/01-02/5688030.shtml，2014 年 1 月 2 日。

的引导优势。施拉姆认为，大众媒介在发展中国家主要在四个方面发挥作用：（1）推广农业新技术；（2）普及卫生知识；（3）扫除文盲；（4）实施正规教育。在党媒体现这几个方面作用的同时，政府更要大力发展经济，提高农村居民收入，为农村受众接触大众媒介提供物质可能；实施九年义务教育，提高农村受众文化素质，为接触媒体提供智力可能。

（三）民族地区农村受众媒介素养的提升

在政府、媒体、大众三方博弈背景下，农村受众尤其是少数民族地区农村受众似乎处在被动地位。而且，“由于社会经济地位高者通常能比社会地位低者更快地获得信息，因此，大众媒介传送的信息越多，这两者之间的知识鸿沟也就越有扩大的趋势”①。目前他们似乎无力改变现状。

因此，少数民族农民要改变自己的不利处境，变被动为主动，最有力的措施就是提高自身的素质，而媒介素养教育是其中重要的环节。随着国家对农村的前所未有的重视，在民族地区农村大力推进媒介素养教育，使少数民族农民的知识文化水平、主动寻求和使用大众媒介的意识与能力有一个整体性的提高。这样，少数民族农民的自身发展能力有了质的提高，民族地区农村才会有更光明的前途。

关于少数民族媒介素养教育具体的开展方法，在下面的内容中将有详细阐述。

三　开展民族地区农村受众媒介素养教育的基本方法

与发达地区相比，不能不考虑到民族地区有以下特殊性与复杂性。第一，地广人稀——面积占全国的2/3，人口仅占全国的1/13；第二，复杂性——在此区域内有多个民族存在，每个民族与其他民族之间又存在着或多或少的经济水平、风俗习惯、地域、语言的差异；第三，大众传播媒介设施的相对落后（主要是印刷媒介的缺席与广播媒介的萎缩）。鉴于以上情况的存在，民族地区媒介素养教育的具体实现方法就显得尤其重要。

总体原则是：因地制宜。即针对民族地区农村的不同民族、不同区域、不同的经济发展水平，媒介素养教育的实施方法应该因地制宜，多种方法并举。提倡“一族一策”“一村一策”，甚至于“一山一策”等

① 郭庆光：《传播学教程》，中国人民大学出版社2001年版，第213页。

灵活多变的教育措施。实现信息进村入户，建立和逐步完善民族地区农村信息服务体系，使媒介素养教育成为解决“三农”问题的重要推动力量。

（一）建立、推进与完善民族地区农村信息服务体系

推动面向民族地区农村的信息服务体系建设，是开展民族地区媒介素养教育的关键与核心。

就目前情况来看，我国政府的农业信息网络大多已延伸到县级，少数地区已延伸到乡级。但是存在两个较大的问题，一是各部门没有形成合力。农业部、国家民委、信息产业部门、新闻媒体部门等等，应该说在对农的信息传播、农业新闻传播上面都花了大力气，但目前基本还是各行其是、各自为战的局面。第二，也是最为关键的一点，在县、乡的农村信息网络和信息终端——农户、农民之间出现了“断层”。

针对上述第一个问题，建议以农业部和国家民族事务委员会为龙头，各省（自治区、直辖市）的农业部门、民族事务委员会、新闻媒体部门、信息产业主管部门、通信管理局等，在省（自治区、直辖市）委、政府的领导下，主动组织、互相协调，共同建设贴近农民需求的（中央→省→地区/市→县→乡/镇→行政村→自然村）信息中心和信息站，推动民族地区农村信息服务体系的建立和完善。

第二个方面，建设民族地区农村信息服务体系的重点是信息终端的到达，即如何解决农业信息最终进村入户的问题。具体做法在于乡级要建立信息服务中心、村级要培养（兼职）信息员，健全乡（镇）→行政村→自然村的三级信息传播网络。设立专职的信息员，培养、造就一批有信息搜集、信息识别、信息加工、信息应用、信息反馈和预测分析能力的信息员队伍。除重点培养高素质农业信息专业人员外，还要着重加强对民族地区农村基层干部和农业技术人员的信息技术培训，使农业技术专家同时也是农业信息专家，让他们在农户信息化过程中引导农户、帮助农户并起到模范带头作用。

在信息资源开发方面，既要注重本地信息的采集和加工整理，又要整合中央各部委以及地方各级政府的涉农信息资源，形成贴近农民需要的农副产品和生产资料市场信息、养种植等方面的科技信息、技能培训信息以及政策法规、气象服务、灾害预防、劳务需求、村务公开信息。在信息传输方面，要充分利用各种大众媒介，将信息及时发布到农民手中。在运行

机制方面，坚持政府主导和市场化运作相结合，初期以公益性的信息服务为主，使农民真正感受到信息在生产生活中的重大作用；等信息化服务见到一定成效之后，可以考虑以农民普遍能够接受的价格收取一定的信息费，同时要以更多种形式、更多种途径向广大农民提供经济实用的信息服务。

建立少数民族农民的信息反馈机制。要从他们的实际情况与实际需要出发，形成政府信息服务与少数民族农民信息反馈的互动，使民族地区农村信息服务体系能够畅通地运行起来。少数民族农民的信息反馈机制的建立，一是基层政府官员、农技员、信息员要多深入农村，了解农民的实际信息需求；二要强化少数民族农民的信息意识，通过“信息致富”者的现身说法，使大多数人认识到信息是开启农产品市场大门的“金钥匙”；三是逐步培养少数民族农民利用电话、手机、网络、书信等各种媒介来进行信息反馈的意识与能力。

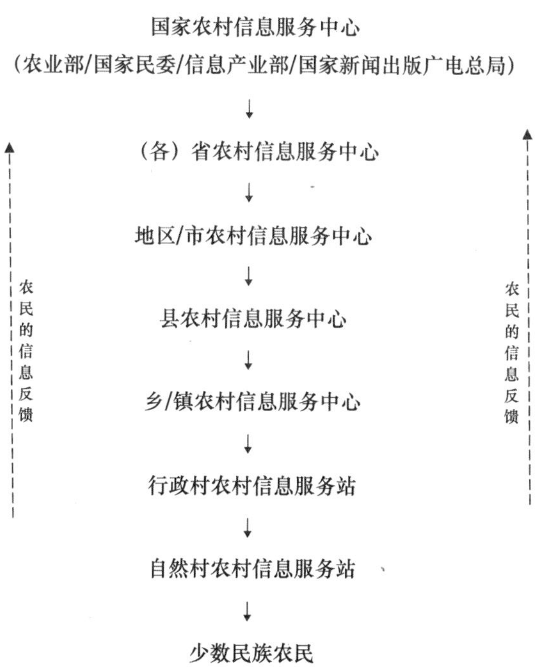

图 2—15　民族地区农村信息服务体系构架图

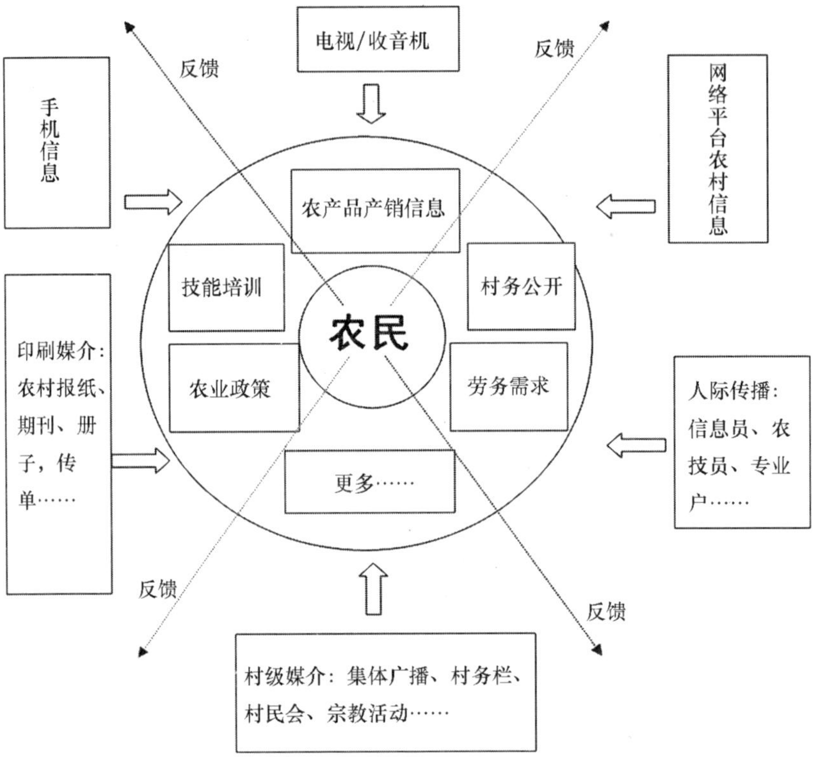

图 2—16 （民族地区农村）村落信息立体传播图

（二）组织教育

上文提到，最重要的是成立民族地区媒介素养教育的专门组织，专门负责媒介素养教育。此外，考虑到民族地区的特殊性与复杂性，媒介素养教育也应多种形式并举，通过各种组织来进行。

1. 学校。学校是进行民族地区农村媒介素养教育的主阵地。具体而言，可采用“农村 + 学校 + 媒介教育学校”的模式来进行；平时学校正常上课时，由老师对在校学生进行媒介素养教育，在周六、周日可针对学校周边少数民族农民，开设定期的诸如“致富信息学习班”之类的媒介素养培训班，在宣讲当前市场上的最新农业信息的同时，传授各种通过大众媒介来获取信息的方法。

2. 基层党组织。借助基层党组织这样具有全国性、广泛性的行政组织进行媒介素养教育；以党支部带动党员，再由党员来带动其他人。

3. 贸易集镇、街子的组织传播。民族地区农村的贸易集镇、街子，有的一周一集，有的一周数集，是物资交流的集散地，也是面向农民进行信息扩散和培养媒介使用技巧的好机会。

4. 民族宗教组织。少数民族地区的宗教组织具有很强的号召力，可以在开展宗教聚会等活动时，开展媒介素养教育。

5. 青年志愿者组织。如大中学生青年志愿者组织，农民自发的集体互助组织等等，都可以在活动内容中重点突出媒介素养教育。

以上各种组织所进行的媒介素养教育，都要注意目标明确、定期举行，并根据当地的实际情况不断发布新的农业信息，不断调整教学方法。

（三）培养意见领袖

由于民族地区农村的相对落后，少数民族农民大多通过特定范围的意见领袖来获取信息，这些意见领袖如本地的宗教首领、族长，乡、村里有声望的基层干部和村民，以及部分有威望的教师、媒体通讯员，等等。在民族地区这种特殊的环境中，意见领袖的影响有时甚至会超过学校等正规渠道的影响。

此外，有关研究表明，我国的农村已经出现了受众群的分化，有一部分人不再从事或不仅仅只是从事农业劳动，脱离了传统意义上的农民而成为农村综合生产力的代表，成为现代农村发展的生力军。虽然这还不是我国当代农村的普遍现象，但它反映了这一趋势。这一部分人，对于促进农村发展的作用不可低估。他们对媒介的认知程度要高于普通的农村受众，在获取信息的渠道上一般直接来自于媒介，这一部分“榜样”人物，也常常成为农村中的意见领袖。

可以先重点提高民族地区农村意见领袖的媒介素养，再通过他们间接影响家人、周围群众，以这种中心辐射的方式来实现媒介素养教育的侧面推进。

（四）分层教育

民族地区农村的媒介素养教育可分两个大的层次进行，一是在校学生，二是成人教育。

首先，对在校学生进行媒介教育是关键，是突破口，因为一个学生可以影响几个甚至于更多的家庭成员。对在校学生的媒介素养教育应是日常性的，中小学课程中可以开设显性的媒介教育课，也可以隐性渗透在学校的某些课程中，如计算机课、课外实践课等等就可以把媒介素养教育作为重点。

其次，针对成年人尤其是一个家庭的主要决策人进行媒介教育，可能对一个家庭产生的影响更大、更直接。成人媒介教育应多种形式并举，如上文所述，可借助基层党组织这样具有全国性、广泛性的机构，其他如青年志愿者组织、农民自发的集体互助组织等等，都可进行媒介素养教育。

（五）多媒介、多途径传播

由于民族地区农村的千差万别的特殊状况，媒介素养教育要从民族地区农村的各地现实出发，结合不同区域、不同族别、不同经济发展情况的农村、农民的需求和习惯，输送实用信息与媒介教育并举，逐渐探索一个便捷、廉价、实用的进村入户途径。

首先，应充分利用在少数民族地区已大量普及的电视、电话、手机，特别是手机信息传播。第一，电视：信息中心可收集、分析农业信息并制成电视片，通过县、乡、镇等电视台定期播放。第二，电话：建立农业信息库，利用语音转化功能，自动回答农民问题；手机短信开通传送农业信息短信业务。第三，网络：有条件的农村可鼓励农民电话拨号上网或装宽带上网，或者开通手机流量接收农业信息。

其次，要注意发展广播。集体广播与收音机的购买与安装费用不高，而且是唯一有陪伴性的电子媒介。

最后，发展报纸、传单、小册子等纸质媒介；充分利用村中的墙报、村务公开栏、车体、横幅、巨幅等媒介。特别注意发展自然村的农村集会、集体活动、集体劳动、技能培训的各种集会传播等方式。

（六）多语传播

在本次“少数民族媒介素养现状调查”活动中，我们发现，大多数民族地区都是以汉语为交流的语言，但在部分民族地区农村，如内蒙古自治区的赤峰市、新疆维吾尔自治区的农村，有受访者告诉我们：电视台的汉语听不懂，但本民族语言的节目又太少了。因此，在民族地区农村进行实用信息输出与媒介素养教育，必然要进行多语传播。

多语传播主要有两种方式：交叉传播与混合传播。交叉传播主要指一种报纸使用多种文字，或一个电台/电视台使用多种语言进行传播；混合传播主要指在一个地区的区域内，同时拥有省（区）内外多家媒体的多种语言文字传播。例如，新疆维吾尔自治区有47个民族，是一个多民族杂居的地区。大众传播不仅有中央和区外各省市媒体，区内还有使用多种语言文字的报纸、广播与电视。其中，《新疆日报》《新疆经济报》同时使用汉、维、哈、蒙四种文字传递信息；新疆人民广播电台和电视台则使用汉、维吾尔、蒙古、哈萨克、柯尔克孜和锡伯等六种以上的语言进行传播。它们在新疆境内形成交叉混合的信息场。类似情况在青海、甘肃、云南、内蒙古、西藏等地也广泛存在。

因此，在民族地区进行多语传播，有利于媒介素养教育的顺利开展；其次，还是要强化汉语教育，以加强少数民族和经济发达地区之间的联系。

（七）媒体培训

县、乡/镇一级的媒体，可以在这方面为少数民族农民提供近距离接触媒体的便利条件。

媒体要积极创造相应条件，鼓励少数民族农民接近媒介。通过媒介培训班授课、讨论以及训练等学习方式，提高少数民族农民的媒体传播意识以及媒体沟通技巧，学会利用媒体促进家庭的发展。同时，通过参加培训的农民，大众媒介可以了解他们对传播内容、方式等的需求和愿望，搭建少数民族农民与媒体沟通的桥梁。

媒介教育团体可以组织少数民族农民参观报社、电台、电视台，向他们讲解新闻机构如何运作。媒体也可举办特定的栏目或讲座，向农民传授媒介知识。各类媒体还可以通过制作相应的媒介知识节目，在自己的媒体上进行普及性宣传。

（八）显性教学与隐性教学并举

目前，国际上媒介素养教育的课程设置主要有三种方式：一是成为独立的一门必修课程，如澳大利亚的南威尔士 1981 年的“教育中的大众媒介”条例中，要求从幼儿园到 12 年级将媒介素养教育作为必修课开设。二是作为某一正规课程的一部分，如英国将传媒素养知识纳入“英语语言文学”中。三是作为选修课，如法国的“影视媒介”通常是由校内外各种团体通过“课外讲座”的形式实现。

上述课程设置方式，可归纳为两种类型：显性教学与隐性教学。显性教学即将媒介素养作为一门独立的课程开出，隐性教学指的是将媒介素养的相关知识融合、贯穿在其他课程之中实施。在民族地区农村的媒介素养教育中，因显性教学更利于目标的实现，一般倡导主要使用这种方式：如可在学校课堂、农民夜校、社区活动中心、农技培训班等地方开设媒介素养课程。在某些条件确实不足以开设这个课程的地方，可使用隐性教学方法。但两者都必须在课程目标上提出可操作、较具体的评价体系，保证课程实施的有效性。

四　少数民族农民媒介素养的独特内涵

（一）扶贫先扶志

美国著名社会学者英格斯（Inkeles Alex）的人的现代化研究表明，人与大众传媒接触与人的现代性有显著的相关，而人的心理素质或人格力量是国家获得现代化的基础。[①] 现在我们从这个角度入手，考察我国少数民族农民的媒介素养教育问题。

从调查结果来看，在民族地区农村大多数人口的温饱问题基本解决之后，如何促进这些地区的经济、文化等等方面的全方位发展，成为新时期农村工作的主要问题。在市场经济条件下，要切实有效地促进这些地区的发展，我们认为：最关键的是要不断提高少数民族农民的自我发展能力。

一说到民族地区，一般的认识是区位偏僻、交通不便、信息闭塞等等，是民族地区落后的原因。这些外部客观因素确实很大程度上导致民族地区农村的落后，但这并不是导致落后的全部原因。

根据我们的调查，民族地区部分农民思想观念陈旧落后、消极保守，是该地区农村落后的内在主观因素，也是最主要的原因。

因此，提高民族地区农民自我发展能力，第一步也是最重要的一点还不是资金扶助、项目扶助等等，而是转变思想观念，激发少数民族农民发展致富的信心和斗志。这是促使民族地区农村发展的内在动力。要逐渐转变他们的思想观念，又必须尽快改善有关的基础设施，使其与外界的交往方便快捷。目前，中央政策大力突出对民族地区农村的各方面支持力度，如修建公路、安装广电设施等都有强有力的政策支持。这些基础设施的改善，大大地方便了民族地区农村与外界的交往，促进了村干部群众思想观念的转变。其次是组织参观学习。道理讲一千遍，不如亲眼见一见。针对民族地区农村干部、群众求稳怕变、风险意识弱、不愿接受新事物的思想和心理，可组织干部群众到附近县、市内外有关种养基地、农业产业化龙头企业、专业村、专业户参观学习。通过身边的典型现身说法，算账对

---

① Inkeles, Alex, *BeingModern: Individual Change in Six Developing Countries*, Harvard University Press, 1976.

比，增强干部群众引进新品种、采用新技术的信心和决心。

（二）少数民族农民媒介素养的能力

具体到少数民族农民的媒介素养教育，结合我国民族地区农村经济文化的整体发展水平，在媒介素养的培养层次上，应培养的基本能力大致有以下几个方面：

1. 正确认识大众媒介的功能，了解大众传播资源

对少数民族农民而言，更应该强调媒介的信息功能，而不只是仅仅将其作为娱乐工具来看待，这也是需要更新的一个观念。

但是我们又要看到由于文化水平普遍偏低，大部分少数民族农民对媒介的认知尚处于很低的层次。我国的大众传播技术和设施发展很快，但大众传播接受者的素质提高却比较缓慢。很多人对媒介还保持着一种神秘感，这种神秘感正是由于不了解媒介的运作模式而产生的。对少数民族农民的媒介素养教育，首先应该打破他们对媒介的神秘感，正确认识媒介，了解大众传媒资源。

2. 从媒介获取信息的能力

美国科技评估署发现，“能够策略地运用信息和传播设施的群体与不能这样做的群体之间，差距将会加大。甚至，最有可能受到不利影响的人，恰恰是那些传播新科技被认为能改善他们生存境遇的人：穷人，教育程度低的人，与技术隔绝的人，以及挣扎着生存的小企业”。[①]

对少数民族农民的媒介素养教育，最主要的目标就是要使他们学会从大众传媒获取有用信息和各种知识的能力，达到利用传媒资源促进个人发展的目标。

3. 了解通过大众传媒表达自己意见的方法和途径，以及通过媒介发表信息与意见的能力

在我国，农民是最大的人口群，但却是最大的弱势群体，在当前无疑是沉默的大多数，他们不太知道如何通过大众传媒表达自己的意见。

相对于城市受众而言，民族地区农村在城乡二元分化中日趋边缘化。在市场经济条件下，大多数媒体对少数民族农民的关注，主要有两方面的原因：一是来自于政策方面的因素，一是来自于猎奇追捧效应。并非是出自人文关怀。

---

① ［加拿大］文森特·莫斯可：《传播政治经济学》，华夏出版社2000年版，第28页。

4. 对于民族地区农民而言，负面信息还包括大量的虚假信息

限于普遍文化素质的低下，面对丰富多彩的媒介内容，能够有效地选择自己所需要的，而不至迷失于大众传媒的负面影响之中，是少数民族媒介素养教育的一个重要目标。信息的多元化，对媒介素养较高者来说是一种资源的丰富；但对于媒介素养较低者来说，带来的却可能是选择的痛苦和无奈。因此，对民族地区农民的媒介素养教育，还应重点教会他们辨别负面信息的方法。对虚假信息的识别，对他们来说更具有现实意义。通过媒介素养教育，教会他们识别虚假信息的方法和手段，使农民具备识别虚假信息的常识，知道如何识别与他们生活密切相关的一些虚假信息，如大众媒介上农民最关心的大量失实的所谓“致富信息”等。

5. 民族地区农民媒介素养的发展能力

有学者分析：“我国的受众是很好的接受者，却不是很好的分析者、判断者和批判者。”① 从目前的现实来看，处于低发展层次的我国民族地区农民这种情况更为突出；在培养上述四方面的基本能力之外，民族地区农民还有必要发展较高层次的媒介素养。

其一，除了培养少数民族农民从媒介获取信息的能力，还需要培养对媒介信息的批判意识和批判能力。其二，在具有了通过媒介发表信息与意见等等基本能力之外，最为重要的是少数民族农民能够利用各种大众媒介，传播/保存本民族文化的能力。

这样，不但能够有效地利用大众传媒为自己生活、发展农业生产等服务；而且通过合理地利用媒介资源，保护少数民族自身的文化传统，使之在与强势文化融合的同时，保持本民族文化一定程度的独立性，更好地参与社会的发展。

① 师峰涛：《有关媒介素养的思考 提高公民媒介素养的实施途径》，中国管理传播网 http：//manage. org. cn，2006 年 9 月 22 日。

第三章 “媒化”现状：少数民族地区“媒化”进程的实证研究

我国民族自治地方行政区域的面积占全国总面积的64%，人口约10643万人，在此区域内的农村又大体占到民族地区总面积的2/3。理论上讲，大众传媒的功能正在于其传播信息的即时、迅速，正好可以改善、解决欠发达地区信息闭塞、缺乏的问题。因此，如能对少数民族农村的“媒化”进程有一个较清晰的了解，大众传媒尤其是涉农媒体才有可能在占全国约一半面积的民族地区农村进行有效传播。这是一个从根本上提高少数民族农民整体素质的重要渠道，也是改变少数民族地区贫穷落后面貌的可能途径。（本章中四次实地调研对象均为少数民族地区农民，以下简写为“民族样本”）

第一节 大众传媒对少数民族农民的影响度

2008年7月，笔者组织团队对全国主要少数民族地区进行实地调研，主题为“大众传媒对少数民族农民思想观念的影响度”。本次调研发放调查问卷300余份，并进行了个案访谈。

一 媒介对民族样本观念的影响度

问题：以下选项，对您的思想观念影响最大的是哪些？（限选3项）

表3—1 影响民族样本思想观念的因素测量

选项	百分比	排序
家庭	48%	1
电视	33%	2

续表

选项	百分比	排序
学校	19%	3
周围环境	15%	4
朋友	13%	5
工作环境	6%	6
广播	5%	7
书籍	2%	8
报纸	2%	
杂志	1%	9
网络	1%	
电影	0.5%	10

分析：大众传媒对少数民族农民的思想观念有重大影响，电视成为影响少数民族农民思想观念的第二大因素。

在回答“对您个人的思想观念影响最大的是什么”一题时，33%的受访人选择“电视”，仅次于“家庭”48%，列第二。可以看到，“电视”超越了传统的对个人思想观念的强势影响因素，如学校19%，周围环境15%，朋友13%等，成为影响少数民族农民思想观念的第二大因素。

此外，广播5%、书籍2%、报纸2%、杂志1%、网络1%的选项，分列第7、8、9位，表明其他类型的大众传媒对个人思想观念有影响，但比较轻微。

分类来看，电视、广播相加，两项之和为38%，远远超过书籍、报纸、杂志之和的5%，说明以电视广播为主的电子媒介在少数民族农村占有强势地位，因此应充分利用这一优势，加大电视广播中的涉农信息含量。

印刷媒介在农村处于“萎缩态势”。其原因大致有三：一是订阅或购买书籍、报纸、杂志不方便；二是部分少数民族农民不识汉字，阅读起来有困难；三是强势媒介电视广播的挤压，使印刷媒介在民族地区农村生存空间较小。

网络1%的比例，是因为电脑与网络在少数民族农村普及程度很低，其次是有使用上的障碍。

对策分析：

1. 考虑农民信息需求，做到为农传播。从媒介内容制作上看，大众传媒尤其是本地电视台应加强对少数民族受众信息需求的调查研究，做到“为农传播”而非“对农传播”。也就是说，改变目前大众传媒在少数民族农村传播的无序、低效的现状，考虑农民信息需求，将农民置于对农村媒介传播的中心。

2. 利用广播电视，加强政府信息传播。从战略层面上看，大众媒介是传递国家意识形态的日常的、也是最重要的工具。但目前来看，对农村大众传媒这一最为重要的信息传播工具运用得尚不够理想。在本调查中，我们发现农民主要以收看电视剧为主，而收看新闻则居于次席。因此，媒体在制作政策、政府新闻时，应多考虑与农民的关联性、有用性，从而提高政府传播的效率。

二 民族样本对大众传媒内容的评价能力

1. 对大众媒介的传播内容或方式，您能否作出评价：

（1）可以 26%　　（2）有时可以 53%　　（3）不可以 9%　　（4）不知道 12%

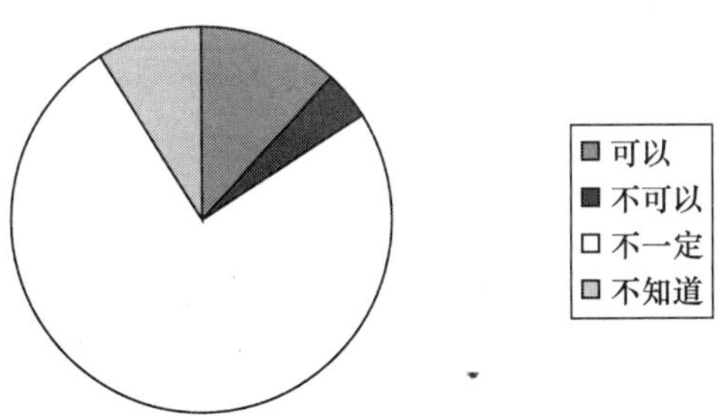

图 3—1 民族样本对媒介内容的评价能力

2. 您认为媒介内容是否真实：

（1）真实 26%　　（2）不太真实 49%　　（3）不真实 1%　　（4）不知道 24%

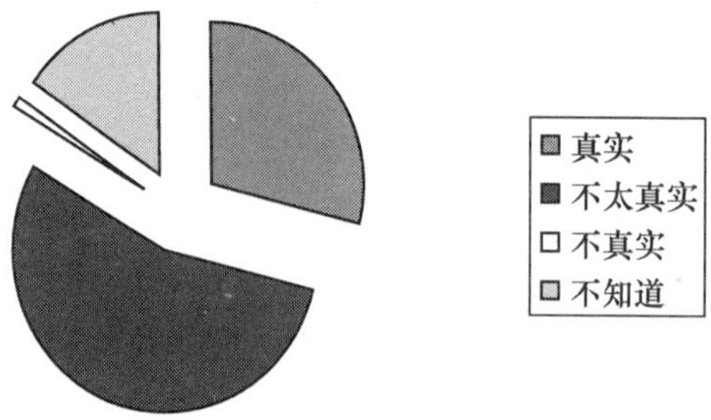

图 3—2 民族样本对媒介内容真实度的评价

3. 对媒介披露过的问题，您认为现实中能否得到解决？

（1）可以 12% （2）不可以 4% （3）不一定 75% （4）不知道 9%

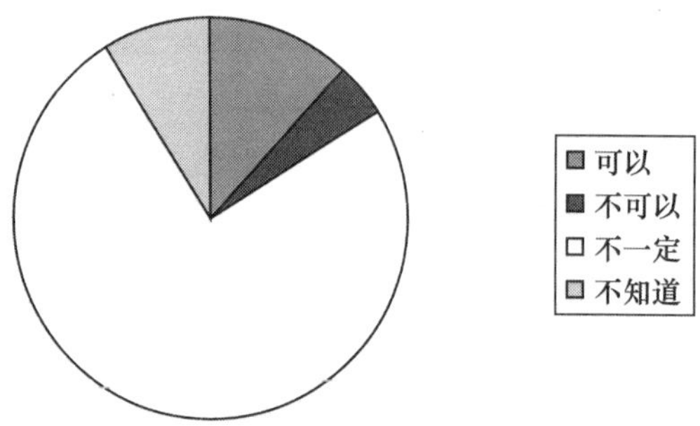

图 3—3 民族样本对媒介干预与解决现实问题的功能评价

分析：将信将疑——农民对大众传媒内容的真实度、大众传媒干预与解决现实问题的能力的态度。

“对大众传媒的传播内容或方式，您能否作出评价”这一题，选择最多的是“有时可以”，占 53%；“您认为媒介内容是否真实”这一项选“不太真实”的占 49%；“对媒介披露过的问题，您认为现实中能否得到解决”，选“不一定”的占了 75%。以上三题，选择最多的项均是不确定性的，这说明少数民族农民对大众媒介内容的真实度、大众媒介干预与解决现实问题的能力，持将信将疑的态度，但又缺乏明确的分辨能力，即处于一种对媒介内容认识的“模糊化”状态。

事实上，传播学界对于大众传媒的态度，无论是法兰克福学派的

"妖魔化"——对大众传媒的内容表示怀疑，还是美国经验学派的"神圣化"——相信绝大多数媒介内容，这两种价值取向都存在偏颇。实际上，没有人会对媒介的内容表示完全不相信，也不会有人对媒介内容是完全相信的。大众传媒是一种"工具"——所谓"工具"，就意味着它本身既不是妖魔，也不神圣。在这个意义上，我们认为大多数人对大众媒介内容的认识处于"模糊化"状态。所谓"模糊化"，是指人们已觉察到媒体内容有部分真实，部分虚假；但关键的问题是缺乏相应的素养，无法分清哪些是真实的，哪些是虚假的。我们把人们这种无法辨识媒介内容的状态，称之为"模糊化"。

为什么较多的少数民族农民对大众传媒内容的认识处于"模糊化"状态？是由于他们缺乏必要的媒介认识能力、利用能力所导致的，媒介素养的重要性由此凸显。

三 大众传媒在少数民族农村所起的作用

1. 民族样本对农民、农村发展的自我评价

表 3—2 **民族样本对农民、农村、农业的发展认知**

选项	百分比	排序
现在党的政策好，农民大有希望	50%	1
当农民工作累，收入低	24%	2
路在脚下，很多人不是凭自己的聪明勤劳致富了吗！	21%	3
当农民没什么出路	5%	4

分析：农民—农村，扶志—扶智

调查中，选择"如果党的政策好，农民还是有希望的"名列第一，半数的农民对农民与农村的发展前途充满了希望。但也有近三成的受访人选择了"当农民不好，工作累，收入低"。

在走访中，说到少数民族农村的发展前景，受访者比较一致的看法是：落后的原因主要是区位偏僻，交通不便，信息闭塞等。这些外部客观因素的存在，确实很大程度上导致少数民族农村的落后，但这并不是落后的全部原因。从本次调查结果来看，三成的受访少数民族农民选择了"当农民不好，工作累，收入低"。相当规模的少数民族农民思想观念的

陈旧落后、消极保守，是民族地区农村落后的内在主观因素。

“扶贫先扶志”因此可以有两方面的解读：一是扶“志”，二是扶“智”。扶“志”——即帮助少数民族农民发挥对生产生活的主观能动性，改变贫穷懒惰不主动、不思进取等靠要的保守落后思想，调动生产生活积极性。扶“智”即帮助人们充分利用现代传媒，克服区位偏僻、交通不便、信息闭塞等不利因素，以提高生产技术水平和业务素质能力方面。“大众传播在某种程度上可以补偿‘知沟’。报纸、杂志、广播和电视为农民传播了现代道德，大众传播开阔了农民的视野，传播了信息，说服农民接受变迁。”[①] 在本调查中，四成的农民已有利用现代传媒，搞活生产经营的明确意识。这也可以从我们的书面回答题的答案中得到印证。

2. 书面回答：您认为电视、广播、报刊、电话、网络这些大众传媒在帮助您发家致富方面能起到多大的作用？您认为在农村应大力发展大众传媒吗？

从调查结果看，回答情况分为三类。50%的问卷上，这一题是空白的——尽管可以由调查员代填。据我们进行调查时的观察，本题目未回答，主要原因是调查要占用受访者较多时间。由于农活多，最后往往没有时间回答。有约10%的受访人的回答是“不知道”“不了解”“无所谓”。而约40%的受访者认为：在少数民族农村，大众媒介在帮助发家致富方面有作用，应大力发展大众媒介。

再从调查的总体情况来看，本次调查“大众传媒对少数民族农民的影响度”的结论是明确的：其一，电视成为影响少数民族农民思想观念的重大因素。其二，多数人处于一种对大众传媒内容认识的“模糊化”状态，反映出少数民族农民对媒介认识能力、利用能力较差，媒介素养有待提高。其三，约40%的受访者明确认为：在农村，大众传媒在帮助农民发家致富方面有很大作用，应尽快在农村发展大众传媒。

青海省海西蒙古族藏族自治州德令哈市郭里木乡团结村，一位家里主要从事养殖业的43岁的蒙古族妇女认为：

> 媒介可以使我的养殖业更加科学，能使我了解市场需求，在农村应大力发展媒介。

---

① ［美］罗吉斯、伯德格：《乡村社会变迁》，浙江人民出版社1988年版，第333页。

而在云南省红河哈尼族彝族自治州石屏县老街乡陆来村，一位初中毕业的42岁彝族妇女认识得更清楚：

> 我认为电视、广播、报刊、手机、网络这些媒介对我们发家致富起到了很大的作用。在农村大力发展大众媒介是很有必要的，通过媒介，让农民掌握市场需求什么，种植什么销路好，让农民早日走上富裕之路。

也有人看得更远，想到了现代媒介在对外宣传报道少数民族农村发展中的作用。在甘肃省武威州天祝藏族自治县打柴沟镇安门村，调查员碰到了一位49岁的男性村干部，中专文化，他说：

> 我认为农村发展大众媒介非常重要，可以向全国人民真实地报道少数民族地区的发展情况。少数民族地区还很落后，需要社会的共同关注，能够真正起到为农民办实事的作用，提高农民的思想意识。

大众传媒在许多地区实实在在地促进了经济的发展。在韩国新村运动中“快速方便的大众媒体，特别是在20世纪70年代后期，在农民阶层中影响着他们如何最有效地利用有限的资源来获得最大的现金收入，并能赶上城里人日益增长的生活水平。这引起了他们极大的兴趣去学习更多关于农产品定价的策略、农产品的市场改革、经济作物和畜产品的生产饲养技术。对农民的训练课程随着他们需求的变化进行调整”。①

如我国安徽省含山县半湖村的蟹农，从（中央电视台）七套节目中获知香港市场河蟹需求旺盛的信息后，立即多方联系，最后与香港创业集团签订了1.2万亩的无公害河蟹订单。在安徽含山县，这种“看着电视种田，盯着市场挣钱，依靠科技致富”已经成为一种时尚。在以上案例中，大众传媒很好地激发了农民学习先进技术的兴趣和欲望，使农民通过报道得到启发和教育，并有效地利用自有资源来获得较大的收益。

---

① ［韩］朴振焕：《韩国新村运动：20世纪70年代韩国农村现代化之路》，中国农业出版社2005年版，第114页。

信息的效益不是永恒的，观念的变革才具有长效性。因此，只有从根本上改变少数民族农民落后的精神面貌和思想状态，逐步形成积极开放、开拓进取，立志改变家乡贫穷落后面貌的思想，并能够利用大众传媒来获取生产经营所需要的各种信息与知识。如果少数民族农民的自我发展能力有了本质的提高，民族地区农村全面发展才能真正落到实处。其次，既然大众传媒已成为影响少数民族农民思想观念的重大因素，那么大众传媒，尤其是涉农媒体如何改变目前“传者中心”的局面，在占全国约一半面积的民族地区农村进行有效传播？在我国新农村建设语境下，涉农媒体所应承担的社会责任由此显现。

四　广西壮乡调查手记

受众意识差，媒体作用小

暑假到了，我带着调查问卷回到了家乡——广西贵港市的一个壮族乡镇。7月份正是农村传统的农忙季节，我收了玉米在家晾晒之时，也在仔细思考该如何进行调查采访。

农忙对于农民来说是既愉快又繁忙的。愉快的是在将近一个月的时间里可以收获玉米、稻谷、花生等，繁忙的是在这不到一个月的时间里必须收完所有成熟的农作物并且种下第二茬作物。在这农忙时节，不论晴雨都很宝贵，我没有去打扰劳累了一天的乡亲父老。

经过一段时间的观察与考量，决定先从我父亲开始调查。父亲常年在广东打工，只有过年才回家十天半个月，此时不在家。根据平时通电话时所积累的了解，我以父亲的名义填了第一张调查问卷。通过填这一张问卷我才逐渐清楚自己应该如何向受访者解释这一次的调查，也逐渐明白调查的关键在于使受访者能够准确理解问卷调查的各个问题并选出符合自己真实情况的选项。

我的两位堂嫂都是80后，刚刚迁入新居，接着，我对她们进行了采访。两位嫂子的情况十分相似，每天看电视，上网，但是都不怎么看新闻。填到第三大题时，大嫂问我，什么是思想观念。我当时愣了一下，想了十多秒，才跟她解释说，思想观念是影响一个人对人对事的看法的一种内在的东西。她表示不明白，我只好跟她说，这道题就是要了解对你的生活影响最大的想法是什么。

我的第三批受访者是村委会的女主任。我到村委会领取学校寄来的信件，看见她相对空闲地坐在办公桌旁整理资料，于是趁机请她填写一张调查问卷。她是高中学历，而且因为职务的关系，她每天都看《人民日报》，也经常看中央电视台一套，因而对重大事件及重要政策的了解较多。

完成了这一小部分的调查我便停了下来，因为农忙的浪潮正一浪高过一浪，我自己也深陷其中。根据以往的经验，我决定在七夕前一天再继续进行调查。七夕是壮乡在夏季最盛大的节日之一，节日当天家中会有许多客人，因此，七夕前一天就需要停下手中的农活全心全意做准备。

七夕当天我走访了三个家庭。第一位是村医，也是我们村中唯一的医生。他几乎一整天都待在诊所里。在我采访调查的所有家长中，他是学历最高的一个，也是上网时间最多的一个（据他所说，他上网大多是工作需要）。他空闲的时候，或是小睡一会儿，或是上网、看报，电视、广播几乎不碰。

第二个受访者在我登门拜访时正在看中央电视台的新闻、政治与军事新闻。他有高中学历，家庭比较富裕，却出乎意料地十分关注国家大事。在日常生活中他获得新闻信息的主要渠道是电视，当然他也会偶尔上网，以了解更多新闻。

第三个受访者是放下手中的活来配合我的“工作”的，当时他正在楼上晒玉米。他育有四男一女，虽早早抱了孙子却始终难以享清福，如今仍在艰辛地劳作。只有小学学历的他不曾从事什么大事业，日子在脚手架与田地里一天天过去。他空闲时候给人建楼房，算是个建筑工人；农忙时候在自家田地里赶收赶种，是个地地道道的农民。每天晚上或者中午吃午饭时，他偶尔会看一些体育新闻与政治军事新闻。他很喜欢看体育新闻，但是有时也会陪着爱人看电视剧。

调查感受：

1. 新旧媒体共同作用下的传播。新媒体强势崛起，手机、网络等日渐普及，但是在壮乡，新媒体在传播新闻信息方面还比不上传统媒体如电视、报纸等。原因有二，首先是新媒体对于壮乡60后、70后来说毕竟太新，还难以接受。加上这些新媒体传播的信息虚假消息太多，真伪难辨，而传统媒体早已深入人心，比较权威。其次，许多人因为受教育程度低，无法利用新媒体获取信息，还有一些人因为经济原因无暇顾及国家大事。

2. 受众意识差，媒体功能难以发挥。这个地区从位置来看并不偏远，现在经济也是日渐发展，不缺大众媒体设施，缺的是受众利用媒体的意识。传统媒体中的广播逐渐失去了踪影，报纸虽然深入人心却也并不多，电视机则是家家一台。对于许多中老年人甚至青年人来说，网络太难掌握，手机相对简单却只被当作简单的通信工具。受众缺乏利用各种大众媒体的意识，只是十分简单地使用，这使得大众媒体的许多功能无法发挥，也就难以改善民众生活。追根究底，我认为受众缺乏利用媒介的意识是当地经济落后、教育落后造成的。

（调查员：韦春龙）

第二节　传统主流媒体在民族地区的公信力状况

一　传统主流媒体在民族地区的公信力状况调查

2008年以来，少数民族地区重大突发事件典型如“5·12汶川大地震”“新疆7·5事件”，其信息传播出现了以网络、手机等新媒体为主要载体的趋势。在这种新的传播格局下，对传统主流媒体与新兴媒体在少数民族地区的传播情况与接受效果进行实证调查，特别是了解传统主流媒体在民族地区的公信力状况，具有较强的现实意义。本次调查涉及的“传统主流媒体”，主要包括中央电视台一套、《人民日报》、《参考消息》、半月谈、中央人民广播电台，各地区的省、市、县等本地电视台。因这些媒体是全国范围内覆盖面最广泛的主流媒体；同时，本地电视台（各地）也属于在区域内覆盖率高的媒体。以上媒体，其载体是电视、报纸、广播等传统媒体，内容主要是新闻报道与新闻宣传，故把这些媒体划入“传统主流媒体”的范畴。文中这个提法是与网络、手机等新兴媒体相对而言的。

这次调研计划了解以下几个方面情况：第一，少数民族对传统主流媒体的接触情况与使用趋势；第二，少数民族地区居民的新兴媒体（网络、手机）使用与信任度。在此基础上，探索提升主流媒体在少数民族地区舆论引导能力的途径。

2010年，笔者组织西南民族大学师生30余人，面向全国主要少数民族地区包括内蒙古、新疆、宁夏、广西、西藏、云南、贵州、青海、甘肃、湖北等省、自治区发放调查问卷340份，回收有效问卷230份，对我国主要少数民族地区居民的媒体使用习惯，重点对新媒体的使用情况展开调查。

本次调研重点选择“两高”人群：文化层次高的人群、触媒率较高的人群，60%的调研对象为党政机关工作者、公司企业职工、企业管理者、在校学生、个体户等群体。因本次调研的主题是大众传媒的接触与使用情况，文化水平高的群体，媒介接触率更高，是网络、手机等新媒体的重度使用者，常常会成为当地的意见领袖。另外40%的调查对象，主要选择少数民族农村家庭的当家人，当家人即一个家庭的中年男性，他是决定发展方向的决策人物，同时也是家庭的意见领袖。

本调研在研究方法上力求做到理论研究与实证研究相结合，定性分析与定量分析相结合。基本思路是在充分收集文献资料的基础上，进行实地调查，以抽样调查和入户访问为主。调查问卷的发放情况见《调研问卷分布情况表》。

表3—3 **调研问卷分布情况表**

调查地区	调查涉及民族	问卷（份）	调查员（人）
新疆维吾尔自治区	维吾尔族、哈萨克族 回族、柯尔克孜族、汉族	30	5
内蒙古自治区	蒙古族、汉族	30	4
西藏自治区	藏族、汉族	30	3
广西壮族自治区	壮族、瑶族 仫佬族、汉族	10	2
宁夏回族自治区	回族、汉族	10	2
贵州省：黔南布依族苗族自治州 黔东南苗族侗族自治州	布依族 苗族、汉族	10	2
云南省：石林彝族自治县 迪庆藏族自治州 楚雄彝族自治州	彝族 藏族 汉族	30	5
湖南省：湘西土家族苗族自治州	土家族、汉族	10	1
湖北：恩施土家族苗族自治州	土家族、苗族、汉族	20	3
海南省	黎族、汉族	10	1

续表

调查地区	调查涉及民族	问卷（份）	调查员（人）
青海省：海北藏族自治州	藏族、汉族	10	1
黑龙江省：杜尔伯特蒙古族自治县	蒙古族、汉族	10	1
四川省：甘孜藏族自治州 凉山彝族自治州	藏族、汉族 彝族	10	1
辽宁省：凤城满族自治县	满族、汉族	10	1
总计		230	32

二　主流媒体在民族地区仍具有高公信力

1. 少数民族农民的主流媒体接触情况

我们先来看看少数民族农民对主流媒体的接触情况。本调查中的主流媒体，包括中央电视台一套、人民日报/参考消息、中央人民广播电台、新华网/农业信息网、本地电视台/报纸几种，以电视、报纸、广播等传统媒体为主，也有新兴媒体——网络、手机。“每天看”和“经常看”的数据划入“常看/听”范围，而“很少”“从不”的数据则划入“基本不看/听”范围。

表3—4　**民族样本对于主流媒体的接触情况**

	每天看/听	经常	有时	很少	从不
中央电视台一套	78	83	47	20	2
人民日报/参考消息	8	29	48	78	67
中央人民广播电台	3	16	50	74	87
新华网/农业信息网	2	17	41	69	101
本地电视台（省、市、县电视台）	22	69	65	50	24

电视依然是少数民族农民的“最爱”。央视一套，七成的少数民族农民“每天看”和“经常看”。本地电视台，四成的少数民族农民“每天看”和“经常看”。央视一套，每天看的78人，加上经常看的83人，合计起来占70%。本地电视台，每天看的22人，经常看的69人，合计起来占39.6%。

报纸有一定份额，广播则几乎无人收听。与电视比较，总体来看报纸、广播二者所占份额小，处于弱势地位。对于人民日报/参考消息，“每天看”和“经常看”的合计占16%，接近二成。中央人民广播电台收听率较低，“每天听”和“经常听”的分别为3人、16人，合计占3.9%。

网络方面，总“触网率”接近三成。网络中，经常接触大型官方新闻网站新华网、国家农业部农业信息网的不到一成，可以说屈指可数。“每天”上网和“经常”上网分别为2人、17人，但如加上“有时”上网的41人，合计占26%。网络接触低下，其主要原因是民族地区硬件设施的缺乏。必须要有一台电脑，再加上网络连接才能上网。

2. 在民族地区，传统主流媒体仍具有较高的公信力，但需要改进报道内容与报道方式。

本次调研数据显示：认为电视、报纸、电台的新闻宣传完全可信的有5人，占2.2%；认为宣传基本可信的有162人，占70.4%，两项相加数值达72.6%。说明在常态下，七成多的少数民族农民相信传统主流媒体的新闻宣传。传统主流媒体仍具有较高的公信力。

高公信力是传统主流媒体最有价值的资产。在新闻报道上，传统主流媒体代表党和政府，传达的是权威信息与主流观点，从而得到少数民族受众的高度信任。

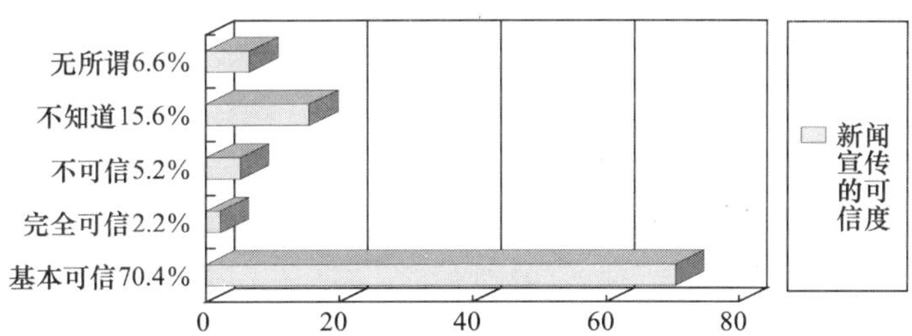

图3—4 民族样本对电视、电台、报纸等新闻宣传的可信度的评价

不过，调查中发现，较多的受访者认为传统主流媒体的新闻报道中存在单面性、绝对化的问题。选择“报道时说好都好，说坏都坏”的81人，占35.2%；“有时报喜不报忧”的77人，占33.4%。以上两项相加达到了78.6%，近八成的受访者认为报道不够全面，这是他们对主流媒体部分报道内容不信任的主要原因。在新闻宣传时的单面性、绝对化，是损害主流媒体公信力的重要因素。其次，对媒体干预与解决现实问题的能力，民族样本持将信将疑的态度。从表面现象来看，这种对媒介作用认识的“模糊化”状态，说明民族样本已具备一定的媒介素养，但还有待提高。

既为主流媒体，构建主流舆论场责无旁贷。传统主流媒体在挖掘事件真相，全面、深入报道上有天然的优势，尤其是面对重大社会问题与热点事件，应在第一时间内揭示真相、澄清事实、权威发布，先声夺人地占领社会舆论主导权，维护政府权威及其良好形象。同时，做好重大突发事件的报道，增强对信息的整合和分析，实现新闻的有效供给，也是保持、提升传统主流媒体公信力的重要途径。

三 常态与异态：传统主流媒体与新兴媒体的“角色互换”。

在本次调查中，我们将无重大突发事件的时期视为常态。反之，有突发事件发生时期则为异态。通过调查数据比对与案例分析，我们看到，在常态下与异态下，传统主流媒体与新兴媒体会进行主流媒体位置的“角色互换”。

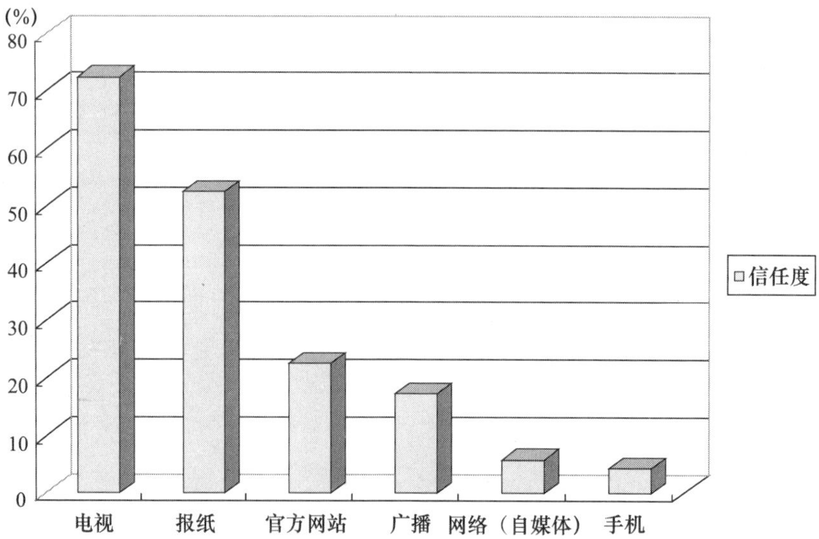

图 3—5 民族样本对媒介信息的信任程度

常态下，民族样本最为信任的信息来源是电视、报纸这两种传统的主流媒体。72.6%的人认为电视可信，52.6%认为报纸可信。认为官方新闻网站（人民网、新华网等）可信的占22.6%。认为广播可信的占17.4%。

信任度最低的是新兴媒体：网络（自媒体）与手机。认为网络（QQ、博客、微博、论坛新闻等自媒体信息）可信的占5.8%。90%的人拥有手机，普及率很高；但如与传统媒体相比较，信任度最低的是手机信息，认为其可信的仅为4.3%。

学者张洪忠在2009年所做的一项受众调查可与本次调研数据相印证。当被问到“如果同一条新闻在下面不同媒介上的说法不一样，您最相信哪种媒介”时，回答相信电视的受众人数最多，占了近七成；相信报纸的占到近两成，其次为网络。而广播、杂志和手机所占比例都很小。[①] 本次调查所进行的时间段属于无重大突发事件的时期。调查数据所显示的结果：一般状态，大概95%的人不相信网络（自媒体）、手机所传播的新闻信息，民族样本对于新媒体信息的信任度是很低的。常态下，网络（自媒体）、手机属于非主流媒体。

但是，异态下，新媒体却扮演了“主流媒体”的角色。诸如2008年“5·12”汶川地震，2009年“7·5”事件等重大突发事件，无论是起到正面传播效应还是负面效应，在这些事件信息的传播上，在孕育与促进社会舆论发展上，网络、手机等新媒体都是公众使用最多、信任度最高的媒体。由此，我们看到，网络、手机等新媒体成为当前民族地区信息传播与舆论发展的又一个新制高点。

这样，一个问题出现了：在常态与异态下，民族样本对于网络、手机信息的信任度为何会发生如此大的改变？

从本调研的统计数据，我们看到，无突发事件时期的官方电视台、报纸等主流媒体在民族地区仍具有较高的公信力。但是，当突发事件发生时，传统主流媒体播报的信息往往不及时、不全面，很多时候甚至处于“失语”状态，由此形成了“信息真空”。

另一方面，受众对于突发事件的事态发展进程、政府处理措施、社会反应等等方面的信息又有急切的需求。此时，手机、网络以其传播信息的快捷、海量，“先入为主”地占据了公众信任度（尽管这些信息良莠混杂，

① 张洪忠：《武汉传媒公信力调查：媒介渠道的覆盖率与公信力》，2009年10月9日凤凰网传媒频道 http://tech.ifeng.com/media/。

真假难辨）。在这种局势下，网络、手机等新媒体成为高使用度、高信任度的媒体。而电视、报纸等原先的强势媒体，在这个特殊时段，面对社会影响大的热点和敏感问题，或避而远之、或噤口无声、或坐等指令，由此在突发新闻和热点新闻竞争中处于弱势地位，自然而然地沦为了非主流媒体。

四　在民族地区，主流媒体如何提升公信力

从我们历次的调研数据来看：政治传播是民族地区大众传播的重要内容，国家层面的政府信息传递的主要载体是传统主流媒体；在无突发事件时期，传统主流媒体依然保持了高公信力。

与此同时，少数民族地区呈现出多种意识形态与价值观念的并存、交织、互相渗透，也存在某种程度上的冲突。由此，媒体信息传播在民族地区呈现出价值多元化、传播状态复杂化的总体趋势。因此，在新的传播格局下，传统主流媒体欲提升公信力，应当同时考虑以下几方面重要因素。

1. 少数民族的价值意识、文化意识可能是影响族群成员进行信息选择的重要因素。

在民族地区，以本民族传统文化为中心的内在传播系统，通过人际传播、群体传播、组织传播等方式在族群成员中发挥着重大影响。这种本民族传统文化传播，过去主要通过一些民族传统节日、聚会、仪式的方式体现。对于这些传统的民族文化活动，由于是可预知的，主流媒体可以提前策划、介入，正面进行信息传播，从而起到良好的引导作用。但是在今天的新媒体格局下，通过网络、手机的少数民族信息传播，由于具有人际传播、群体传播、组织传播的特点，同时也具备了大众传播的特点。这个新的传播通道，在突发事件出现时，常常使得信息传递呈现出无秩序、不可控的状态。

2. 少数民族地区媒体信息传播的双重跨文化因素。

在全球传播时代，双重跨文化因素指的是民族地区信息的国际传播存在着跨文化因素；其次，少数民族与汉族的交流，实际上也是一种跨文化交流。这种信息传播的跨文化因素，常常在媒体操作后，信息传输出现损耗、扭曲、变形，甚至出现反解码的情况。

3. 民族地区的媒体信息传播呈现出新媒体特点。

从民族地区突发事件信息传播来看，先是一个突发的普通事件为引子，以网络、手机为主要载体，意见领袖聚合众人，最后演化为现实世界

中的大规模群体事件。

主要模式：“普通突发事件—网络（手机信息）造势、放大—意见领袖发言—媒介事件、公共事件—群体网上聚合—现实行动—群体性事件出现”。

4. 民族样本对新媒体的使用呈现出娱乐化的趋势。

以往对于民族地区电视的收视数据表明，电视剧、综艺性娱乐节目成为少数民族受众的首选。在民族地区电脑、网络发展缓慢，年轻人上网以聊天为主，但是手机已非常普及，手机使用上呈现出严重娱乐化的趋势。

考虑到以上因素，在少数民族地区，传统主流媒体要提升公信力，应当注意以下几个方面：一是提升少数民族意见领袖的媒介素养，在处理少数民族社区的重大事件、突发事件时，传统主流媒体应主动吸纳少数民族意见领袖参与传播，对少数民族受众进行正面舆论引导。二是传统主流媒体要重视、并善于利用新媒体渠道进行传播。

首先，培养少数民族“传媒意见领袖”。提及我国少数民族地区，首先是西藏、蒙、疆，而这些地区最主要的就是边疆管理、边患、边界问题等，因其关系到国家和谐稳定，常常成为重大问题、敏感问题。本次调查数据显示，在这些地区的传统主流媒体仍具有高公信力，但是传统主流媒体的传播有时会被认为是“官方宣传”，引起部分受众的排斥。但是，少数民族意见领袖的现身说法，往往能起到良好的作用。如“3·14”事件和“7·5”事件发生后，我们看到，在主流媒体的新闻报道中吸纳了当地宗教、文化、知识界的领袖人物的看法和意见，这些报道起到了平稳事态、引导民众舆论理性发展的重要作用。不过，常态下传统主流媒体的报道中，少数民族意见领袖与少数民族普通民众的声音较少，这无疑是一种缺憾。

其次，对于重大事件、热点问题，基层政府应快速反应，争取尽快从根本上妥善解决问题。同时要将事态发展进程、政府处理措施、社会反应等等方面的信息，通过电视、报纸、网络、手机等媒体同步传播出去。

传统主流媒体要善于利用自己长期的品牌积累所形成的高公信力与权威性，改变常规的报道态度与方式。面对重大事件与敏感问题，不可避而远之，更不可蓄意炒作。“媒体要及时披露事件发生的原委、进展和解决方案，尽快平息事端、释疑解惑、疏导情绪、化解质疑，避免谣言横飞和事态升级。"① 一是要积极主动，对于突发事件信息的来源，做好与政府的交流与沟通工作。二是应打破常规的播报安排，随时播报事件的最新信息。三是充分利用网络、手机等新媒体来进行信息发布。

公众如能较快从权威渠道得到足够多的信息，小道消息甚至于不实消息就没有传播与生长的空间。尤其是对于新媒体这个信息传播与舆论发展的新制高点，传统主流媒体应善于利用，变堵为疏，变被动防御为主动传播，才能取得良好的传播效果与社会效应，保持并有效提升自己的公信力。

第三节　手机媒体在民族地区农村信息传播中的作用

本节根据2013年的"手机媒体在少数民族农村信息传播中的作用"实地调研数据进行分析，我们看到，手机已成为少数民族农民的日用品。对于区位偏僻、居住分散的民族地区农村来说，手机媒体有望成为突破信息传播瓶颈的最优选择。在实证研究的基础上，对手机传播如何真正"嵌入"少数民族农民的生活，并对民族地区农村的经济发展起到"提振"作用，进行了有针对性的探索。

对于区位偏僻、居住分散的民族地区农村来说，如何克服信息传播的"最后一公里"难题，对于该区域的发展具有重要的现实意义。2013年，笔者组织西南民族大学师生40余人，面向内蒙古、新疆、宁夏、广西、西藏、云南、贵州、青海、甘肃、湖北等省、自治区少数民族地区发放调查问卷440份，回收有效问卷430份，对我国主要少数民族地区的手机、网络的使用情况展开调查。根据统计数据看到，手机这个"带着体温的媒体"，已成为少数民族农民的日用品。手机由于具有即时传播、购置价格低、接入互联网便捷等独特优势，有望成为突破少数民族农村信息传播瓶颈的最优选择。但是，从目前民族地区农村最需要解决的问题——发展经济来看，手机传播还未能在其经济发展过程中扮演至关重要的信息传播角色。手机如何真正"嵌入"少数民族农民的生活，并对少数民族农村的经济发展起到"提振"作用？对此，本文在实证研究的基础上，进行

① 李谢莉：《当前我国民族团结舆论环境的理论分析》，《民族学刊》2010年第2期。

了有针对性的探索。

一 手机媒体：少数民族农村信息传播的最佳平台

民族样本大众媒介设施拥有情况（多选题）

1. 电视：98%（其中拥有两台及两台以上的占10%）；2. 手机：90%；3. 固定电话：66%；4. 电脑：5.1%。

从数据来看，电视是民族地区农村最为强势的媒体：98%的少数民族家庭拥有电视，89%的少数民族农民在空闲时间看电视。由此我们看到，电视在民族地区农村的强势体现在两个方面：一是几乎所有家庭都拥有电视机；二是九成的农民在空闲时间的主要活动是看电视。但是，在调查中也了解到，少数民族家庭主要收视内容以电视剧、综艺节目为主；其次，在现行的传播格局下，最贴近百姓的乡镇、村一级的实用信息进不了电视传播系统。

再与“电脑农业”相比较，民族地区农村的手机传播具备的优势更为明显。“电脑农业”是近年来农业部重点推进的惠民工程，它利用现代的互联网技术来查询、发布实用农业信息。但电脑农业所需的成本比较高，需要有电脑，要能够联通互联网，而且要求家庭成员中必须有一名具有一定文化程度，能操作电脑和应用农业系统的“明白人”。从调查数据来看，拥有电脑的民族地区农村家庭仅5.1%，低于全国农村电脑拥有率的7%，而且基本上是为孩子上学而购置，这些电脑很少有接入互联网的。因此，在少数民族农村，要在短期内大面积推广普及电脑还缺乏基础。

然而，手机媒体在民族地区农村有着电视、电脑所无法具备的优势。单从中国最大的移动运营商——中国移动来看，移动有全球规模最大的网络，八横八纵的全国骨干网，覆盖了国内100%的行政村，97%的人口，个人用户超6亿，签约集团客户超过300万家。[①] 此外，还有中国联通、中国电信两家，也各有自己的全国移动网络。本次调查数据显示，90%的

① 戴忠：《中国移动用户规模超过6亿 网络覆盖97%人口》，凤凰网科技频道 http://tech.ifeng.com/，2011年9月27日。

少数民族家庭拥有手机，这也从另一个侧面印证了中国的移动运营商已对民族地区农村基本实现了全面覆盖。在此基础上，民族地区农村的手机信息传播具有以下独特优势：

其一，手机是“影子媒体”。近年来，民族地区的突发性自然、地质灾害有所上升，手机贴身、即时的传播使得农民在田间地头，甚至于身处崇山峻岭、茫茫草原上，都可以在第一时间了解与农牧业相关的重要信息。

其二，手机传播是突破地理空间限制的最低成本选择。少数民族农村地区大多地理偏僻、交通不便，人口居住一般比较分散，相比于有线电视与互联网，手机传播不必进行线路铺设，只需依托移动通信网络、以无线电波的方式实现传播。因此，在现代传媒中，手机传播是化解民族地区农村区位偏僻、交通劣势与散居问题的最佳方案。

其三，手机价格低廉。目前来看，国内智能手机价格也只在千元左右，实际上，几百元的手机一样可以上网。据《2015年第37次中国互联网络发展状况统计报告》数据，截至2015年12月，网民中使用手机上网人群占比由2014年的85.8%提升至90.1%。特别值得关注的是，中国网民中农村网民占比28.4%，规模达1.95亿，较2014年底增加1694万人。[①] 这一结果显示，相比于电脑，手机对农村网民，尤其是少数民族农村网民的增长发挥了更加重要的作用。

据我们在云南省牟定县彝族聚居区的调查，中老年人的手机拥有率不低，但是一般是较为便宜与过时的机型，只用来通话，很少接收短信，更不上网。年轻人则是人手一部手机，而且作为年轻人的“面子货”，手机价格不菲，一般都超过千元至数千元。他们用手机上网是家常便饭，但是主要是打手机游戏，下载音乐。可见，手机已全面介入他们的日常生活，成为天天见面、时时不离身的日用品。

二　民族地区农村的手机传播存在严重失衡现象

目前来看，手机出版业务包括了五个领域：手机报、手机广播、手机电视、手机电影、手机小说。从理论上讲，在民族地区农村，手机报与手

① 《第37次中国互联网络发展状况统计报告》，中国互联网络信息中心 http：//www.isc.org.cn/，2016年4月15日。

机广播可以广泛运用于传递农民生产、生活所需要的各种实用信息，而手机电视、手机电影、手机小说则可以满足少数民族农民日益增长的文化、娱乐需求。但是从实际调查数据来看，手机报、手机广播这些在城市中已经十分普及的手机业务，在民族地区农村中并未得到广泛运用，手机传播甚至出现了较为严重的失衡现象。

手机接收新闻、实用信息的情况：

1. 很多，32 人，占 13.9%；2. 有一些，不算多，84 人，占 36.5%；3. 很少，80 人，占 34.8%；4. 基本没有，34 人，占 14.8%。

在受访者中，90% 的人拥有手机，从“手机接收新闻、实用信息的情况”看：选择“很多”与“有一些，不算多”的为 50.4%；此外，手机很少接收新闻、实用信息的为 34.8%，但是，居然有 14.8% 的手机用户基本没有接收过新闻或实用信息。由此可以看到，虽然手机拥有率高，但是对于民族地区农村约半数的手机用户来说，手机仅仅是作为一种通信工具来使用，尚未能利用其媒体功能。这个大致有两大方面的原因，一是目前大量开发的手机报、手机广播等手机出版业务，基本上是为城市手机用户量身定做的，对农村市场尚无暇顾及，更遑论经济落后的少数民族农村。二是农民由于语言障碍、文化水平相对低下等原因，对于使用手机的各种功能，或者说有意识地利用手机来获取发家致富信息方面的能力还比较欠缺。

媒体发布的信息，认为较可信的是（多选题）：

1. 认为电视可信的 168 人，占 73%；2. 认为报纸可信的 121 人，占 52.6%；3. 认为广播可信的 40 人，占 17.4%；4. 认为网络（新华网、人民网等）可信的 52 人，占 22.6%；5. 认为手机短信可信的 10 人，占 4.3%。

从“可信的媒体信息”的统计数据来分析可以看到：最被信任的信息来源是电视、报纸这两种传统的主流媒体。73% 的人认为电视是可信的，52.6% 认为报纸可信。信任度较低的依次为：网络（人民网、新华网等官方网站）可信的占 22.6%；广播可信的占 17.4%。传统主流媒体在少数民族农村中仍有高公信力。

与高普及率（90% 的人拥有手机）不成比例的是，信任度最低的是手机短信，认为可信的为 4.3%。可见，其一，电视、报纸等传统主流媒体长期积累所形成的高公信力，是左右样本选择的重要原因。其二，在今天的少数民族地区农村，手机成为人际传播的工具，人际传播依然是最重要的传播样式，这就是为什么除了对来自亲友、同事的短信较相信外，少数民族农民对其他来源的手机信息信任度极低。

少数民族农民对手机这个“新媒体”上所传播的新闻及实用信息虽然信任变化，但是这并不代表他们没有信息需求。少数民族农民希望获取的信息主要是产品需求、市场价格以及生产科技信息，对有效信息的关注度集中表现在及时、准确、实用几个方面，同时他们对这几类信息获取的数量和质量满意度均不超过 30%。相对全国农村来说，民族地区农村又是经济最落后的区域，这昭示着手机出版在民族地区农村这个广阔天地中是会大有市场的。

三　嵌入：以手机传播为中心整合少数民族农村信息平台

手机、网络等新媒体普及后，一个非常重要的概念叫“嵌入性”。“嵌入性”理论是经济社会学家所提出的，指的是经济活动不是在真空里进行，而是嵌入于社会结构之中。从上文统计数据可以看到，如今手机已全面进入少数民族农民家庭，成为“影子媒体”，但也仅仅是进入，而非“嵌入”。什么才算是真正的“嵌入”？如果手机传播成为民族地区农村所需要的各种实用内容、服务提供者，同时链接各种商业资源、消费资源，这个时候，手机媒体就能变成少数民族农村真正意义上的桥梁、媒介、平台，因为它能够有效地“嵌入”少数民族农民的工作圈、生活圈、消费圈当中，并扮演着至关重要的角色，这无论对于手机出版的运营者，还是对于少数民族农民都是双赢。

要在民族地区农村发展手机传播，第一个障碍是语言。2009 年，由西南民族大学与北京网道信通合作研制的彝文手机诞生。彝语手机是继成功推出维语、蒙语、藏语、哈语手机后的第五种民族文字手机，这对保护现有的少数民族语言，促进我国的少数民族语言信息化具有重大意义。少数民族文字手机技术的成熟，将为民族地区农村发展手机传播提供巨大的支持。

在对农手机传播方面，国内已有先行者。2006年底，“农信通”覆盖我国中西部的近20个省份，“农业新时空”已经发展了120万农村用户。据统计，河南省农村手机用户群体较大，并且每年以30%以上的速度增长，同时移动通信新技术的应用为河南农业信息化建设提供了有力的支撑平台。2012年6月30日，中国农民手机报（农资版）正式开通上线。这是农民日报社探索新媒体发展模式、服务基层的又一实践。它以手机为载体，搭建一个新型农业信息发布平台，用快速、便捷的方式，为广大农村基层干部和农民群众提供“三农”政策、科技、市场、农情、气象等信息服务。这些对农手机传播业务的开拓，为我国农村的信息服务走出了新的路子。但是，对于民族地区农村来说，以上这些对农手机传播还存在着较大的问题。

我国民族地区农村地广人稀，各个民族地区的经济水平、地理条件、民风民俗千差万别，想靠一份手机报包打天下实际上是不现实的。如《中国农民手机报》面向全国农村，主要任务是发布农业政策而非提供实用农业信息，所以定位的第一读者群是农村基层干部，第二读者群才是少数民族农民。

这种格局下，民族地区的手机传播要做到贴近区域的发展实际，将手机媒体做成民族地区农村实用信息平台。本文中所指这个区域，主要是乡镇一级，建议采用“1+1”模式，即一个手机信息平台主要依托本地的一个致富项目来进行建设。

此外，要加强手机传播的内容策划。“出版者提供给读者的是内容产品，也是精神产品，在这个内容为王的时代，内容的优劣直接影响市场销量。所以民族出版机构要着力培养策划编辑的选题敏感度，对热点话题能另辟蹊径，创造品牌影响力。”① 手机传播内容应注重选取媒体上与本民族、本区域关联度高的热点话题，才能提升受众的关注度。

民族地区农村的手机传播，需要政府的政策扶持，多种方式开展手机信息服务。政策扶持，指的是对民族地区农村的重点发展项目给予政策支持，因为民族地区农村的手机出版全部依靠政府投入是不现实的，很多民族地区都是贫困地区，自身的经济实力有限，所以在做手机信息平台的时

① 白冰、孙洋洋：《康巴藏族地区民族出版研究》，《民族学刊》2012年第1期。

候，政府建设少部分的手机出版示范点，其他多数区域可以考虑交给电信运营商来做。这样会产生一个问题：电信运营商介入民族地区农村的手机传播后，是以政府宣传为主，还是以传递实用信息、经济发展为主？对于这个问题，笔者以为可借鉴中央级媒体改制的做法。2011 年，新闻出版总署首先在决策上明确功能、区分性质，提出功能决定性质、性质决定体制、体制决定机制；具体来说，将报刊分为时政类与非时政类两种，时政类报刊以宣传为主，非时政类主要参与市场竞争。按照中央媒体改革的先例，可以将民族地区的媒体按照性质来区分其功能，承担宣传任务的主要交给党媒来做，而手机信息平台则主要承担传播实用信息的任务。理清体制后，以手机出版为中心，在少数民族文字手机技术的支持下，整合民族地区农村信息平台，使之在新农村建设中发挥更大的作用。

四　海南黎村调查手记

守着胶林，全家不愁

暑假，我到海南省琼中黎族苗族自治县黎族农村做调查。由于语言不通，我找了一个当地的同学做翻译，第一份问卷，调查对象是一位已婚的 40 岁妇女，初中文化。本以为会是平淡的调查，王大姐在做到“在空闲时，您经常从事哪些活动”这一题时，结果让我们非常吃惊。这题中 11 个调查选项，然而除了“做家务、串门聊天、打麻将”这三个选项王大姐填了每天外，其余的八个选项填的都是：从不——从不看电视、从不上网、从不看书报、从不外出游玩、从不听广播，她家甚至没有电视。

不是买不起，只是王大姐觉得用不着。整张问卷都是我们用自己的语言简单复述出来，就是这样，王大姐也没什么耐心，她甚至说道：“哎呀，我们不懂这些啦，你们叫我填什么，我就填什么。”王大姐是村里的妇女主任，还开了一间杂货店，但她不愿填自己是党政机关工作者，也不愿填自己是个体户，坚持自己是农业劳动者，无论我们怎么解释都没用。之后同学告诉我，王大姐家里有胶林，老公割胶每天都能赚好几百。王大姐自己的店里每天都有人来打麻将，过足麻将瘾的同时，还能收水钱，日子过得很不错。

这就是这个黎族农村的典型生活方式。有吃、有喝、不缺钱，守着一片橡胶林（村里几乎每户人家都有一片自家的胶林，少的几百棵，多则上千棵，这是村里人的主要收入来源）就能过一辈子。他们对外界的事不好奇，唯一在乎的是每天胶价的变动。

琼中政府扶植琼中农民养蚕、养蜂、养七彩山鸡，种绿橙、种灵芝，开创“琼中模式”的小额贷款。及时推动中央及省政府各项惠民补贴，如橡胶良种补贴、农机具购置补贴、家电下乡补贴等。在调查中，我们遇到的一位农民大哥兴奋地告诉我们：因为政府的农机具购置补贴，他买小型挖土机时节省了两万元。琼中政府的这一切措施都使琼中农民的收入得到显著的提高。然而，收入提高了，其他的问题也随之显现。

在调查中我们发现，村里的人虽然大多数都是初中毕业，可是35岁以上的许多人已经忘了怎么写字。甚至是照着问卷上的字写，都会让他们觉得别扭，更别说阅读理解了。他们不发手机短信，手机的唯一用途就是打电话。但他们觉得这是再正常不过的，因为他们的生活中并不需要文字。不会写字，他们一样有吃、有穿、有钱花。只要会写自己的名字，会算数，这就够了。

村干部办公室是一间小平房，从窗户看，里面有一张桌子和几把椅子。同学告诉我这间所谓的办公室一年都使用不到两次。村里没有广播，村长要通知开会，或是有相关信息要传达，都是挨家挨户去说。提起农业信息室，我同学表现得一片茫然。不种田，不养鸡，不用技术培训，各顾各家。所以，开会讨论、学习自然也就用不着了。乡里偶尔会有一些歌舞活动，可是参加的人很少。

40岁的张大姐，高中学历，她告诉我们，村长通知的一般都是必须通知的事，没有硬性规定的，一般不通知。例如她们听说了国家出台了土地承包政策，但是否有正式通知，能承包多少年，是否可行，她们一概不知，村里干部没有通知过。还是张大姐自己看新闻才了解了，把消息告诉村里人，大家也并不在意。

我们上网查询海南省农业信息网，看到网站建设很全面，农业概况、新闻资讯、信息公开、种植业、农机化、畜牧业、农经管理、市场信息、农业科技、惠民政策等栏目，你能想到的，信息网里都能找到。在信息网里，我们找到了琼中县的信息网，点进去之后发现其由省信息网统一管理和发布信息。里面除了各项信息是针对琼中的以外，其他每个版块都一样。成片的文字，基本没有图片和视频。这让我们觉得信息网所起的作用更多的是对外宣传，而不是服务农民。

调查中我们碰到了一个19岁的男孩，他已经结婚，并且有了两个孩子。当我们问到他们夫妻做什么工作时，他的答案是：没有。这让我感到惊奇，要抚养两个孩子的夫妻竟然没有工作！后来才知道，是他的父母在养家。家里有3000棵橡胶树，卖胶水的钱就是全家的花销。当我们问道：两个弟弟结婚后怎么过？这时他父亲说话了："我打算再买块地种胶树，到他们结婚了就把二楼盖起来，还是住在一起（村里现在多数人家都是住一楼的平顶房）。"真真是守着胶林，全家不愁。

在村里，十几岁的孩子上网时基本就是两件事：玩游戏，上QQ。他们不看新闻，甚至连很流行的微博都不怎么玩。他们不喜欢写东西，不知道要分享什么。他们擅长的是麻将、牌九。随便一个三年级以上的孩子，都能在大人不在或是人手不够的时候上牌桌，且打得有模有样。

村里初中毕业的孩子一般有两种选择：第一，回家待着，无所事事；第二，回家结婚，然后无所事事。结局都是将来子承父业。

看起来，这个黎族村子是自给自足，平静富足的，但是村里年轻人对自己的未来没有多少期待，也让我们感到一丝担忧。

（调查员：叶莉君）

第四节　主流意识形态在少数民族地区的媒介接受现状

2015年7月，调研组在全国主要少数民族地区进行了主题为"民族地区居民对'美丽中国'理念感知度的媒介调查"。"美丽中国"作为当前党和政府的顶层设计，是引领未来中国走向和发展的重要执政理念之一。从长远看，环境问题已经成为影响中国未来发展的重要制约因素。从近期看，由于雾霾天数创纪录，治理空气污染，改善生态环境成为当前重要的社会议题和公众议题。这就使得"美丽中国"这一执政理念的针对性和现实紧迫感更为强烈。

在设计调查方案时，注意点面结合。调查既面向全国11个主要的少数民族省、自治区发放问卷，实现面上的覆盖；又设置了 4 个少数民族重点调查区域。分别是吉林省延边朝鲜族自治州（调查对象朝鲜族，投放问卷 70 份）；贵州省铜仁地区（调查对象土家族，投放问卷 50 份）；云南省大理白族自治州（调查对象白族，投放问卷 50 份）；云南红河哈尼族彝族自治州（调查对象彝族，投放问卷 50 份）。总计发放问卷 480 份，回收有效问卷 450 份。本次调查在民族地区的城市、郊区、农村都投放了问卷，以求全面了解民族地区的城市居民、城郊居民、农村居民对于“美丽中国”理念的感知程度。

一　当前民族地区大众传播特点

当前民族地区居民的媒介使用出现严重分化，主要趋势如下：

电视：依然是少数民族地区最强势的媒体。

网络：新兴媒体，发展势头迅猛，已经成为民族地区的第二大媒体。

报纸：拥有率不高，但是还有一定市场。

广播：严重萎缩。

（一）从媒体使用频率看：电视依然是民族地区最强势的媒体；网络使用发展迅猛，成为民族地区的第二大媒体

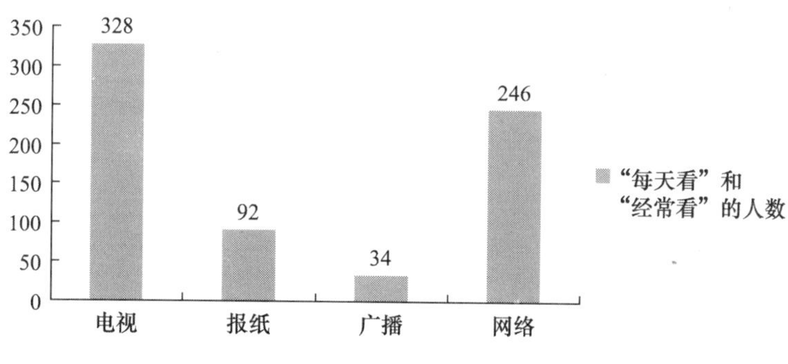

图 3—6　民族地区居民的媒介使用情况

首先，在受访的 450 户少数民族地区居民中，电视机拥有率为 100%，电视完全普及。“每天看电视”和“经常看电视”有 328 人，占比 72.8%，电视是使用频率最高的媒体。

其次，超五成的少数民族群众经常上网，网络使用跃居第二。本次调查，在民族地区的城市、郊区、农村都投放了问卷。由于在城市和郊区居

民拥有电脑的较多，所以拥有电脑的整体比例较高（56.8%），“每天上网”和“经常上网”的有246人，占比54.6%。网络发展趋势快速，已经成为民族地区的第二大媒体。

最后，两成少数民族群众经常看报纸。“每天看”和“经常看”的有92人，占比20.4%。最后，广播受众不到一成，萎缩严重。“每天听”和“经常听”的有34人，占比7.5%。

（二）大众传播对少数民族群众的思想观念有重大影响

有四成的少数民族群众认为，电视对自己的思想观念有较大影响。这个比例仅次于传统的家庭、朋友等强势影响因素：家庭（290人选择，占比64.4%）；朋友（266人选择，占比59.1%）；工作环境（234人选择，占比52%）；学校（204人选择，占比45.3%）。

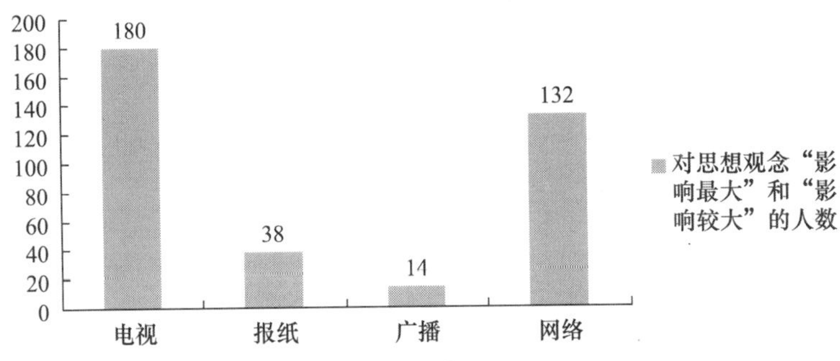

图3—7　媒体对民族地区居民思想观念的影响

若单与其他媒体比较，电视又是对少数民族群众思想观念影响最大的媒体。选择网络对思想观念“影响最大”“影响较大”的有132人，占29.3%；选择报纸对思想观念“影响最大”“影响较大”的有38人，占9.5%；选择广播对思想观念“影响最大”　“影响较大”的有14人，占3.1%。

（三）小结

1. 充分利用电视的影响力，加强民族地区主流意识形态传播。从战略层面上看，大众传媒是传递主流意识形态的重要工具。从调查数据看，少数民族群众对电视使用频度很高，但从目前来看，对这一最为重要的信息传播工具运用得尚不够理想。在多次调查中，我们均发现少数民族群众主要以收看电视剧或综艺娱乐节目为主，而收看新闻则居于次席。因此，在制作电视节目时，应多考虑与农民的关联性、有用性，从而提高政府信息传播的效率。

2. 网络已经成为民族地区第二大媒体，应引起足够重视。从前面数据可以看出，有五成多的少数民族群众经常上网（54.6%）；与之相对，近五成的受众（210 人，占 46.6%）认为，网络（新华网、人民网等官网）发布的信息可以信任。综合来看，网络媒体已成为少数民族群众使用率第二高的媒体，其信任度也跃居第二。

3. 报刊使用处于下滑趋势中。报刊使用频率仅为两成左右，但是报刊的信任度达到了四成，形成了强烈的反差。报刊阅读处于下滑趋势的原因大致有三：一是强势媒介电视、网络的挤压，使印刷媒介在民族地区生存空间较小；二是订阅或购买报纸、杂志、书籍，与看电视、上网比较，不是很方便；三是部分少数民族居民不识汉字，阅读起来有困难。但是，报刊的信任度不低，应是传统媒体时代报刊积累了较强的公信力形成的。广播则处于严重萎缩态势。

二 主流意识传播处于单向传播状态

从国家的战略层面上看，大众传播是传递主流意识形态的重要工具。本次调查以“美丽中国”理念为测量对象，“美丽中国”作为当前党和政府的顶层设计，作为引领未来中国走向和发展的重要执政理念之一，在民族地区的首要问题是为少数民族群众广泛知晓、接受。

对党和政府重要执政理念的感知效果如何，是体现民族地区信息传播流通度的重要衡量标准。从调查数据看，大众传媒是传播“美丽中国”理念的主要平台，从电视、网络、手机、报纸了解到“美丽中国”理念的人数总和占 91.6%，九成的受访者从媒体上了解到“美丽中国”理念。

但若从民族地区“美丽中国”感知程度的细分数据来看，结果并不乐观。四成多的受访者不关心“美丽中国”理念；三成多的受访者知道一点，但了解程度很有限；有两成半的受访者比较了解“美丽中国”的理念。

从调查的总体情况来看，大众传媒是传播“美丽中国”理念的主要平台。对于“美丽中国”理念，大多数人一知半解，四成多受访者不了解，也不关心“美丽中国”理念。

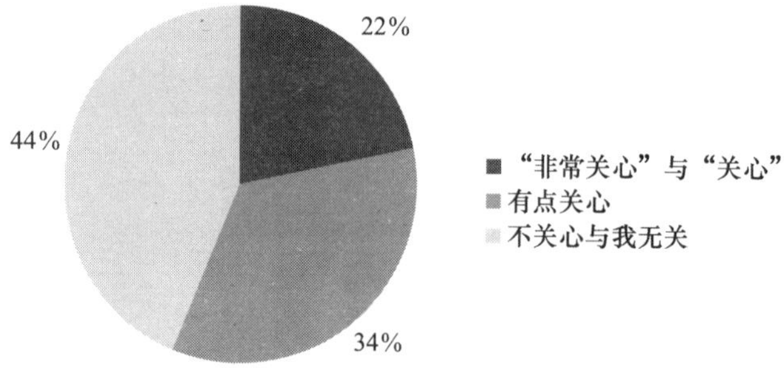

图 3—8　受访者对"美丽中国"的感知程度

由此可见，"美丽中国"理念在民族地区的传播已经有了广度，但是缺乏深度。据调查员了解，个中原因大致有二：第一，主流意识传播目前尚处于单向传播状态，未能有效接入少数民族地区的传播"场域"，并形成互动。第二，"美丽中国"作为一种理念较为抽象，大众传媒又未能做好"转译"工作，导致在少数民族群众中关注度不高。

三　转译：提升意识形态在民族地区的传播效率的重要途径

从上一节数据可以看出，主流意识传播在少民族地区处于单向传播状态，未能有效接入民族地区的传播场域。在少数民族地区的信息传播过程中，"信息的传播和生产如何与'地方性知识'结合，实现信息知识的'转译'，最终达成与地方和民族文化的有效结合就成为重点"①。本部分将"美丽中国"的理念具体化为环境保护、政治建设、经济发展、社会保障、教育、医疗、就业、信息化八个方面的指标，设计为 13 个问题。从调查数据可以看出，"美丽中国"理念在经过"转译"之后，受访者对相关问题的回应度兴趣明显上升。

表 3—5　　少数民族群众对"美丽中国"建设的关心程度

（以"非常重要"数据进行的排名）

题项	不重要	有点重要	重要	比较重要	非常重要	排名
保护环境，给子孙后代留下青山绿水	0	6	22	36	386	1

① 孙信茹、杨星星：《媒介化社会中的少数民族村民传播实践与赋权》，《现代传播》2012 年第 3 期。

续表

题项	不重要	有点重要	重要	比较重要	非常重要	排名
看病方便、便宜，农村医疗服务水平高	0	1	10	55	384	2
干部清正、政府清廉	2	6	32	58	352	3
社会保障体系健全，老有所养，老有所依	6	6	32	72	334	4
与城市相比，教育机会均等，教育质量高	6	8	62	74	300	5
外出打工能找到工作，干完后能拿到工钱	0	8	64	84	294	6
农民收入不断提高，涨幅超过物价涨幅	22	22	72	50	284	7
农村学生毕业后能找着工作	12	18	54	92	274	8
交通顺畅，不为堵车苦，不为购票难	0	16	68	100	266	9
有政策都会通知百姓，政府信息公开	20	18	66	88	258	10
和城市相比，农民收入不低	8	24	64	100	254	11
食品卫生安全有保障	32	36	51	79	252	12
在老家有发展前途，有致富的项目	12	18	66	112	242	13

本部分调研题，将“美丽中国”具体化为环境保护、医疗、教育、社会保障、食品安全等民生问题。调查数据显示，认为保护环境“非常重要”的人最多，占比85.7%，高居第一位，出乎我们的意料。在第一部分的调查数据中，近一半的人（44%）不关心“美丽中国”理念，但是本节将问题具体化为“保护环境，给子孙后代留下青山绿水”之后，却得到绝大多数人的认同。这说明，少数民族群众不是不关注“美丽中国”理念，问题是在传播中是否能将抽象的理念进行“转译”，即将其具体化，贴近群众的实际生活。

其他排名二至五位，受访者关注度高的问题依次为：医疗、政风、社保、教育。这些都是与少数民族群众生活关联最密切的问题。

四 个案：对吉林省延边朝鲜族自治州的调查

本调查报告二、三部分主要了解面上的情况，本部分则对吉林延边朝鲜族自治州的情况进行点上的考察，力图做到点面结合，使得调查和分析更为立体，更有代表性。在延边共3名调查员，发放问卷70份。

延边朝鲜族自治州是全国唯一的朝鲜族自治州和最大的朝鲜族聚居地，位于吉林省东部，地处中俄朝三国交界，东与俄罗斯滨海边疆区接壤，南与朝鲜咸镜北道、两江道隔图们江相望，总面积4.27万平方公里，约占吉林省总面积的1/4。全州下辖延吉、图们、敦化、珲春、龙井、和龙六市和汪清、安图两县，首府为延吉市。下面为调查数据：

七成的延边朝鲜族群众对“美丽中国”理念有了解，但关注度低。七成多的延边朝鲜族群众对“美丽中国”理念有了解，包括“很了解”、“较了解”、“了解一点”，合计74.6%。这表明延边地区大众传媒在宣传党和国家的重大方针政策方面发挥了应有的作用。但是，我们也不能忽视，“很了解”与“较了解”的仅占三成（30.9%）。

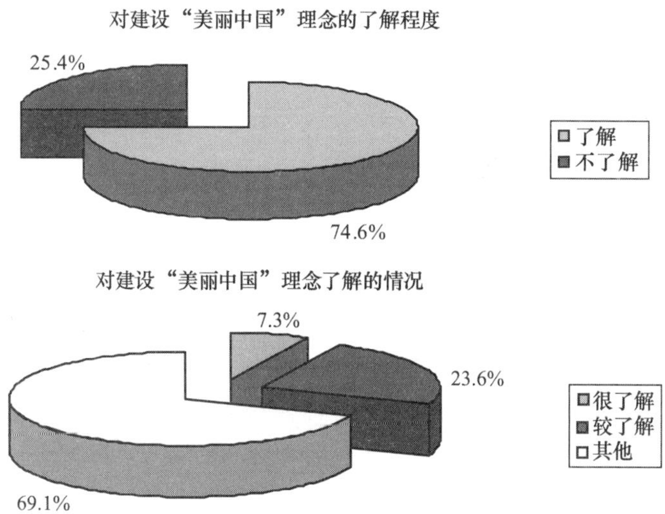

图3—9　延边朝鲜族群众对“美丽中国”理念的感知程度

虽然对“美丽中国”理念有了解的人占到总人数的74.6%，但是在关心程度上“不怎么关心”的人和“与我无关”的人占到了38.9%。是什么原因导致了有近七成的了解率，却又有四成的不关心呢？

通过调查员的走访了解，“美丽中国”理念在延边的传播与该地区的经济水平、民族传统文化等有着紧密的关系。

其一，延边地处边疆，经济发展水平与内地发达地区相比还有相当大的差距，网络、移动端等新兴媒介还没有在延边地区大范围推广开来，受众获取信息的方式仍以传统媒体为主。

其二，延边作为朝鲜族聚集区，自身的民族文化对其大众传媒传播效果也有影响。民族习惯使然，人们习惯于使用以本民族语言文字为主的传播媒介。现行的新媒体平台基本以汉语传播为主，少数民族语言传播建设力度小，忽略了少数民族地区的特殊性，这也是新媒体传播在少数民族地区难以推广的一个障碍。

最后，较多受访者认为媒体不够"接地气"。延边的大众传媒注重宣传，对贴近性和服务性重视不够。

五 "转译"并有效接入民族地区的传播"场域"

在传播效度的研究上，少数民族地区是有较高研究价值的场域。在这个区域，无处不在的大众传播与特定的少数民族文化交织，从而形成了独特的传播"场域"。场域理论是社会心理学的主要理论之一，对于场域（field）这一概念，布迪厄这样说："场域是指商品、服务、知识或社会地位以及竞争性位置的生产、流通与挪用的领域，场域被视为一个围绕特定的资本类型或资本组合而组织的结构化空间。"①

通过上述调查数据，可以看到，民族地区的传播"场域"现状喜忧并存。

（一）把"民生工程"作为办媒体的指导思想

在民族地区的大众传播中，我们应该充分考虑场域的重要作用，努力构建能够让少数民族群众熟悉的、愿意接受的场域环境。调查数据说明，在民族地区的主流意识形态传播过程中，对于重要的政策和执政理念仅仅照本宣科，对民生问题关注不够，不能取得满意的传播效果。从第二部分的调查数据来看，近一半的少数民族群众不关心"美丽中国"理念，但是在同一个传播"场域"，面对同样的调查对象，第二节将问题具体化为"保护环境，给子孙后代留下青山绿水"之后，近九成的受访者认为非常重要。这说明，少数民族群众不是不关注"美丽中国"理念，问题是大众传播在进行宣传时，能否将抽象的理念"转译"，即具体化并贴近群众的实际生活。

重视民族地区的民生问题，才能有效接入民族地区的传播"场域"。民族地区的大众传播应准确把握"美丽中国"的题中之意，将环境保护、

---

① ［美］戴维·斯沃茨：《文化与权力：布尔迪尔的社会学》，陶东风译，上海世纪出版集团2012年版，第136页。

学有所教、劳有所得、病有所医、老有所养、住有所居等等这些解决人民实际生活问题的民生报道，真正作为办媒体的指导思想，才能切实提升主流意识形态的传播效果。

（二）提升民族地区电视的传播力

从本次调查数据看，电视依然是少数民族地区最强势的媒体。由此，一方面要加强民族地区的电视双语传播。本次调查员反映，部分民族地区居民由于语言不通，主流意识形态的接受成问题。大众传媒在少数民族地区开展双语传播是事关民族身份认知，也是实施主流意识形态传播的重要举措，是我国媒介生态的重要组成部分，也是我国传媒公共服务体系不可或缺的重要一环。双语传媒对促进民族地区的发展和稳定、宣传党和国家的民族理论和民族政策、维护国家统一和民族团结的作用不可替代。

另一方面，多推出好的民族题材电视作品，提升民族地区电视媒体的传播力。民族地区的电视传播，无论是电视新闻，还是电视剧、综艺节目，应考虑贴近百姓生活，为普通群众喜闻乐见。从第一章的调查结果来看，电视在少数民族群众的日常生活中扮演着重要角色，因此电视能否为广大的少数民族群众所接受、认同，是考量主流意识形态建设是否成功的重要标准。

（三）高度重视网络新媒体在民族地区的传播。

一是民族地区要着力占领网络舆论的制高点。科技的飞跃发展，特别是互联网的迅猛发展，为社会主义主流意识形态建设拓展了新的空间，提供了新的载体。但与此同时，网络传播的盲目和无序又对新形势下推进主流意识形态建设提出了严峻的挑战。这就要求民族地区要着力占领网络舆论的制高点，为促进主流意识形态在民族地区的传播、提升主流意识形态在民族地区的影响力提供更多的平台和空间。

二是在少数民族聚居区，政府要重视以少数民族语言文字为主的新兴媒体建设。从第四部分的数据来看，延边地区群众通过新媒体网络了解“美丽中国”理念的人数只有16.4%，数据并不乐观，这个数据从一个方面提醒我们，在少数民族聚居区，政府要高度重视以少数民族语言文字为主的新媒体传播媒介的建设。这既是新媒体时代保护传承民族文化、促进各民族文化交流发展的需要，也是加快新媒体传播在少数民族地区的推广，在少数民族聚居区走好网上群众路线，切实提高主流意识形态在民族地区传播效果的需要。

六 新疆哈萨克乡调查手记

电视改变哈萨克族女性的生活

阿尼沙，24岁，新疆维吾尔自治区阿勒泰地区阿拉哈克乡一名家庭主妇，她与丈夫的生活依靠丈夫做木匠的收入过日子。因为经济条件不好，夫妻二人结婚三年都不敢要孩子。当笔者问到阿尼沙最喜爱的电视节目时，她说：“《农牧天地》和《星星之约》这两个节目介绍关于农牧生产方面的技巧、知识，也介绍一些杰出的哈萨克族女性，看这两个节目使我拓宽了视野，并对自己更加有信心。”

通过走访调查，笔者发现阿勒泰地区的哈萨克族女性普遍喜欢收看的节目是新疆电视台哈萨克语综艺频道的自办栏目：《女性关注》《社会经纬》《综艺舞台》《恰书点播》《下周屏幕》。此外，新疆电视台哈萨克语频道还开办《夏乐哈尔》《夏热法特》《农牧天地》等七档社教、文艺类栏目。阿勒泰地区电视台的自办栏目《星星之约》等几个节目，也很受哈萨克族女性关注。

两个月前，阿尼沙在电视上看到了《女性关注》节目中播出了哈萨克族知名女性企业家沙利娅·霍拜的专题访谈节目，让阿尼沙对女性生活有了新认知。在节目中沙利娅·霍拜谈到“哈萨克族女性自强自立，走出家门”的问题，她说：“我自己作为一名女性很清楚女性在内是家庭主妇，在外也要矜持，在我们很多人思想中还认为女性不能出门赚钱养家糊口，可是随着时代的发展，生活需求的增加，一家人的生活不能说只有男人担当，我们女性也应该放开眼光，跟上社会的步伐。”

最初，阿尼沙的生活就是柴米油盐，以夫为主，但她夫妻二人连自己都养不活。在看到沙利娅·霍拜的专题访谈节目后，阿尼沙决定外出打工。从此，阿尼沙每天关注电视上跟女性招聘信息相关的内容，看着电视上一些成功的女性，阿尼沙憧憬着自己的未来……

由此，我又访问了沙丽娅·霍拜。沙丽娅·霍拜，1978年6月出生于新疆阿勒泰地区，1996年1月参加工作，党员，大学学历，现任新疆沙里金服饰有限公司总经理。她告诉笔者，“我家境还可以，父母就供我读书让我感受外面的世界，1996年我从新疆纺织工业学校毕业，分配到新疆效益最好的一家国营服装厂，我也成了阿勒泰地区第一个当白领的哈萨克族女性。起初，村里也有人说我一个女人整天在外抛头露面成何体统，可我通过自己的奋斗影响了不少女性从传统观念里走出来。”

在阿勒泰地区调查中发现，很多女性都是因为电视传递的信息才有了“女性可以参与社会工作”的认知。阿勒泰地区推进的女性“靓丽工程”让更多的哈萨克族女性提升了家中的地位，也提升了在社会活动中的地位。“靓丽工程”让阿勒泰地区走出了3000名少数民族农牧民绣娘，这一消息一经整个阿勒泰地区电视频道播出后，在阿拉哈克乡掀起了一股女性“创业就业致富”的热潮。笔者走访了两位在电视影响下通过劳动改变命运的哈萨克族女性。

古丽丁，家住阿拉哈克乡廉租房的一名已婚哈萨克族女性，原先家境条件不好，身体瘦弱。今年26岁的古丽丁四年前与丈夫塔西买提·别克结婚，从乡村搬到了阿勒泰市。由于丈夫喜欢喝酒、赌博，古丽丁家的收入仅靠她为别人刺绣新娘嫁妆饰品挣点小钱，维持生计。

古丽丁最爱收看的电视节目是《星星之约》，她就是在收看《星星之约》时看到了刺绣“靓丽工程”的广告招人通知。古丽丁起初还不敢贸然报名参加，受传统观念的影响，古丽丁还是“女以夫为贵，围着锅灶过”的传统家庭婚姻认知。就当古丽丁还在犹豫时，通过刺绣“靓丽工程”改变自己的女性成了电视荧屏靓丽的风景，古丽丁终于迈出了改变她人生的第一步。古丽丁告诉笔者“自从靓丽工程实施以来，县上为我们提供了就业平台，帮助我们增加了家庭收入。我加入到了绣娘的行列，找到了适合自己的职业，现在我还成了‘喀纳斯绣’馆里的老师”。

另一位创业的哈萨克族女性古丽江·哈依拉提，34岁。古丽江是阿拉哈克乡的农牧民，也是以丈夫和两个儿子、一个女儿为重，属于典型的大门不出，二门不迈的家庭主妇。古丽江告诉笔者，自己最爱收看的电视节目是《夏热法特》和《夏乐哈尔》，在收看这些电视节目时，她看到外地许多女性都有自己独立的经济来源，也能参与各种社交活动。对此深受启发，古丽江报名参加了社区委员会女性联合部，从此开始学习文化知识，接触电子媒介，注册了自己的微博、微信，真正与现代化接轨。

即便很多女性想尝试参与社会，提高自己在社会中的地位，仍然受一些因素的制约。但从当地政府组织开展“少数民族女性走出去”活动，各地进行广泛宣传后，很多女性已经脱离了家庭主妇的角色限定，一批批女企业家、女作家不断地涌现出来。女企业家沙利娅·霍拜，女作家叶尔克西·胡尔曼别克都已经在电视荧屏上成为哈萨克族女性的榜样。

在阿勒泰地区，少数民族女性还成立女性刺绣团、女性舞蹈团等不同的社团。女性社会地位相较以前有了前所未有的变化，如现在每逢节假日时，阿勒泰地区“红裙舞蹈社团”主动上台表演节目。这些女性从整天围着家庭转到现在她们愿意主动参与社会各类活动，让女性的社会地位彻底翻新，有了带头走出去的女性，响应的女性也逐渐增多了。

除了帮助女性创业之外，电视还教会哈萨克族女性维护自身权利。古丽纳兹·阿热勤与丈夫结婚12年，家庭矛盾一直不曾停歇。古丽纳兹不忍看到儿子在单亲家庭成长，又不知如何解决自己的婚姻问题，只能一直忍气吞声生活。直到看到新疆哈萨克语频道《法律讲堂》节目中有关女性维权的一档栏目，古丽纳兹最终决定拨打栏目资讯热线电话。

笔者到古丽纳兹家做入户访谈时，她告诉笔者说，“去年我拨打了《法律讲堂》节目中《女性该如何维护自己权益》栏目热线电话，咨询了自己婚姻中存在的问题，很快栏目组给我丈夫写了一封警告信。之前阿勒泰地区白山布社区妇女联合部多次与我丈夫进行过交谈，但作用不大，直到通过电视栏目才使得我的婚姻家庭得以走向正常。”古丽纳兹这些转变无疑是受电视媒介影响，通过电视媒介获取相关的法律条例和女性维权知识，让女性主动掌握平等话语权。

（调查员：阿娜尔）

第四章　对策思考：提升少数民族地区媒介的传播能力

第一节　新媒体时代民族地区大众传播的短板

2006—2015 年，围绕“大众传播与少数民族发展”这条主线，笔者五次组织调研团队，在民族地区进行了实地调查。调查数据显示，近年来民族地区面临新的传播格局：第一，民族地区自然灾害与重大突发事件的频发度呈上升趋势，民族地区的大众传播面临着新的压力与考验；第二，在民族地区，电视、报纸等传统主流媒体的影响力依然强势，与此同时，手机成为少数民族生活日用品，以手机为主、网络为辅的新媒体在少数民族地区已有大量受众。因此，提升传统媒体与新兴媒体的传播能力成为民族地区稳定与发展面临的重要问题。

一　主流媒体公信力不减，传播短板明显

2010 年与 2013 年，笔者组织调研团队，分别进行了主题为“主流媒体在民族地区的公信力状况”“手机在少数民族农村信息传播中的作用”的调查，这两次调查，意在了解传统主流媒体与新兴媒体在民族地区的传播效果及发挥的作用。“主流媒体就是承担重要的宣传任务和功能，覆盖面广，品牌性强，影响力大的强势媒体。”[①] 据此标准，结合民族地区实际，调查选择了中央电视台、《人民日报》、《参考消息》与《半月谈》、中央人民广播电台、新华网、农业信息网等媒体作为主流媒体的代表。新媒体调查以少数民族受众的手机、网络拥有和使用情况为主。

---

① 《中华新闻报》2001 年 11 月 3 日版。

从调查数据来看，受访者认为中央级电视台、报刊、电台、新闻网站的宣传“完全可信”与宣传“基本可信”的比例之和达 72.6%（调查进行时期属于无重大突发事件发生时期）。说明在常态下，七成多样本相信主流媒体的新闻宣传，主流媒体在民族地区依然具备高公信力。这个结果令人振奋，也打消了部分学者认为党报、党台、党网等主流媒体在民族地区已失去影响力的疑虑。

同时，主流媒体在少数民族地区的传播也存在明显的短板。主要体现为对重大突发事件信息播报的不及时、不全面。这主要有两方面的原因：第一，与手机、网络等新媒体相比，电视报纸的媒介属性决定了其播报新闻有滞后性；第二，严格的“把关人”制度。本次调查中的电视台、报纸、电台、新华网等主流媒体，媒体性质决定了在事件信息发布之前，会有记者、编辑、主管领导等严格的“把关人”对信息进行核实、审阅，这样可以保证新闻的质量，与之相伴的是信息发布的滞后性。但是，在有重大突发事件时期，受众对于突发事件的事态发展进程、政府处理措施、社会反应等等方面的信息又有急切的需求。在这个“信息真空”时期，手机、网络上流传的大量事件信息，以其传播的快捷、海量，“先入为主”地占据了公众信任度（尽管这些信息往往真假难辨、良莠混杂）。在这种局势下，网络、手机等新媒体成为少数民族受众高使用度、高信任度的媒体。而电视、报纸等原先的强势媒体，在这个特殊时段，面对社会影响大的热点和敏感问题，或避而远之、或噤口无声、或坐等指令，没有声音，由此在突发新闻和热点新闻竞争中处于弱势地位，自然而然地沦为了非主流媒体。

治水要疏导而不可以堵塞，治理信息洪流也是如此。异态下，网络、手机信息传播，主要是一种大量的人际传播，信息呈现出自下而上的自发、无序的流动。在以往的一些突发事件中，基层政府对新媒体的信息传播重视不够，等到无法控制时，不得已曾采用过断网络、断手机短信这种“堵水”的方式，但是，网络、手机断得了一时，断不了长期，实践证明，这不是解决问题的好方法。

电视是民族地区最为强势的媒体，但全国性的少数民族电视节目极为匮乏。从中央电视台、中国教育电视台来看，均没有专门的少数民族频道，能称得上少数民族电视节目的只有一档央视的《中华民族》，而这一档节目所对应的却是占全国总面积 64% 的少数民族聚居区，1 亿多的少数民族人口，只有一档少数民族电视节目显然是远远不够的。在这种格局下，省级民族卫视成为主要的少数民族电视节目播出平台。学者王斌带领研究小组在西藏、新疆地区的问卷统计结果显示，对于最喜欢的电视频道这一问题，藏族观众有超过80%认为少数民族电视节目“比较少”或“非常少”，维吾尔族观众中这一比例接近70%，没有观众认为少数民族节目是“比较多”或“非常多”。[①]

中央级少数民族文字报刊《中国民族报》《中国民族》《民族画报》等在指导民族工作、传递民族信息、增强民族团结、展现丰富多彩的民族文化方面发挥着独特的作用。但中央级民族报刊的影响主要在省、市、县一级，而且印刷周期长、发行投递慢于电子媒介。这样，“飞入寻常百姓家”——对不同的少数民族社区进行覆盖就成了区域性民族报刊的主要任务，典型如云南省的《德宏团结报》，这是目前国内唯一一份用五种文字（汉文、傣、傈僳、景颇）出版的报纸，1955年1月1日创刊（创刊名为《团结报》，1987年更名为《德宏团结报》），出报形式上从“一版一文”起步，逐步变为“一报五文”。[②] 从生存现状来看，《德宏团结报》民文报由于没有广告，经济效益差，维持出版发行的资金主要依靠政府输血和一些民族项目支持；发行上，民文报每份仅发行四五百份，其社会影响力有限，而报社因为同时有五份报纸要支撑，加之报社广告收入每年不超过100万元，经费缺乏。又如我国唯一的锡伯文报纸——察布查尔锡伯自治县县委机关报《察布查尔报》，只在该县发行几百份。纵观我国区域性民文报，由于自身缺乏造血功能、传媒人才短缺等共同原因，生存艰难已成普遍情况。

二　民族地区的新媒体：发展失衡

新媒体时代，民族地区突发事件信息传播呈现出新的形态：以一个普通突发事件为引子，所谓的“意见领袖”通过网络、手机等新媒体推波助澜，从一个普通事件成为媒介事件、公共事件，最后演变为现实世界中的群体事件。

---

① 王斌：《试论通过创办民族卫视方式提升民族地区电视传播的效果——以西藏、新疆为例》，载《中国少数民族地区信息传播与社会发展论丛》，光明日报出版社2010年版，第79页。

② 单晓红：《云南少数民族文字报纸发展历史与现状》，载《中国少数民族地区信息传播与社会发展论丛》，广播电视出版社2009年版，第76页。

主要模式如下：

“普通突发事件—网络（手机信息）造势—普通事件演变为媒介事件—‘意见领袖’发言—群体通过网络（手机短信）实现聚合—现实行动—群体性事件出现”

因此，从现实情况来看，网络、手机等新媒体在民族地区的突发事件信息传播中起了决定性的作用，新媒体已成为信息传播与舆论发展的又一个新制高点。但是，从民族地区近年发生的一些突发事件信息传播来看，政府背景的少数民族新闻网站并没有起到引领舆论的作用，反而是一些民间网站，以及论坛、贴吧等抢占了网络舆论信息传播的制高点。

分析个中原因，可以看到自20世纪90年代中期以来，少数民族网络媒体已经逐渐形成了一个以中央重点新闻网站为主，中央与地方新闻网站密切协作的少数民族新闻网站的发展格局，目前少数民族新闻网站已经初具规模。但是少数民族新闻网站存在的问题也是十分明显的：第一，内容更新慢、缺少网站原创新闻；有些民族新闻网站一两个月都不更新新闻，个别24小时实时发布新闻的网站发布的也多是来自传统媒体的新闻。第二，民族新闻网站的民族特色、新媒体特色都不足够突出。由此，问题产生了：基层政府主导或者是官方背景的民族新闻网站影响力有限，很多人都不知道民族新闻网站，更不用说上网浏览、访问了。

在新媒体传播方面，调查数据显示，民族地区的民族新闻网站数量不少，民族受众的手机拥有率为90%，手机拥有率很高。但这些新兴媒体并未能在民族地区的经济发展中起到良好的“提振”作用，新媒体在民族地区发展呈现失衡状态。

三　民族地区传媒的“双语合璧”

综合以上情况来看，民族地区的大众传播已做到“有声有影有字”，但是要做到“入脑入耳入心”，还有很长的路要走。

（一）改变主流媒体的播报方式

新的传播格局下，主流媒体的播报方式也应当作出调整与改变。其一，对于重大事件、热点问题，基层政府应快速反应，争取尽快从根本上妥善解决问题。基层政府如果只重视“控制舆情”，不去直面问题，解决问题，反倒可能会引起更大的舆论波澜。如2012年的巧家“5·10”爆炸案，巧家政府只注重于迅速控制舆情，所给出爆炸发生的理由又过于牵强附会，违背生活常识，结果引起网络、媒体强烈的质疑，最终是大幅度提高了政府解决问题的成本。

其二，应通过手机、网络、电视、广播、报纸等媒体，将事态发展进程、政府处理措施、社会反应等方面的信息，多层次地传播出去。主流媒体要善用、充分利用自己长期品牌积累所形成的高公信力与权威性，改变常规的传播态度与方式。面对重大事件与敏感问题，不可避而远之，更不可蓄意炒作，一是要积极应对，对于突发事件信息的来源，做好与政府的交流与沟通工作；二是充分与手机、网络等新媒体合作，在第一时间进行信息发布；三是电视、报纸、广播等传统媒体应打破常规的节目、版面安排，随时播报、刊登事件的最新信息。

公众如能第一时间从权威渠道得到足够多的信息，小道消息与不实消息就没有传播与生长的空间。尤其是对于手机、网络这个信息传播与舆论发展的新制高点，基层政府与主流媒体应善于利用，变被动防御为主动传播，变堵为疏，才能取得良好的传播效果与社会效应，保持并有效提升自己的公信力。

（二）发展民族地区传媒“双语合璧”机制

学者牛丽红在考察了天祝藏族自治县广播电视台的节目发展现状后，发现以汉语新闻为主的城区新闻日渐发达，而以藏语为主的农牧区新闻却日渐衰弱，呈现两极分化的趋势。[①] 要解决这种传播失衡的局面，政府应重点扶持、发展民族地区大众媒体“双语合璧”机制。

首先，培养少数民族地区的“意见领袖”。一是以政府为主导，对于民族地区大众媒体的“双语合璧”传播机制进行重点扶持，使双语传媒成为区域内少数民族群众的“意见领袖”，这是促进民族团结并提升国家民族认同的重要环节。在这个环节上，存在着激烈的角力，以四川藏区为例，“‘自由亚洲电视台’、‘美国之音’向广大藏区用拉萨方言、安多方言、康巴方言进行广播，而且覆盖面广，影响大，以西方资本主义的政治立场、价值观和人生观对我们在藏区的举措说三道四”[②]。双语传媒的建设，关系到民族地区的社会稳定，调查发现，民族文化意识可能是主导少

① 牛丽红：《浅议天祝藏族自治县广播电视新闻节目的藏汉合璧及分化现象》，载《中国少数民族地区信息传播与社会发展论丛》，光明日报出版社 2011 年版，第 78 页。

② 刘俊哲：《四川藏区宣传教育与社会稳定研究》，《民族学刊》2012 年第 1 期。

数民族受众选择媒介内容的因素，受众会有意识地选择本民族语言的节目，而现在的双语传媒体系中，少数民族语言传媒偏弱，建议政府重点扶持、发展民族语言媒体。

其次，对民族地区传媒理顺体制，明确定位。目前民语传媒生存困难的最大原因在体制上，如《德宏团结报》是一报五文，每份报纸都是搞宣传的，没有市场效益，结果是报纸办得很吃力，宣传效果也不理想。这个方面，可以将媒体区分为时政类与非时政类，在少数民族区域性的多个媒体中，确定一个报纸、一个电视台、一个电台、一家网站为时政类媒体，主要任务为宣传；那么其他的媒体则定位为市场媒体，传媒管理部门以宏观管理为主，树立“受众中心”的传播意识，在受众调研的基础上，对民族语言传媒进行内容革新，大力增设本地新闻、致富信息、服务性信息等贴近农牧民；以打造一至两个名牌栏目为手段，吸引本地少数民族受众长期阅读、收听。如果区域内居民将注意力放在了经济发展上，致富有路，不良社会冲突、群体性事件出现的风险就会大大下降。

最后，民族地区传媒要注重对外拓展。民族地区传媒对本地的民族文化资源都比较注重宣传，但是由于过分重复地刊登、播出本民族的几个旅游景点、民族风情，时间一长必然使人感觉单调乏味。建议以中央的文化产业政策为导向，充分开发本民族区域的独特地理资源、丰富的民族文化资源，搞好对外传播。大众媒体如能较好地发挥为区域“造血”的功能，将会对区域经济起到良好的“提振”作用。

发展民族地区传媒“双语合璧”，同时要防止关门传播，形成“信息孤岛”。“双语合璧”一方面是扶持、发展民语传媒，这样做自然可以吸引少数民族受众的关注，与此同时，民族语言传媒也容易形成封闭，因为语言障碍，汉族群众听不懂，不爱看，这样会形成关门传播的局面。因此，双语传媒内部应形成节目/内容交流的制度，民语传媒应定期选择一些优秀节目，译成汉语，并改编成适合汉族群众接受的样式在汉语传媒上刊播；同样，汉语传媒应将政府的重大政策、本地的重大新闻，翻译成民族语言及时刊播。这样，双方形成一个交流的机制，才能实现“双语合璧”。

当前，政府实施了游牧民定居工程，这项工程是政府的重大惠民工程，对促进牧区畜牧业发展方式转变和草原生态保护，维护民族团结和边疆稳定方面意义重大。建议在游牧民定居工程的前期饮水、供电、道路、通讯、医疗、学校等设施同步配套时，将在游牧民定居区的双语传媒建设也作为基础设施建设考虑进去，重点发展适合游牧生活特点的媒介——手机、广播，这样可以解决游牧民定居区的信息输入问题。其次，有条件的定居区域，可以铺设光缆，使游牧民的生活联通互联网。

在政府重点扶持、发展下，民族地区的双语传媒如能转变思路，升级为民族地区群众的“意见领袖”，自然可以跨越“有声有影有字”的初级阶段，做到传播的“入脑入耳入心”。

第二节 民族地区突发事件舆论引导对策探究

少数民族地区的大众传播事业在促进民族团结并提升国家民族认同、推动民族经济发展、沟通民族间文化交流等方面发挥着重要作用。近年来，民族地区面临新的传播格局，其突出表现是民族地区自然灾害与重大突发事件的频发度、危害的严重性呈上升趋势，民族地区的大众传播面临着新的压力与考验。本节对 2009 年的新疆“7·5”事件进行个案分析，探究如何将民族地区突发事件中无序的信息流转化为可控的信息流，以提升民族地区突发事件的舆论引导能力。

一 无序的信息流

2009 年，民族地区重大突发事件频发。这些事件，无一例外都在事发之初，基层政府和相关部门或是不知如何面对公众和媒体，或是干脆封锁消息。在失去了对事件舆论的有效引导之后，出现了这样的局面：第一，各种真假难辨的信息在公众中流传；第二，媒体自行采访，跟进报道，其中少数媒体更为了吸引受众眼球，借机炒作，最终使得信息呈现出无序流动、不可控制的状态。下面以新疆“7·5”事件的信息传播与信息流向控制为例进行分析。

“7·5”事件的引子是广东韶关“6·26”事件。“7·5”事件前后，中国政府、中国媒体、恐怖组织“世界维吾尔代表大会”（以下简称“世维会”）、外媒等各种力量，通过网络、手机、电视、报纸等媒体，分别对信息、舆论进行控制和影响。

据《人民日报》海外版《乌鲁木齐“7·5”事件台前幕后》[①]（2009

① 《乌鲁木齐“7·5”事件台前幕后》，《人民日报》（海外版）2009 年 10 月 16 日版。

年10月16日报道）一文，可以勾勒出一条清晰的信息传播与信息流向图：

> “要重视这次事件，这是一个很好的机会。”在“6·26”事件发生后，“世维会”主席热比娅在电话中和“世维会”副主席塞依提·吐木吐鲁克这样说。
>
> 6月27日，“世维会”下属机构“东突信息中心”发表声明，肆意夸大韶关“6·26”事件冲突程度，并诬称“维吾尔族人沦为内地汉族老板的奴隶，遭受严重剥削、屈辱和歧视”。
>
> 7月1日，“世维会”专门召开紧急电话会议，要求境外“东突”分子通过网络聊天、打电话等各种形式，动员新疆维吾尔族群众——近期要以煽动境内“特别是劳动力输出较多的喀什地区的维吾尔人闹事为重点”“将国内同胞动员起来”“号召他们不怕牺牲，积极开展活动”……这些极尽煽动之能事的“号召”，都是这次会议上炮制的。在“世维会”的鼓动之下，7月3日之后，部分“东突”分子到我驻美国、法国、奥地利、土耳其等国家的22个使领馆前滋事，总人数逾千人。7月4日，“世维会”网的一名评论员在“唐人电视台”录制节目时公然叫嚣——“只能用暴力的方式把法律拿到自己手里来处理这个事情”。

通过上述资料，我们可以看到，广东韶关“6·26”事件本来是一起普通的刑事案件，但是经过“世维会”上层头目的精心策划，这个事件变成了“维吾尔族人沦为内地汉族老板的奴隶”的证据。在广东韶关“6·26”事件的信息传播过程中，“世维会”根据自己的需要，捏造了虚假的“汉—维对立”“汉族统治、剥削维族”印象；然后再将这个印象通过网络、手机等媒体，流向北疆、海外。其指向非常明确：以虚假信息挑起民族纷争，然后达到以暴力制造分裂的目的。

现在来看广东韶关“6·26”事件的政府信息引导。“6·26”事件发生后，相关信息在官方通报和电视、报纸等传统媒体上基本没有。现在来看，这种信息控制方式带来的可能是一种负效果。虽然没有官方通报，传统媒体上也没有报道，但是在网络、手机上，相关事件的文字、图片、视频，正以几何级数的速度辐射传播。我们知道，最为权威的信息来源，一是政府，二是公信力较高的主流媒体。这是公众获取可靠信息的两大正式信息渠道。事实证明，关于“6·26”事件的正式信息渠道被封闭后，并不能够导致信息链的断裂，而是会以其他渠道扩散出去。这个渠道就是上面提到的人际传播（手机传播）和网络传播。

人际传播的单向，造成信息被歪曲和任意加工；网络传播则使信息范围扩展到世界每个角落。由于网络天然的“去中心化”的特性，所以，网络中的任意一个节点都有可能成为矛盾爆发的源头。总体来看，“6·26”事件后，相关信息流在人际传播渠道（手机传播）和网络传播渠道中，处于“层层加工、扭曲变形、无序流动”状态。

传播学者陈力丹说：“在危机传播的信息流中，核心环节是危机识别信息和危机应对信息的发送和接收……鉴于城市居民较高的整体素质，他们在接收和理解信息的能力上不会存在很大障碍，能否及时获得真实的危机识别信息和应对信息，就成为他们能否作出正确判断的关键环节。”①由此，问题产生了：真实的危机识别信息和应对信息从何而来？

二 可控的信息流

从上文分析可以看出，在“7·5”事件之类的民族地区重大突发事件发生之前，对信息流向的控制是关键因素。如前所述，对信息流的控制，权威信息、正式信息首先来源于政府；其次是主流媒体；最后是人际传播与民间传播。如果来自于政府与主流媒体的正式信息、权威信息缺乏，信息必然在人际传播与民间传播间无序流动，最终可能形成信息失控局面。

对突发事件信息系统的建设是有法可依的。2007 年 8 月 30 日第十届全国人民代表大会常务委员会第二十九次会议，通过了《中华人民共和国突发事件应对法》，第三十七条规定：

> 国务院建立全国统一的突发事件信息系统。其内容为：县级以上地方各级人民政府应当建立或者确定本地区统一的突发事件信息系统，汇集、储存、分析、传输有关突发事件的信息，并与上级人民政府及其有关部门、下级人民政府及其有关部门、专业机构和监测网点

① 陈力丹、陈俊妮：《松花江水污染事件中信息流障碍分析》，《新闻界》2005 年第 6 期。

的突发事件信息系统实现互联互通，加强跨部门、跨地区的信息交流与情报合作。[①]

在《中华人民共和国突发事件应对法》公布之后，国内迅速建立起以国务院为中心，覆盖省、地区、县级的突发事件信息系统。突发事件信息系统作用的发挥，很大程度上取决于监测信息、数据的收集。突发事件信息系统的核心，是信息的收集、汇总、储存、分析、传输。

据此，我们提出，突发事件信息系统的核心是建立政府“政府—媒体—公众”联动制度为中心，即政府为主导，媒体为辅助，公众为服务主体的信息控制体系。

（一）政府需要提高媒体意识，主动担当起舆论引导者的角色

近年突发事件的典型特征，即普通事件常常演变为媒介事件后，事态呈现扩大化、严重化状态，政府解决问题的成本大幅度攀升，同时造成的负面影响也在扩大。因此，有的领导常常“谈媒色变”，某些地方政府、机关甚至流传这样的趣谈：三防，防火防盗防记者。因此，这就造成了地方政府对于普通事件成为媒介事件的恐惧与贬抑。

根据我国学者的研究，媒介事件的界定应该是指在一定新闻事实基础上，由传媒组织策划，并与当事人一起推动和促进事实向前发展的过程。媒介事件的发端应该是社会上的热点、难点问题，事件本身具有一定的新闻价值。其实，新闻炒作对事件的报道常常远超出事件本身所具有的新闻价值甚至背离基本的事实真实。而媒介事件，是媒介组织与社会的一种行为互动过程，只有恪守了新闻真实性的原则，媒介事件才有成立的基础。

根据诺依曼的假说，舆论的形成与三个条件有关：多数传播媒介报道内容的类似性并由此产生共鸣效果；同类信息传播的连续性和重复性并由此产生累积效果；信息到达范围的广泛性并由此产生普遍效果。据此，媒介事件建构的过程也就是舆论不断形成、壮大的过程。

在今天，突发公共事件成为媒介事件已不可避免。这是因为，今日公众的知情权与参与意识空前提高，网络、手机等“草根媒体”的普及带来深度的媒介个人化，舆论监督受到高度重视。在这种态势下，任何的封

① 《中华人民共和国突发事件应对法》，中央政府门户网站 www. gov. cn，2007 年 10 月 31 日。

锁消息，回避媒体与公众，甚至于隐瞒真相，以对抗的方式来应对舆论监督的做法，最终必然导致信息的失控。

所以，处于突发事件中心的政府，即处于信息中心的政府，一方面是快速反应，采取合理、得当的实际措施解决问题。另一方面，应将突发事件的信息流置于自己可控制的状态下；具备危机传播意识，与媒体紧密合作，保持信息联动，担当起信息引导者角色，这样才能使得事态向着良性方向发展。

（二）强化媒体在突发事件信息系统中的地位

1. 突发事件出现前，媒体应成为突发事件信息系统的重要信息收集者。《中华人民共和国突发事件应对法》第三十八条规定：县级以上人民政府及其有关部门、专业机构应当通过多种途径收集突发事件信息。

由此可见，政府的突发事件信息系统，第一信息来源是政府内部的信息收集机构，第二为专业机构。而区域内主流媒体即为专业信息收集、发布机构，应成为系统信息的重要来源。同时，媒体的主要功能即信息的收集与发布，其根本目的是服务、促进本区域的社会、经济发展。从这一点说，政府与媒体的工作出发点、根本目的是完全一致的。所以，突发事件信息系统应与区域内主要媒体保持联动。

突发事件前，政府与媒体的联动，包括以下几个方面：首先，政府应将本地主要媒体纳入预警信息收集的机制之内，并使之成为重要的信息来源渠道。政府作为预警信息第一中心，信息总会集地，其预警信息来源包括政府系统上下级渠道，区域内主要媒体渠道，公众渠道。预警信息内容分本地突发事件信息、外地突发事件信息。外地突发事件中，尤其应重视与本地有高度关联性、相似性的外地突发事件以及与本地民族、宗教问题相关的突发事件。

其次，媒体具有“监测环境”的功能，对区域内各种自然灾害、事故、公共卫生事件和社会安全事件所显露的苗头与迹象有天然的敏感。媒体所发现的这些苗头与迹象，一方面是媒体自身的重要新闻报道选题；另一方面，作为预警信息以内参等形式提供给政府后，将成为政府“防突”“处突”的重要参考，对本地的社会稳定与发展发挥积极的作用。

最后，媒体应保持舆论监督的独立性。保持独立舆论监督的根据，一是维护公众的知情权、参与权、表达权、监督权。二是媒体进行舆论监督，必须以新闻的真实性为前提。

2. 在突发事件处理进程中，政府与媒体应进行信息发布的测评和控制。一个突发事件的出现，对本地媒体来说，可以说是大事件、大机遇。因为突发事件比其他一般性新闻事件更能受到公众的“青睐”，并引起广泛的社会影响，所以媒体对突发事件的报道是否准确、及时、充分、周到，已成为检验媒体反应灵敏程度和专业水准的一把无形的尺子，甚至成为衡量媒体策划水平和综合实力的重要标准。

所以，突发事件出现后，本地媒体由于其特有的地域接近性，必然在第一时间多方寻找信息源；然后外地媒体、外国媒体也会跟进。媒体的信息来源，一是到事发现场进行实地采访，二是寻求政府发布的权威信息。在这种态势下，政府应两头并进：一手要抓紧事件的处理，另一方面还要抓紧舆论管理。政府将媒体作为舆论管理的重要合作伙伴，及时发布事件的最新信息与处理进程，方能满足公众的知情权。

但是，政府与媒体的联动，绝非“一报了之”那么简单。2010 年 3 月 23 日，福建南平校园惨案发生。据媒体报道，第二天，福建校园惨案凶手已被批捕，政府对受伤害家庭的抚恤工作也在推进之中，就这起案件本身而言，事情得到了解决。但事实上，更大的波澜在酝酿之中。自 3 月 23 日福建南平校园惨案始，至 5 月 12 日陕西省南郑幼儿园凶杀案，50 天内发生了 6 起校园杀人事件。

来看看在南平校园案发生之后的媒体表现。当时，媒体报道集中于事件现场的刻画，对凶手的谴责，媒体评论则呼吁加强校园安全。事实上，案发凶手多为青壮年男性，他们都生活在社会底层，案发前均处于无业状态。这些人的心理承受能力不强，部分人人格不够健全。面对困难，他们不是做出更多努力改善生活，而是受挫求助无门后陷入绝望，采取极端行为。

从今天社会的媒体使用情况看，青壮年男性是媒体的重度接触及使用者，而案发凶手的行为体现出高度的模仿性（包括后来发生的富士康的“连跳”事件，也呈现出较为相同的特点），通过媒体报道所产生群体传染的特征非常突出。假设在南平校园案发生之后，各地政府与媒体能将此事作为一个预警信号，治标治本，情况可能大为改观。治标，指政府牵头排查校园安全隐患，加强校园安保措施；治本，即了解本地的弱势、失业群体的生存状态，进行心理安抚，多渠道解决就业问题。同时，政府与媒体联手，相关报道中体现出政府、社会对本地的弱势、失业群体的关怀，实现信息流的正面引导，那么后续情况可能大不一样。

所以，政府与媒体在满足公众的知情权的同时，也要评估所发布信息的内容、信息的传输方式、信息的频度。更重要的，要对公众接触信息后可能产生的社会负效应、连锁效应进行测评和良好的控制。

（三）公众是突发事件信息系统的服务主体

应当说，政府与媒体的功能职责各有不同，但是二者的根本目的是一致的：服务、促进本区域的社会、经济发展，造福公众。所以从这个角度来说，突发事件信息系统的服务对象是公众，政府与媒体应强化服务意识。同时，公众知道的准确信息越多，政府获得的支持力度就越大。

由于突发事件突然发生，无法预知，往往会引发公众的恐慌以及对信息的大量渴求，同时发生事件往往与民众个体切身利益相关，影响力大，媒体必须尽最大可能把尽量多的信息准确及时地传递给民众。在汶川地震和玉树地震报道中，事件发生第一时间内，中央电视台、本省电视台、电台就开播了关于地震的直播节目，同时有大批记者奔赴灾区。在整个报道过程中，电视台、电台每天发回大量及时准确的新闻报道，最大限度地满足了公众的知情权。得到汶川地震的信息后，大量的社会团体、个人纷纷以各种形式自发展开了对灾区的救援：无数的网民通过网络捐款、声援，表现出了强烈的社会责任感。事实上，公众知道的准确信息越多，政府会得到公众越多的正向回馈。在突发事件信息系统服务公众的同时，公众也积极参与到突发事件信息系统的信息提供中来，这样形成良性循环，真正做到服务社会，造福自己。

近年来，我国少数民族地区重大突发事件、自然灾害事件频发，其危害的严重性呈上升趋势，民族地区的舆论引导工作面临着新的压力与考验。所以，民族地区突发事件信息系统的建设应重视民族传播的特殊性。民族地区的新闻传播主体是政治传播与文化传播，要重视少数民族对外传播的跨文化因素；尊重民族语言的传播习惯；培养少数民族舆论领袖、重视民间传播与人际传播。政府、媒体、学界应充分认识、研究、重视新媒体的力量，掌控新媒体话语权，才能切实提升民族地区的舆论引导能力。

第三节　少数民族出版业的数字化发展策略

移动互联时代，技术进步带来了国民阅读习惯的改变，移动阅读趋势形成，出版业面临着“出版的手持革命”。少数民族出版业（以下简称为民族出版业）作为我国出版事业的重要组成部分，既有一般出版业的共性，又有其独特性。从民族出版业的特性来看，公益出版与市场经营并重，从而形成了公益性、特色化、分散化等鲜明特征。为此，民族出版业必须结合自身的特点和优势，在移动出版形态上新辟一条路径，寻找新的增长点。

一　公益出版与特色化：民族出版业数字出版的发力优势

少数民族出版，狭义上是指所有以少数民族文字为载体的知识信息的出版；广义的少数民族出版除了狭义的民族出版外，还包括以汉文为载体的关于少数民族题材作品的出版。[①] 在今天，较多的少数民族传统文化内容是通过汉文图书来出版、传播的，故本文取其广义。

目前全国有 38 家民族出版社，出版 23 种少数民族文字图书，年均出书 5000 种，共 5000 万册。[②] 北京有 4 家全国性的民族出版单位：民族出版社、中国藏学出版社、中国民族摄影艺术出版社、中央民族大学出版社，其余 34 家少数民族出版社遍及全国少数民族聚居区。

民族出版社大致可分为两种：专业民族出版社、综合性民族出版社。专业民族出版社主要功能是公益出版，为少数民族、民族地区和党的民族工作服务，业务范围包括用少数民族语言文字翻译、编辑、出版马列经典、党和国家领导人的著作、党中央国务院的重要政策文献；面向民族地区读者，出版少数民族传统文化等方面的图书、普及型读物及相关音像制品。综合性民族出版社公益出版与市场经营并重。与专业民族出版社相比，综合性民族出版社承担公益出版任务的同时，注重市场开发与市场营销，在了解读者的市场需求的基础上，重视图书的选题、策划，推出受读者喜爱的民族地区政治、经济、文化、历史内容的“民文”、汉文出版物。

如果作一个简单的概括，专业民族出版社以社会效益为主，综合性民族出版社则社会效益与经济效益并重，因而具有一定的资金优势和相对丰

---

① 满福玺：《民族出版业发展导论》，中央民族大学出版社 2007 年版，第 1 页。

② 杨云宝：《数字出版对传统出版的挑战——出版业未来发展趋势探微》，《现代出版》2011 年第 6 期。

富的市场营销经验。

作为我国出版业的重要组成部分，民族出版业具有一般出版业的基本特征：以印刷出版为主，图书具有产品属性，出版事业整体上具有产业特征等。此外，民族出版业又有其独特的个性：公益出版、特色化、经营分散化。前两个是民族出版业的主要特征。

首先，公益出版。公益出版是民族出版业的底色，理解这一点有两个方面：第一，民族出版是党和国家重要的民族工作内容之一。民族出版业的公益出版起到传达政府方针政策、维护民族团结、普及生产技术和知识的作用。第二，传承少数民族传统文化的需要。其中包括对各少数民族的典籍、历史、文化等进行的保护性、抢救性的开发、整理、出版。这一块目前基本上没有市场效益，主要以财政补贴、公益出版的方式来推进。也正因为此，民族出版单位没有后顾之忧，可以将大量的时间和精力投入到数字出版形式的研发上，以挖掘民族选题的开发深度，扩大民族出版物的传播范围和影响。

其次，民族出版资源具有鲜明的特色。民族出版业拥有大量垄断性的出版资源，特色鲜明，市场潜力大。我国著名风景区大多分布在民族地区，旅游、休闲人群对于此方面的信息需求量较大，这些垄断性的出版资源，有利于民族出版业做出独具特色的数字化选题。

最后，民族出版业所处地域分散化，从而带来经营的分散化。从地域看，全国 38 家民族出版社极度分散，分布不均衡，但主要集中在西部地区。但是，地域的分散化既是弊端，也是优势，便于民族出版单位了解民族地区的多样化文化需求，实现数字出版的按需出版。同时，地域的分散化在一定程度上也消解了同行竞争引发的近视效应。

二 数字化：民族出版业的生存处境与出路

今天是移动互联时代，纸质阅读大幅度下降，移动阅读已成气候，而且群体越来越大，民族出版业面临着前所未有的生存困境。

2015 年，成年人数字阅读率与手机上网率均有较大幅度增长，特别是手机上网人群占比接近九成。第 37 次互联网统计报告的数据也印证了这一趋势，截至 2015 年 12 月，我国手机网民规模达 6.20 亿，较 2014 年底增加 6303 万人。网民中使用手机上网人群的占比由 2014 年的 85.8% 提升至 90.1%，手机依然是拉动网民规模增长的首要设备。

这其中，相当一部分的手机上网与成人数字阅读率的增长来自于少数民族地区。都市人群中智能手机已经普及，没有多少增长空间，与电脑上网的硬件要求相比，手机上网要便捷得多，只需要一部几百元的智能手机并开通流量就可以上网。据笔者在云南、四川等民族地区的调查情况来看，成年人几乎人手一部手机，而青少年手中拿的多是千元甚至于数千元的智能机，很多人用手机上网成为家常便饭，这成为手机上网率的一个重要增长点。

再来分析民族出版物的受众群体。民族出版的受众呈现出面窄、高度分散化的特点。当前民族出版物的主要受众是少数民族群体，据国家统计局 2010 年第六次人口普查统计数据，全国少数民族人口为 113792211 人，占 8.49%。55 个少数民族，人口最多的壮族仅 1700 余万，大多数族别的少数民族人口都在 500 万以下。

笼统地看，这个群体中，民族出版物的受众只占一小部分。因少数民族地区的经济发展相对落后，部分地区尚未解决温饱问题，何谈购书、读书？因此，既有阅读能力又有消费能力的人群，只占少数民族总人口的一小部分。

在此基础上，对民族出版物的主要受众群再进一步细分，可以分为三类：第一，现实受众：少数民族读者。少数民族读者又有两种，第一种读者可直接用母语阅读民族文字图书，另一种是不能用母语阅读，但可阅读汉文出版物的少数民族读者，他们构成了民族出版物的主要阅读群体。第二，潜在受众：少数民族传统文化的爱好者。我国著名的风景区大多在民族地区，当前旅游文化、休闲文化非常发达，普通读者特别是都市人群，对民族地区旅游类、民族文化类的信息有较大的需求，这个群体人数巨大，是民族数字出版物的潜在受众。第三，民族出版物的主要生产者：民族文化工作者、民族问题研究者。这两个群体，主要分布在各级民族文化工作单位和科研院所，他们人数虽少，却是民族出版物的主要创造者，当然也是消费者。

从上述分析可以看出，大部分民族出版业以传统纸质出版为主，但在新媒体技术引发的阅读方式的冲击下，受众正在进一步流失。主要表现是少数民族语言文字出版物，无论从品种到数量都呈逐年下滑的趋势，不少民族出版单位面临着生存危机。

三　移动阅读：民族出版业数字化出版发展进路思考

危机，意谓危中有机。“时至今日，谁要想终止移动阅读已经绝无可能；即便是强求移动阅读必须整体化、深度化，也已经不太可能了。当然，作为一个要自立于世界民族之林的中华民族，深度阅读、整体化阅读不可能永远被忽略不计。”[①] 既然移动阅读的趋势不可逆转，我们要做的即是顺应移动阅读的潮流，从其中寻找发展的空间与机会。通过上文对民族出版业的特性及其受众群体的分析，笔者认为，移动互联时代的民族出版业需要强化市场经营功能。具体来说，民族出版业应重新定位，在坚持公益性的基础上，顺应趋势，寻找适合自己的数字出版模式，在移动阅读上做文章，大力拓展市场空间，强化经营功能。

从定位看，民族出版社大多定位为综合性公益文化事业单位。少数民族出版社有一定国家财政补贴，但补贴有限，而且多采用项目补贴的方式。如民族出版社的《中共党史少数民族人物传》和《中国朝鲜族文学遗产整编》，分别获得国家出版基金 50 万元和 345 万元资助。像此类大型民族文化出版项目，会有较高的资金补贴。但是若没有好的民族文化出版项目，民族出版业得到的常规财政补贴不多，仅能保证出版社的基本生存。因此，民族出版业要发展，可以考虑从以下路径进行突破。

（一）出版选题的本地化、特色化

在善用、做透本地特色化选题方面，民族出版业还有很大的提升空间。以四川最负盛名的旅游景点“大九寨环线”的出版市场开发来看，大九寨环线位于四川省北部，其核心景区即是九寨沟和黄龙，这是藏、羌民族几千年生养繁息而留存的瑰丽文化宝藏，从出版的角度看，这些都是高度特色化甚至可以说是具有垄断性的出版资源。

从已有出版物来看，以“九寨沟”为主题词在“当当网”上搜索在售图书与影音产品，可得到 296 件图书、影音出版物。如此之多的出版物，可见“九寨沟”是出版的热门选题。但是，296 条结果中，仅找到四川民族出版社出版的著作《梦幻四季九寨沟》一种，这是一个定价高达 510 元的摄影作品集，由于定价过高，估计不会有好的市场销量。而其他 295 种“九寨沟”主题的图书影音，都是外省出版社出版发行的。由此可

① 聂震宁：《我看当前数字出版热点》，《现代出版》2014 年第 6 期。

以看出，四川本地的民族出版社在利用本地区的民族出版资源方面，还有很大的提升空间。

（二）从“借船出海”到“造船出海”的移动阅读发展模式

在善用、做透本地特色化选题的基础上，面对移动阅读的大趋势，民族出版业有自己独特的优势。一是有财政补贴保底，基本生存无忧；二是拥有大量特色化，甚至于垄断性和排他性的民族文化出版资源。在这种情形下，民族出版业应加大移动阅读发展策略的探索力度。从出版发展方向来看，当前移动出版的特征由“大众传播”变“小众传播”和“碎片化传播”，这种细分群体，小批量的出版方式，正好适应了民族地区人口分散化的居住特征，也正好适应了庞大的都市人群中对民族出版物有需求的那一部分潜在受众，这一部分人也是高度分散化的。

要发展，民族出版业必须找到自己的用户，向市场要效益。民族出版业的用户在哪里？向哪个市场要效益？答案是：在都市的移动阅读大军里。今天，都市人群对于旅游（自驾游）、休闲有旺盛的需求，而我国著名的风景点多在少数民族地区，如西藏布达拉宫，新疆天山喀纳斯风景区，云南的丽江、大理、西双版纳；四川的黄龙、九寨沟，等等。都市人群是移动互联的重度使用者，他们在旅游出行前，必然要对目的地的旅游、服务信息乃至风土人情等进行了解。目前都市人群了解旅游信息，主要是通过网络上的论坛、贴吧等，如川藏公路318线，被《中国国家地理》誉为“中国的景观大道”，这条旅游热线，在网络的“川藏线吧”“川藏线论坛”上，有大量热爱川藏线的旅友、骑友聚集在这里，发帖量以数十万计，点击量达几百万！信息的需求量之大可见一斑。网络论坛，贴吧上的旅游、服务信息，对于旅友有一定的参考价值。但是也存在问题，这些信息良莠不齐，信息的真假、可信度是没有保证的，没有经过专业人员的审核、把关。此外，也缺少本地丰富的文化、历史、地理知识支撑。

在这种情形下，民族出版业作为“第三方中介”的独特优势就显现出来。面对都市人群的信息需求，民族出版社拥有专业的出版人才团队，对于这些特色化，甚至于是垄断性的选题，若与旅游部门合作，可以生产出适合都市人群旅游、休闲需求的图书、电子书、网页、微信、微博、APP等全媒体产品。

具体来说，以市场机制为中心，民族出版业可以从两个方面对移动阅读的发展进行探索。

首先，“借船出海”，寻求与BAT、中国移动、中国电信等大的传播平台进行合作。在这些大平台上，可以开设民族地区旅游、民族文化、民族风情栏目或频道等。移动阅读的产业链包括终端阅读器、运营平台和内容资源三大块，民族出版业目前可以做的是第三块，内容资源，这一块也是民族出版业最有优势的。互联网巨头与通信行业巨头有大量用户，但是缺少高质量、高传播率的内容，民族出版社可以利用自己的优势，为其提供优质的内容，双方实现优势互补。

其次，“造船出海”。上面所说“借船出海”，其优点是借用这些大平台的巨量用户与流量，搭快车的好处是不用自己造车，但是主动权却掌握在别人手里。十年前，中文在线、方正阿帕比就对电子书市场进行开发，积极与出版社建立合作，获取了大量的数字内容资源。此后，这两家公司抓住教育部大力推进学校藏书建设的机会，向大专院校及中小学图书馆销售了大量的硬件及数字图书馆产品。但是在合作中，出版社得到的分成非常少，仅为总收入的百分之一二。

具体到民族出版业也是如此，借用大平台来传播自己生产的优质内容，在探索数字出版发展途径的初期不失为一条路子，但从长远来看，民族出版业要形成产业链，还是要设法打造自己的数字传播平台。全国少数民族出版社可以组成联盟，创立国家少数民族出版网络平台，以北京的民族出版社为领军出版社，在充分体现地方民族出版社特色资源、特色选题的基础上，发挥北京民族出版社的协调功能、组织功能、策划功能，共同打造、开发民族出版业的数字传播平台。

在创立国家少数民族出版网络平台的基础上，大力开发移动传播产品，如微信、微博、网络出版、电子书等。微信已成为今天人们的一种生活方式，而电子书则是移动出版中与传统出版关系最密切的一种，所以下文中对这两种移动阅读样式作一些分析。在微信出版营销方面，有已经走出了路子的，如“新京报书评周刊”微信订阅号已有32万用户，长期占据出版媒体微信号榜单首位；“理想国”作为广西师范大学出版社集团成员，其微信订阅号也有26万“粉丝”。但目前来看，少数民族出版社开通微信号进行运营的很少，微信营销缺乏方向感。再从电子书来看，据美国出版商协会（AAP）的统计，2013年美国出版业电子书销售超过了传统图书，电子书销售额75.4亿美元，传统图书70.1亿美元。从中国的情况来看，2013 年传统图书赚进 770.8 亿元人民币，而电子书的收入仅为 23.8 亿元人民币！可以看到，目前我国出版业的电子书业务严重滞后，而发展中处于相对落后的少数民族出版单位，其电子书开发大多是空白。事实上，民族出版在运营微信公众号方面具有独特的资源优势，若以热门少数民族地区景点的旅游、休闲信息作为微信订阅号的主营方向，则可能会吸引大量有旅游、休闲需求的都市人群“粉丝”来关注。而且，现在的微信支付功能，既可以直接网络消费，也可以购书。电子书方面，在手机、平板阅读器、移动终端成为阅读主要载体的今天，民族出版业坐拥大量少数民族传统文化资源，若能找到用户，其电子书的发展前景不言而喻。

综上所述，民族出版业目前生存无忧，在立足本业的前提下，只有去积极探索移动阅读的发展空间，才能掌握民族出版业的话语权，实现民族出版业的持续发展。

第五章　深层模式：民族传播中“媒化”机制研究

第一节　“主体性自觉”与羌族传统文化传播

著名哲学家、社会学家约翰·杜威1915年在《民主与教育》一书中写道：“社会不仅是由于传递、传播而得以持续存在，而且还应该说是在传递、传播之中存在着。”与大众传媒关系密切的羌文化亦是如此。在不同的历史阶段，大众传媒选取羌文化中的“羌笛”“羌女”“羌绣”“羌碉”等部分形象，进行加工并展演于世界面前。所以，羌文化除了客观存在，还有“媒介存在”：即经过大众传媒展演之后形成的羌文化“拟态环境”。这种“拟态环境”的形成呈现出鲜明的“双刃剑”效应：一方面大众传媒将部分羌文化展现于世界，对于羌族传统文化的传承，特别是汶川地震后羌区重建与经济发展、文化保护起到了良好的“提振”作用。另一方面，大众传媒之眼又是“他者之眼”，对羌文化的表达存在着“片面”“误读”与“刻板印象”。同时，今天的羌文化的“媒介生存”状态使我们担忧：羌文化是否会出现“媒化”的趋势？

针对以上问题，本节以盛唐边塞诗中的“羌笛”意象，“天仙妹妹”事件中传媒议程设置权的更替，2008年震后媒体对羌区的集中关注这三个现象出发，考察羌文化与大众传媒的关系。

一　盛唐边塞诗中的“羌笛”：刻板印象的形成

自古以来，羌文化就是“他者”言说的对象，羌人及羌文化主体很少发出自己的声音。“羌笛何须怨杨柳，春风不度玉门关。”盛唐诗人王之涣《出塞》以羌笛为背景音乐，展现出苍凉、雄浑、哀愁多声部交织的边关景象——悠悠羌笛，首令羌文化名扬天下。

在唐宋两代，诗词是社会影响很大的大众传播媒体。诗人、词人同时也是流行歌曲的歌词作家，诗词活跃在华丽富贵的宫廷，奏响在“一片孤城万仞山”的边塞军营，传唱在“浅斟低唱”的歌馆楼台。唐玄宗开元年间，唐玄宗、杨贵妃在沉香亭畔赏名贵牡丹，李白现场挥毫而作“云想衣裳花想容”《清平调》三首，唐玄宗看了十分满意，当即令梨园弟子奏起丝竹，著名乐师李龟年展喉而歌，《清平调》后来成为李白在长安期间创作的流传最广、知名度最高的诗歌之一。边塞诗人岑参的“中军置酒饮归客，胡琴琵琶与羌笛”（《白雪歌送武判官归京》）和“琵琶长笛曲相和，羌儿胡雏齐唱歌”（《酒泉太守席上醉后作》），描绘的是戍边将士军营聚会、歌舞奏乐的情形。而在宋代，“井水饮处，皆歌柳词”，更见词人柳永雄踞当时“流行歌曲榜首”的风采。由此可见，诗词在当时已具有了大众传媒的特征。

从盛唐边塞诗起，以“羌笛”为代表的羌文化意象密集进入大众传播领域，为世人瞩目。据统计，唐以前的边塞诗，现存不到二百首，而《全唐诗》中所收的边塞诗就达两千余首。李白、杜甫、高适、岑参等著名诗人都有边塞诗名世，其中不少诗词中出现了“羌笛”意象。

表 5—1　　**部分出现“羌笛”意象的唐宋诗词**

“羌笛”诗词	诗词名	出处
今为羌笛出塞声，使我三军泪如雨。	《古意》	唐朝李颀全集，选自唐诗三百首全唐诗：卷 133 – 26
雪净胡天牧马还，月明羌笛戍楼间。	《塞上听吹笛》	唐代高适全集，选自唐诗三百首全唐诗：卷 199 – 3
羌笛梅花引，吴溪陇水情。	《清溪半夜闻笛》	唐代李白作品，选自全唐诗：卷 182 – 17
羌笛一声愁绝，月徘徊。	《废琴》	唐朝白居易作品，选自全唐诗：卷 424 – 9
金刀力困起还慵，一声羌笛，惊起醉怡容。	《临江仙》	李后主作品，选自唐诗三百首全唐诗：卷 133 – 26
塞北梅花羌笛吹，淮南桂树小山词。	《杨柳枝》	唐朝刘禹锡作品，选自唐诗三百首全唐诗：卷 28 – 9
丝桐合为琴，中有太古声……羌笛与秦筝。	《定西番》	唐代温庭筠全集。选自唐诗三百首全唐诗：卷 253 – 3
小阑干，深院宇……凝泪眼，出重城。隔溪羌笛声。	《更漏子》	宋朝苏氏全集，选自全唐诗：卷 251 – 12

注：笔者根据《全唐诗》整理。

随着“羌笛”意象在当时最有影响的大众媒体——盛唐边塞诗中密集出现，其“悲凉”的象征意味不断加强，最后形成了对于羌笛的“刻板印象”。“刻板印象”这一术语由沃尔特·李普曼于1922年在其著作《公众舆论》中提出。李普曼首次将该词从印刷技术领域引入西方新闻传播学和心理学研究，他认为，刻板印象或者说个人“头脑中的图像”，是“按照性别、种族、年龄或职业等特征进行社会分类，形成的关于某一类人的固定印象”。无论是唐朝李颀的“今为羌笛出塞声，使我三军泪如雨”，还是高适的“雪净胡天牧马还，月明羌笛戍楼间”，直到宋朝苏氏的“凝泪眼，出重城。隔溪羌笛声”，羌笛基本上只有一个内涵：悲凉。

实际上，羌族人民对于羌笛的使用是多场合、多功能的，远非“悲凉”一词能够概括。学者汤嘉认为，羌笛在羌族地区主要在三种场合使用：第一，在平时的生活中，常常能听到从碉房里或山巅上悠悠传来的羌笛声，吹奏它的一般是老人。青年男女则常用羌笛来倾吐爱情，常吹的曲目如“拜堂调”“忆苦思甜曲”“迎宾曲”“丰收乐”等。第二，在传统节日中，人们跳着锅庄，喝着咂酒，伴着羌笛，一起欢度节日。第三，在旅游游乐之中。羌笛作为羌族特色乐器，小巧精致，具有收藏价值，成为旅游业中的热点旅游产品。[①]

在上述各种各样的唐宋“羌笛”诗句中，并没有一个本民族诗人，或是熟谙羌文化的汉族诗人以“内行”的声音来表达对于羌笛的理解。羌山之上，羌笛在寂寞地响着，它生长、渗透在羌人的生活与文化中。羌人们却不知道，在羌山之外一个更大的世界，在主流文化的世界中，羌笛有了更大的名声，成为悲凉气氛的象征。由此，羌笛在跨民族、跨文化的传播中，形成了变异与突进、隔膜与误解并存的局面。羌笛“刻板印象”的形成，原因正是羌文化传播中主体性的缺失，羌文化是在“他者”的眼光中形成的。

二 天仙妹妹的蜕变与成长：传媒议程设置权的更替

天仙妹妹是羌族姑娘尔玛依娜的网名。2005年8月初，成都网友浪兄（本名：杨军）驱车在四川阿坝州理县米亚罗镇旅游时深入羌寨，偶

① 汤嘉：《废墟之上，羌笛声悠——以北川为例浅谈震后羌笛保护与传承》，《阿坝师范高等专科学校学报》2010年第2期。

遇尔玛依娜。随后浪兄四进羌寨，先后在网站以文配图的形式发布了多组她身着民族盛装的生活照，引起轰动。

表 5—2　　天仙妹妹尔玛依娜走红时间表

<table>
<tr><th>时间</th><th>事件</th><th>尔玛依娜的生存状态</th></tr>
<tr><td>2005 年 8 月前</td><td></td><td>羌族姑娘</td></tr>
<tr><td>2005 年 8 月初—9 月初</td><td>浪兄在网站发表尔玛依娜身着民族盛装的生活照，引起轰动</td><td>网络红人</td></tr>
<tr><td>2005 年 9 月中旬</td><td>报纸、电视等传统媒体跟进报道</td><td rowspan="2">新闻人物</td></tr>
<tr><td>2005 年 9 月</td><td>接受理县政府的邀请担任理县旅游大使</td></tr>
<tr><td>2005 年 10 月</td><td>成为中国电信四川阿坝州分公司代言人以及天府热线网站代言人</td><td rowspan="2">广告代言人</td></tr>
<tr><td>2006 年</td><td>成为索尼爱立信代言人，同时并与中国儿童少年基金会合作，成立尔玛依娜专项基金，帮助山区儿童上学</td></tr>
<tr><td>2006 年新年</td><td>参加上海新年晚会，与成龙、谭咏麟、张娜拉等同台演出</td><td rowspan="2">歌手</td></tr>
<tr><td>2006 年初</td><td>参加四川省春节联欢晚会，新单曲主唱</td></tr>
<tr><td>2006 年 7 月</td><td>接拍根据凉山州木里马班邮路王顺友真实事迹改编的故事片《香巴拉信使》</td><td rowspan="2">电影演员</td></tr>
<tr><td>2007 年 6 月</td><td>在四川拍摄展示羌文化的首部电影《尔玛的婚礼》</td></tr>
<tr><td>2006 年 9 月</td><td>进入西南民族大学学习</td><td rowspan="2">大学生</td></tr>
<tr><td>2007 年 11 月</td><td>进入中央戏剧学院进修</td></tr>
<tr><td>2008 年 3 月</td><td>入选奥运火炬手</td><td>公众名人</td></tr>
<tr><td>2009 年至今</td><td>出演电影、电视剧：《戒烟不戒酒》《决战 1950》《抗日奇侠》等</td><td>影视歌三栖明星</td></tr>
</table>

注：笔者根据媒体报道整理。

通过上表，我们可以清晰地看到羌族姑娘尔玛依娜遭遇大众传媒之后，如何从一个未来的"表舅妈"①，成长为真正的天仙妹妹。在这个过程中，尔玛依娜经历了被他人设置传媒议程、自己主动设置传媒议程两个阶段。

① 浪兄："看着那个中年妇女大包小包的样子，我觉得，如果不做点什么，再过十多年，天仙妹妹也会跟她们毫无二致，变成一个普通农妇。"载《重庆晚报》2005 年 11 月 25 日。

"议程设置理论"最早由马尔科姆·麦肯姆斯和唐纳德·肖于1972年提出，主要指大众传播媒介在一定阶段内对某个事件和社会问题的突出报道，会引起公众的普遍关心和重视，进而成为社会舆论讨论的中心议题。[①] 在传统媒体时代，传媒的议程设置是由专业的编辑记者来完成；而在网络传播时代，传统的传者被弱化，过去被动的受众成了"网民"——可以自行设置网络议程的内容生产者。网民可以通过发帖发文来设置议程，如果所发帖文得到网友的大量关注，则会形成媒介事件，从而具备高度的显著性。

首先，被设置传媒议程的尔玛依娜。尔玛依娜在与网友浪兄相遇之后，开始了她的"媒介生存"。浪兄将尔玛依娜的照片大量发到知名论坛后引起了轰动，随后报纸、电视等传统媒体开始关注与跟进报道。但是，从最初自己的照片被上传到网络开始走红，尔玛依娜自己并不知晓。浪兄对天仙妹妹的炒作，关键词是"羌女"——分解开来，一是"羌"，利用尔玛依娜的"羌族身份、羌族文化"；其二是"女"，美女；其三是这个羌族美女暗淡的未来，有着天仙一般美好面容的羌女妹妹，由于走不出大山，未来是令人惋惜的。浪兄的意图是通过对羌文化资源的利用，将尔玛依娜作为一个炒作对象，待其在网络上走红后，作为她唯一的经纪人便可以从中获利。

事实确实如此。浪兄在网络上设置议程将天仙妹妹炒红以后，财富效应开始显现。天仙妹妹做的第一个代言合同，只用了两个多月，收入就达到了10万以上。在随后的一年多时间里，天仙妹妹先后代言中国电信阿坝州分公司、索尼爱立信"简·悦"系列手机等品牌，还担任电影《香巴拉信使》的女主角，并与中国唱片公司签约发行首张个人专辑。仅一年多，天仙妹妹实现的合同经济收入达200多万元。据浪兄称，代言费中天仙妹妹得到的肯定在一半以上。但即便如此，作为经纪人的他也应该获得了不菲的回报。从其运作过程，我们看到作为"网络推手"的浪兄将原先冗长的商业链条也缩短到一个人的手中，一人包揽了内容制作、传播、营销、经纪等环节；自然，浪兄也将整个环节的利润收入囊中。但是，这种由经纪人出面延揽业务，然后以尔玛依娜的甜美外形和羌族服饰

---

① 斯坦利·巴兰、丹尼斯·戴维斯：《大众传播理论：基础、争鸣与未来》，曹书乐译，清华大学出版社2004年版，第126页。

为产品代言，收取代言费与经纪人分成的运作模式，必将缺少内涵和持续的发展后劲。

其次，尔玛依娜开始主动设置议程。2006 年 9 月，她进入西南民族大学学习；2007 年 11 月，到中央戏剧学院进修。2008 年春节前，尔玛依娜在北京与浪兄解约。通过学习进修，尔玛依娜不断充实提高，成为一个有内涵的演技派演员，关注公益事业，关注羌族文化的传播与保护。随后，传媒报道也摒弃了庸俗的网络炒作话题，关于天仙妹妹的报道围绕着羌族文化如何发掘、保存和发扬这一主题。中央电视台曾专门制作了一个大型节目，介绍了这位羌族少女因为家庭贫困而年幼失学的经历，把人们关注的目光，引到对羌族儿童，特别是女童的关怀上。全国妇联的春蕾计划中，专门成立了以天仙妹妹的羌族名字命名的春蕾计划尔玛扶贫基金，主要经费来源是几十万天仙妹妹的网络"粉丝"，专门用于救助失学的羌族女童。汶川大地震发生后，天仙妹妹更是用自己的网络身份换得无数"粉丝"们对于灾区的关注和支援。

2008 年，尔玛依娜以羌族代表的身份入选奥运火炬手，这是一个标志性的事件，某种意义上她成了羌族文化的代言人。最初由他人被动设置传媒议程，到后来充实提高，自己主动设置传媒议程，尔玛依娜实现了对自身命运的掌控，实现了对羌文化的理性传播。天仙妹妹的转型启示我们，大众传媒对羌文化的"提振"作用是巨大的，但是羌文化既需要"他者之眼"的关注，更需要发出"自我之声"：特别需要尔玛依娜这样具备"自然主体"与"文化主体"的本民族人物来实现对羌文化的正确、全面传播。

三　震后媒体的集中关注："媒化"生存是否会改变羌文化的根基

羌文化在中华民族的形成上曾发生过重大影响。但是，与其他强势文化相比，今天羌文化的弱势特征是比较明显的。学者王明珂在其名著《羌在汉藏之间》中描摹了羌文化"漂移"一般的存在状态：越靠近西方、北方的羌族，越像藏族；越靠近东方、南方的羌族，则越像汉族。汉、藏之间有个模糊的边缘，就是"羌"。[①] 从王明珂的研究结果来看，羌文化在受到其他强势文化的影响后，呈现出"藏化""汉化"的表征。

---

① 王明珂：《羌在汉藏之间》，中华书局 2008 年版，第 28 页。

2008 年的汶川大地震，将羌族地区、羌族人民的生活与文化通过传媒的“放大镜”展现在世界的面前。大地震对于羌族地区是一场浩劫，据媒体报道，总人口约 30 多万的羌族，有 3 万即 1/10 的羌族群众在地震中遇难。在人口损失的同时，羌族文化遗产受损也十分严重，在震情最为严重的北川、汶川、茂县，地震使羌族灾区大部分乡镇村寨倒塌，汶川萝卜羌寨、茂县的黑虎羌寨、理县的桃坪羌寨、北川的小寨子沟等羌寨受到毁灭性破坏。羌文化遭到近乎毁灭性打击，文化生态环境遭到严重破坏，羌族现存的非物质文化遗产实物和非物质文化遗产资料多数被掩埋。大批羌族文化传承人“释比”在地震中遇难，导致以口头传播为重要载体的羌族文化传承面临空前的困难。

新华社、中央电视台、《中国青年报》《财经》《中国新闻周刊》《南方周末》《新京报》《南方都市报》以及所有的四川本地媒体集中披露了羌族文化在此次特大地震中遭受的浩劫，并就羌族文化的保护和传承进行了持续报道和呼吁。2008 年 5 月 24 日，温家宝总理明确对中外记者表示，要保护好全国唯一的羌族自治县的古文化和文明，羌文化保护问题引起了官方的重视。地震是一场浩劫，但是“对于灾区地方政府而言，灾后重建又成为千载难逢的发展机遇”①。有学者将大众传媒在羌族文化传承、保护与开发中的议程设置作用概括为两个方面：第一，客观报道羌族文化的深重灾难，为羌族文化重建赢得宝贵资源，推动各级政府在保护羌族传统文化方面采取了诸多举措；第二，持续关注羌绣、羌族村寨重建与开发等进程，为羌族文化资源的市场化、商品化创造机遇。② 政府、媒体对羌文化重建的高度关注与切实行动，使羌文化这只凤凰浴火重生。

自 2008 年以来，大众传媒持续关注羌文化。汶川地震后，羌绣被选为羌族传统文化的代表，开始了大幅度产业化、商品化之旅。2011 年 6 月 20 日，四川省（区域性）地方标准《汶川羌绣标准》出台。此外，中国羌绣文化特色产业园区落户四川省北川县，园区初步投资达 8.5 亿，占地 248 亩，是融“文化 + 创意 + 科学 + 旅游”为一体的特色园区，计划于 2012 年底建成的园区既是一个文化保护基地、生产基地，又是一个旅

① 喇明英：《基于建设主体视角的羌寨重建路径研究》，《民族学刊》2012 年第 5 期。

② 蒋彬、吴定勇：《传媒议程设置与震后羌族文化重振》，《西南民族大学学报》（人文社会科学版）2012 年第 9 期。

游景区。这种重建将对羌族文化的保护产生重要影响，但同时问题也产生了，援建后的北川羌族传统文化呈现出同质化、一体化、文化符号泛化等问题。援建，包括对口单位的实体援建，也包括大众传媒的关注、支援。今天的羌文化在另一种强势文化——大众传媒的密集关注下，开始了其“媒化”生存之旅。这使我们担忧，羌文化是否会出现“媒化”的趋势？

笔者在网络引擎中搜索关键词“羌绣”（2012 年 11 月 24 日），获得“羌绣”为主题的新闻报道 3960 篇。如此之多的新闻报道，可以看到媒体对羌绣的高度关注。大众传媒的关注当然会大力提振羌族地区的经济发展，拓展羌文化的传播面，笔者所说的羌文化的“媒化”生存，指的是羌文化为了迎合传媒的需要，将符合媒体传播标准的部分进行舞台展演与强化（如“羌笛”“羌女”“羌绣”“羌碉”）；而对于不能立即带来经济回报的部分，或是大众传播价值不高的羌文化部分（如羌语、释比文化），由于媒体关注度不高，也许会渐渐被时间湮没，而这些部分正是羌文化的核心部分。如果这种趋势形成，将会对羌文化的完整保护与传播带来不可缺失的遗憾。同时，“单一化和舞台化的羌族形象糅合进了本族群的文化展演与民族志文本中，在与大众媒介的相互印证下逐步建构出一种新的羌族族群性”。[①] 羌文化的“媒化”生存已影响到了羌族族群性，这种情况长期发展甚至于可能会改变羌文化的根基。

四　结语：提升羌文化传播的主体性

在谈及少数民族文化保护主体时，学者高兆明说：在少数民族文化保护中，来自于国家与其他诸民族的关心、尊重、帮助必不可少，但是，真正能够使特定少数民族文化富有生命活力，进而在生长的意义上保护此民族文化的，只能是此少数民族自身。离开了此少数民族自身的主体性意识与主体性地位，任何保护少数民族文化的努力，往往是事倍功半，或者只是善良愿望，甚至事与愿违。[②] 在这种情形下，羌文化传播的“主体性自觉”非常重要，即羌民族自身的“自然主体”，即特殊自然种族意义上的自然主体，以及“文化主体”，即具有特殊文化内容的文化主体的重要性

① 肖坤冰：《媒介参与：大众传播语境下的羌族族群性建构——以 5・12 汶川地震后川西羌区为考察中心》，《西南民族大学学报》（人文社会科学版）2012 年第 9 期。

② 高兆明：《多民族国家中少数民族文化保护的主体问题》，《西南民族大学学报》2011 年第 10 期。

显现出来。

羌人的整体文化自觉，是加强羌文化传播主体性的根本。对于本民族文化，羌人中具备传播意识与传播能力的优秀人物除上文提到的天仙妹妹之外，羌族作家群的文学创作在文坛展现出独特的风格；羌族学者耿少将穷数年之功，写就了首部全面梳理羌族发展历史的巨著《羌族通史》，等等。但是，作为人口较少的民族，其文化特征已有“藏化”“汉化”“媒化”的趋势。因此，羌文化的完整保护、延续与开发，首先应是羌人的整体文化自觉，即所有羌人都有保护民族文化的主体意识。

其次，熟谙文化的 NGO 组织与个人，虽然不是羌族身份，但是可作为羌文化的“文化主体”介入。如中国民间文艺家协会主席冯骥才、著名学者王明珂等，他们皆是对羌文化有深入了解的人士，在他们的动员、组织下聚合了相关 NGO 组织与资源，对羌文化的保护与重建起到了重要的作用。

第二节　“民族文化屏障”与哈尼族生态文明建设

哈尼族宗教艺术中蕴涵着独特的生态智慧，这种生态智慧实质上是一种文化屏障。在生态文明领域，本书首次提出了“民族文化屏障”这一概念，并通过分析发现哈尼族宗教艺术所形成的文化屏障，对于保护传承本民族优秀文化，排斥强势文化的消极影响，均具有积极的意义。

2015 年 5 月 5 日，《中共中央国务院关于加快推进生态文明建设的意见》[①] 发布。放眼世界，中国政府首先将生态文明建设提升为国家的顶层政治设计，这将大大推进我国的生态文明建设。哈尼族宗教艺术中蕴涵着独特的生态智慧，通过对哈尼族传统生态智慧的积极因子与消极因子进行辩证分析，发现这种生态智慧实质上是一种文化屏障。

民族文化屏障是指不同的民族人们在交往中，基于民族性格和民族自我意识等文化特点和差异，以隐蔽或显现方式反映出的民族之间的相互排斥和对自身保护的现象，它对民族关系具有积极和消极双重作用。[②] 民族

---

① 新华网 http：//news. xinhuanet. com/politics/2015 - 05/05/c_ 1115187518. htm，2015 年 5 月 5 日。

② 丁龙召：《民族文化屏障对民族关系影响论析》，《中南民族大学学报》（社会科学版）2014 年第 7 期。

文化屏障理论的重点是，不同民族因文化差异而带来对他民族文化的排斥和对本民族文化的保护。[①] 哈尼族传统文化目前面对旅游开发、传媒关注的两大机遇，在快速发展的同时，问题随之而来，过度的旅游开发形成了破坏；而传媒的集中关注，使得哈尼族传统文化同样出现了明显的“媒化”趋势。在发展的同时，哈尼族传统文化没有得到有效保护，而强势文化同化的趋势在增强。因此，哈尼族传统文化如何保护传承？强势文化的消极影响如何消除？二者矛盾如何协调，即在保护的基础上怎么吸收借鉴？要解决这些问题，有必要对哈尼族宗教艺术所形成的民族文化屏障进行开掘、创新，并进行现代转换的探索。

一　哈尼族宗教艺术研究现状

作为西南民族研究的重要组成部分，哈尼族研究一直以来是民族学研究的热点。特别是近十余年来，有关哈尼族的研究颇受学术界的关注。哈尼族没有文字，其民族文化的延续和传承主要源于宗教，因此宗教艺术是哈尼族文化的核心，在中国知网中将关键词“哈尼族”搭配“宗教”输入，共得到文献 148 篇。知网中研究哈尼族宗教艺术的文章，最早的是 1986 年毛佑全的《奕车人的灵魂观念与原始宗教的关系》一文，[②] 若以此文为起点，至今为止，哈尼族宗教艺术研究已有 30 年时间。总体上看，哈尼族宗教艺术研究呈现出以下鲜明特点：

（一）研究成果丰富，研究持续性强

关于哈尼族原始宗教的较早研究成果是几部专著，体现出研究起点高、系统性强的特点。史军超主编的《哈尼族文化大观》[③] 一书，系统介绍了哈尼族的宗教习俗、文学艺术及生产生活。为则在《哈尼族自然宗教形态研究》[④] 中认为，人的生死存亡和通达困苦都是天神意志外化的结果，天神全知全能和至真至善的本性，通过血缘纽带决定了人性本善。李克忠《寨神——哈尼族文化实证研究》[⑤] 一书认为：“‘昂玛吐’即祭寨

---

① 林晓华：《民族文化屏障与生态建设》，《民族学刊》2016 年第 1 期。

② 毛佑全：《奕车人的灵魂观念与原始宗教的关系》，《云南民族学院学报》（哲学社会科学版）1986 年第 3 期。

③ 史军超：《哈尼族文化大观》，云南民族出版社 1999 年版。

④ 为则：《哈尼族自然宗教形态研究》，云南民族出版社 1995 年版。

⑤ 李克忠：《寨神——哈尼族文化实证研究》，云南民族出版社 1998 年版。

神活动，既是哈尼族重视的民俗和节日活动，又是哈尼族传统文化全部内容的代名词。”

从研究论文看，始于1986年的哈尼族宗教艺术研究虽然从知网中查询到的文章总数不多，但是体现了较好的研究持续性，每年都约有5篇左右相关的研究论文发表。早期的哈尼族宗教艺术研究，主要聚焦于哈尼族宗教中的神祇、仪式、灵魂认知、卜巫等方面的研究。毛佑全《哈尼族的“摩批”和原始宗教残遗》一文中认为，“摩批”作为哈尼族的宗教职业者，其存在不仅是进行众人驱邪除害、祈福的宗教活动，更是文化传承的需要。[①] 徐义强《仪式、象征与宗教艺术遗产——红河哈尼族叫魂仪式》通过对哈尼族叫魂仪式的考察与深描，发现哈尼族的疾病理念、灵魂认知、仪式疗法和社会关系网络之间有紧密关联。[②]

（二）近年的哈尼族宗教艺术研究呈现出多元化、多学科交叉的特点

在早期对哈尼族原始宗教中神祇、仪式、灵魂观念等有了全面、系统研究的基础上，近年来，学界对哈尼族宗教艺术研究向纵深开掘发展，呈现出多元化、多学科交叉的特点，部分研究成果具有较强的现实针对性。

高凯、符禾在《生态智慧视野下的红河哈尼梯田文化景观世界遗产价值研究》一文中指出，红河哈尼族在相对恶劣的自然环境下，红河哈尼梯田依据其独特的社会宗教文化体系与自然和谐相处并实现农业耕作，是一个人与自然和谐相处的典范。[③] 杨京彪、郭泺、成功、薛达元在《哈尼族传统林业知识对森林生物多样性的影响与分析》一文中认为，哈尼族万物有灵的自然宗教观和天人合一的生态伦理观，存在着广泛的自然崇拜，又以森林崇拜最为明显。[④] 通过对哈尼族聚居区的神林、私有承包林和退耕还林地进行研究，发现哈尼族传统的文化中包含着系统全面的林业知识，揭示出哈尼族传统林业知识对森林生物多样性的影响及其原因。

综合上述研究成果来看，哈尼梯田文化内涵丰厚，有其科学性和完整性，而宗教艺术是梯田文化的灵魂和核心。作为哈尼族民族文化的根本，

① 毛佑全：《哈尼族的“摩批”和原始宗教残遗》，《中央民族学院学报》1992年第3期。

② 徐义强：《仪式、象征与宗教艺术遗产——红河哈尼族叫魂仪式》，《民族艺术研究》2012年第5期。

③ 高凯、符禾：《生态智慧视野下的红河哈尼梯田文化景观世界遗产价值研究》，《生态智慧》2014年第9期。

④ 杨京彪、郭泺、成功、薛达元：《哈尼族传统林业知识对森林生物多样性的影响与分析》，《云南农业大学学报》2014年第3期。

哈尼族人民以宗教活动为核心，构建了完整的梯田农耕祭祀体系，以宗教仪式展演的方式，追求自然、神、人的和谐相处，体现出高度的生态智慧。“生态智慧”指出人类是自然界的一分子，对所有生命体，无论是人类或非人类物种的价值都应受到尊重。这个概念由挪威哲学家奥斯陆大学教授阿恩·内斯（Arne Ness）在1973年引入。在阿恩·内斯看来，生态智慧是一个讲求生态和谐或生态平衡的理念，是公开的规范，它包含规范、规则、假设、价值优先公告和有关的事务的状态。它不仅是科学性描述和预测，也是具有智慧的政策和处方。①

在长期的生产生活实践中，哈尼族形成了神祇、自然、人生三者高度协调、和谐共生的宗教艺术体系与生活方式。哈尼梯田四素同构的生态系统，其文化支撑是万物有灵、多神崇拜和祖先崇拜的宗教信仰。红河南岸及内地的哈尼族，以多神崇拜为主。“奥玛”神被尊为最大的神和万物的创造者，龙树则是人类的保护神。每个家族有自己的龙树，每个村寨也有共同的龙树或龙林。哈尼古歌中唱道：“寨头封起一片林，世世代代一个不要砍！安一座普玛寨神林做保护神！每年杀一次猪鸡敬献！请求护寨神显灵！保佑牛羊又肥又壮！保佑年年风调雨顺！保佑庄稼年年丰收！”②在笔者看来，哈尼族宗教艺术的主要特征有三：第一，万物有灵：体现为以崇敬自然为主的多神崇拜。第二，仪式展演：以少数民族节日为载体，进行仪式展演，企求一年的农牧活动受神灵庇佑，得到好的收成。第三，各种各样的宗教禁忌，对生态环境的保护起到了积极的作用。

在旅行者与摄影家心中，红河梯田都是“净土”或“桃花源”的代名词。“净土”一词，一方面是指物质形态上保护良好、原汁原味的自然生态环境；另一方面更有精神上的纯净、自然之意。红河梯田“净土”的保留，体现了哈尼族宗教艺术中蕴涵着高度发达的生态智慧，这种生态智慧的外在特征表现为：万物有灵、自然之子、心灵净化。

贯穿在哈尼族生态智慧中的主线是万物有灵、万物一体、崇敬自然。人是自然之子，与自然相依相存，人的物质生存方式、精神生活方式呈现出与生态环境高度和谐的状态。居住在哀牢山南段的哈尼族人民，面对封闭、有限的自然资源，在协调人与自然关系、保护高原自然环境方面，丰

① 阿恩·内斯：《深生态学》，维基百科网站 http：//zh. wikipedia. net。

② 王兰凤：《哈尼族原始宗教信仰研究》，《学术研究》2013年第8期。

富、发展了万物有灵、万物一体的多神崇拜观念、整体观念与相互联系观念。首先，哈尼族大多生活在山高坡陡、沟壑交错的哀牢山南段，山势高峻、生产条件差；地理位置偏远，与外界的交通、沟通困难，自然环境有一定的封闭性。其次，哈尼族这种以万物有灵、多神崇拜和祖先崇拜的宗教崇拜为外在形态的传统文化体系，正是在适应恶劣的自然环境中生长、发展起来的，在长期的发展完善中整合了族群群体，增加了群体的凝聚力与向心力，并内化为民族内部每一个成员的心理认知与行为准则。人是自然之子，人要与自然高度融合、和谐，才能得到最大的发展；而且，他们所追求的这种发展并不是一般意义上的经济发达、财富累积，更多是精神层面的丰富与完善。

藏族宗教文化与哈尼族宗教文化在某些方面体现出高度一致的生态智慧。藏族宗教文化把整个宇宙分为三层：天界、人间、地下。“拉”居住在天界，“赞”神和“年”神居住在人间，“鲁”居住在地下。由神山崇拜而形成了很多禁忌，如禁止在神山上挖掘、打猎、砍伐，等等。神山上的一切，都是敬畏的对象，草木枯荣，任其自然。在这种神山崇拜的后面，是对整个大自然的崇敬、珍爱。

二　民族文化屏障对于生态建设的重要意义

少数民族的生态智慧实质上是一种文化屏障。文化屏障，其本意是指“不同文化身份、地位的群体，都有着不同的文化资本、文化品位、文化消费和不同的生活方式及价值观念，人们在这种同质文化群体中，通过交往和行动，逐渐形成了一种共同的阶层文化保护和排斥意识——文化屏障——使其他阶层的人不能进入这个阶层，也使得自己阶层的人的利益不受侵犯。文化屏障有时是以外显的方式作用于阶层保护，有时是以隐藏的方式排斥其他阶层的接触”。[①] 从文化屏障的本意来看，特定个体或群体的文化差异形成了文化屏障，这种屏障重点在于“保护和排斥意识”，即从文化的角度对本阶层的人形成保护，排斥其他阶层的人。

在本文中，我们把少数民族的生态文化屏障，简称为民族文化屏障。特指借助宗教信仰这种在族群群体中具有高认同度的强势文化，在群体与个体心理上树立具有内生性的规范机制、约束机制，从而在群体成员中形

① 钱明辉：《教育社会学》，北京大学出版社 2004 年版，第 136 页。

成对于族群文化传承、生态建设理念的高度认同。由此，借助宗教艺术的力量，使得民众自发保护自然，并把对精神生活的不断追求、不断纯净，作为族群所有成员的集体意识。

哈尼族宗教文化非常鲜明的一个特点就是有各种各样的宗教禁忌，宗教禁忌即信仰者出于对神力和圣物的崇敬与畏服，从而自觉地规范自身行为，以避免有害于自己的结果发生的心理和行为。哈尼族在每年农历二月的第一个属龙日举行“祭龙”节活动，祭龙就在山神庙里或林旁的“龙树”下举行，“山神庙”和“龙树”是不准任何人去破坏、侵害的，否则会被全族人民或神灵惩罚。正月做“封山会”，一年一次，会期一天，主要是制定严禁乱砍滥伐、封山育林规约，违者罚油、罚款，罚镶街心、修路等。在藏族宗教文化中也是如此，最重要的区域是神山、圣湖、寺院，这些区域都是圣洁的，不可亵渎的，当然更不能进行任何的农牧活动。在农业活动区域，则通过对土地、庄稼的严格禁忌，保护万物生长，客观上起到了保护良好生态环境的作用。对于生态保护来说，这些宗教禁忌是一种非常好的民族文化屏障。

近代西方文化在哲学上主张人类中心主义，把人类的利益作为价值原点和道德评价的依据，认为只有人类才是价值判断的主体，并以经济增长、物质发达作为第一指标。经过一两个世纪的历程，这种发展模式对自然、社会、人所造成的伤害已经非常明显。西方发展观强调人类对自然的利用、改造与征服，将自然作为奴役、掠夺的对象，这种行为在破坏自然环境的同时，也将反噬自身。这主要表现在三个方面。首先，少数国家、少数人的短期物质发达、超常消费，是建立在多数国家、多数人的长期贫穷、资源枯竭的基础上的。其次，西方发展模式带来了严重的环境污染与生态破坏，最严重的是大气污染。最后，西方发展观过分发展了人性中追逐物质的一面，带来了欲望与贪婪的急速膨胀。这种以物质享受为主要目的的行为准则，以利己主义为核心，其欲望无限膨胀，易带来人与人关系、人与社会关系、国与国关系的冲突、紧张、失调。

相比之下，哈尼族这种与自然、生态高度融洽，追求精神的完满与丰富的生活方式，呈现出一种“诗意地栖居”的美学境界。

第一，万物同源一体，人即自然之子，融洽共生。哈尼族生态智慧认为，神、自然、万物、人是和谐共生、相互交融的状态。体现出“诗意地栖居”，人的理想栖居地是未经污染的自然，人的理想生活方式是人的内心的丰富提升，人与自然不断交流对话，从而达到和谐共生。一种与自然和谐相处的理想生存状态。第二，哈尼族依山势建田，藏族逐水草而居。人们对自然的态度由畏惧、崇敬，到信任、依赖，人们将亲近自然、保护自然作为一种宗教情感。人们的生产、生活跟随自然、融于自然，体现出一种与自然同节奏、共生长的和谐之美。第三，个体信仰出自内心的真诚，族群有共同的精神追求。无论是哈尼族还是藏族，其族群内部都有共同的宗教理念，并且这种宗教理念与生活中的真、善、美实现了和谐同一。由此，哈尼族宗教文化形成了独特的民族文化屏障。

生态保护的实施，短期内可以依靠政府的行政手段来推进，但是生态意识的培养，以及长期自觉地保护生态环境，则需要运用高认同度的群体文化，在群体成员内心树立无形的民族文化屏障，这样，生态环境保护与生态文明建设才会有长效性。

由此，我们认为民族文化屏障对于我国生态文明理论建设具有重要的意义，可分为两个层次：

首先，哈尼族生态文化屏障可以成为生态文明理论的民族资源。

与空气污染严重、交通拥挤的城市相比，哈尼族森林—村寨—梯田—水系“四素同构”的生态系统正是生态环境优良的地区。从这个角度看，民族地区经济相对落后，但是其生态文明却高度发达。哈尼族地区良好的生态保护，得益于其万物有灵的宗教信仰、人与自然高度和谐的生态智慧。民族地区虽然地广人稀，但生态环境脆弱，哈尼族人民在险峻、偏僻的地方要生存下来，对自然环境的借重、依赖就成为他们生活的第一要义。对于自然，哈尼族人民的基本态度是敬畏、崇拜、保护，从而形成了共生共荣、相互依存的关系。

从中国儒家生态智慧来看，其核心主张是“天人合一”，其本质是“主客合一”，肯定人与自然界的统一，这是解决当代人与自然对立的生态危机的良方，成为我国生态文明理论的古代资源。而哈尼族万物有灵的宗教信仰、人与自然高度和谐的生态智慧，则可成为我国生态文明理论的另一重要来源：民族资源。

其次，生态文化屏障可实现对主体性的规范和约束。

事实上，造成生态问题的直接原因是人为的环境破坏活动。人类欲望的不断膨胀、无限扩张与自然资源的有限性，生态环境承受力的有限性之间，构成了尖锐的矛盾。人的本性是趋利避害，本能地总要不断向自然索取，但是自然资源与环境承受力也是有限的，这种向自然无限索取的做法，目前已导致严重的生态危机。因此，生态危机的源头在于不加约束、不加规范的主体性。

如上文所述，民族地区常被称为“净土”，实质上“净土”的另一层含义是指少数民族精神上的纯净、自然之意。比如在藏区，人们更注重对精神生活的向往，民众在世俗经济活动中产生的财物会向寺院僧人施舍，在进行宗教活动时寺院又将部分所得财富还原于民众；财物是世俗的物质财富，只是用来维持自己的生存，使人有气力从事善行。除此以外，便是多余的，应该奉献于宗教，奉献于众生。这种意识的树立，对于规范、约束主体性，使人类的生产活动及各种社会活动不过头，不危及生态环境。建设生态文明，政府进行制度设计与大力倡导是主体。但是，如果仅依靠行政的力量、法律的力量，短期内可能会有成效，但从长远来看是远远不够的。如何培养一种内在调节机制，将生态保护内化为全民的心理意识？哈尼族宗教艺术中生态文化屏障概念的引入，即建立个体心理的内在规范机制，给了生态文明理论新的启发。

三　传媒时代的民族文化屏障：发展与调节

传媒时代的哈尼族文化面临外部力量的冲击，主要是面临旅游开发的重大机遇，其集中表现是传媒对哈尼族文化的集中关注。大众传媒长期关注红河梯田，特别是在 2013 年，红河哈尼梯田文化景观成功申报世界文化遗产，由此将哈尼族文化通过传媒的“放大镜”展现在世界的面前。在百度中输入“红河梯田”，找到相关结果约 1980000 个（2016 年 5 月 10 日），显示出大众传媒对红河梯田文化的高关注度。

另一方面，哈尼族传统的生产方式正在发生改变，这也对宗教文化的传承形成冲击。笔者在云南红河哈尼山寨走访时，常听到长辈告诫小辈说：“如果不好好读书，长大了就去种梯田。”由于传统的农作方式经济效益低下，加上哈尼梯田之间不通公路，所有的劳作全凭人力，种植数百级甚至于上千级的梯田，意味着异常艰苦的劳作。因此，大量哈尼族青壮年选择离乡外出打工，许多梯田无人耕种，哈尼山寨空巢化现象严重。由此导致哈尼族传统文化传承面临危机。

目前，现实状况是，面对强势文化的影响与冲击，哈尼族民族优秀文化没有得到有效保护，强势文化同化的趋势在增强。因此，哈尼族的优秀文化对于强势文化的影响在合理吸收利用的同时，如何消除其消极影响？显然，民族文化屏障在其中可以发挥重要作用。面对外部力量的冲击，哈尼族如果仅仅依靠宗教文化的力量来保护本民族的生态文明建设，势必其“守势”的步伐会越来越被动与保守。民族文化屏障作为自足系统，对本民族生态建设起到积极作用，并对不利于本民族生态文明稳定传承与繁衍的发展方向自动“纠偏”。不仅对哈尼族生态发展，其他各民族的生态文明建设的保护与传承亦如此。

第三节　“媒介化社会”与藏族传统节日文化的变迁

媒介化社会的重要表征，是媒介影响力对于社会的全方位渗透。更重要的是，媒介化进程引起了整个社会生产方式、生活方式的急剧转型。当前，“互联网＋”在中国社会各行各业大面积铺开，为考察“媒介化社会”理论的发展、变化提供了别具一格的现实场景。据《CNNIC：2015年第37次中国互联网络发展状况统计报告》，截止到2015年12月，全年新增网民3951万人，中国网民规模已经达到6.88亿人，中国网民通过台式电脑和笔记本电脑接入互联网的比例分别为67.6%和38.7%。

西藏的新媒体发展很快，随着网络接入的普及、网络化程度的提升，西藏正在提速进入网络社会。据报道，2015年西藏互联网用户总数达217万户，全区逾七成百姓使用互联网，西藏广大农牧民搭上信息化快车道。互联网在西藏普及应用，缩短了西藏与外界的时空距离，改变了沟通交流方式。[①] 本节以2015年拉萨藏历新年期间藏族对新媒体的使用情况为研究对象，发放调查问卷，在统计数据的基础上，分析、探讨“媒介化”对藏族传统节日文化变迁的深远影响。

一　新媒体对藏族传统节日文化的影响

藏历新年是综合性节日，也是全民性节日。罗桑丹增、周润年的《藏族民俗》一书中提到过：“西藏由于土地辽阔，加上过去交通不便，新年的时间和习俗各地不完全一样。拉萨等地以藏历正月初一为新年，称

① 张丽娜：《［西藏50年］“互联网＋”改变传统生活》，2015年8月18日中国西藏网http://www.tibet.cn/。

为‘帝王年’；曲水、日喀则、江孜等地以藏历十二月初一为新年，称为‘农民年’；工布、米林、林芝等地则以藏历十月初一为新年，称为‘工布年’。”[①] 这几个年中，拉萨“帝王年”最具特色，也是整个西藏都熟悉并且会过的。虽然在有些地方过得不如“农民年”和“工布年”那么盛大，但所有藏族都会过这个年。

影响拉萨藏族传统节日文化变迁的因素有很多，新媒体只是其中之一，但是随着新媒体在社会结构中的地位越来越重要，它对拉萨藏族传统节日文化的影响也越来越大。此次调查的“新媒体”界定为“手机、电脑（包括平板电脑、PC端）”。调查员央金等采用随访问卷调查的方式，共发放300份调查问卷，回收有效问卷208份。填写调查问卷的208位藏族受访者中，青少年占47.12%，成年人占52.88%。使用新媒体的人有202位，不使用的有6人。为行文方便，以下将本次调查中受访者简写为“藏族样本”。

（一）新媒体实现全面覆盖

从“藏历新年期间，您通过新媒体来了解国内外的新闻资讯吗”的统计数据来看，99.04%的受访者通过新媒体来了解国内外新闻。手机随身携带，功能多，人们可以随时随地收听、观看新闻，即时接收、即时发布。藏历新年期间，藏族通常都会去寺庙拜佛，或跟亲朋好友相聚，却不大会守在电视机面前，或带一份报纸出来看。

此外，新闻网站蓬勃发展，为西藏用户提供了大量的本地新闻资讯。如：人民网、新华网、央视网等中央级媒体的西藏频道；中国西藏新闻网、中国西藏网、拉萨手机报等。

表5—3　**藏历新年期间藏族样本的新媒体使用频率**

问题	常常	有时	偶尔	不会
藏历新年期间，您会通过新媒体来了解国内外的新闻资讯吗？	60.58%	20%	18.46%	0.96%
藏历新年期间，您是否使用新媒体分享身边的奇闻趣事？	40.38%	47.12%	12.50%	0.00%

① 罗桑丹增、周润年：《藏族民俗》，巴蜀书社2003年版，第40页。

通过对本次调查的藏族样本数据来看，新媒体已实现全覆盖。新媒体已经成为绝大多数人分享节日信息、动态的重要工具。使用新媒体进行交流、分享的比例，“常用”与“有时用”“偶尔用”相加，为100%，不用新媒体分享的人为0。此外，新媒体有分享、沟通、发表评论等功能，藏历新年期间，人们常常使用新媒体联系身边的亲友，送上节日祝福。

藏历新年期间人们喜欢发微信红包，新媒体为藏族传统节日加入新的节日元素。如今人们过节已经不单是传统过法了，过节时人们喜欢去的地方是电影院，或者聚餐、K歌、发动态、讨论最新最火的事件等。

（二）游玩与拜佛：对传统宗教活动的影响

藏族是一个全民信教的民族，以前只要有时间，人们就会去寺庙拜佛，也会去转经。许多藏族的节日都与宗教活动有密切联系，如“雪顿节”“燃灯节”“仙女节”“朝山节”“驱鬼节”等等都属于宗教节日，但是过这些节日时的宗教习俗却各有不同。就算不是宗教节日的，如藏历新年、工布年、望果节等期间，也有一些宗教习俗要遵循，当然以前过节期间少不了拜佛和转经，人们也会趁这些机会祈求家人身体康健，心想事成。

但是现在人们有空闲时想到的不再只有转经拜佛，很多人也喜欢去外面游玩。问卷数据调查显示，藏族样本中，选择出去玩的时间比去寺庙的时间多的人占52.88%，超过总人数的一半，两边去的一样多的占31.73%。也就是说，有一半以上的人在藏历新年期间更偏向于选择去玩，31.73%的人则将它们看得一样重，只有13.46%的人更倾向去寺庙，还有1.92%的人哪里都没去。单从数据来看，人们已经慢慢将游玩看得与宗教活动一样重要，或者比宗教活动还要重要。

问题：藏历新年期间，您是去寺庙还是出去玩？

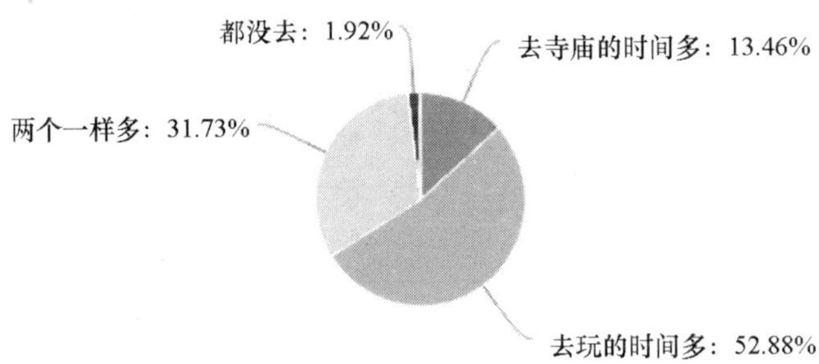

图5—1　藏历新年期间藏族样本的主要活动

为什么那么多人喜欢出去玩呢？据调查员访问，原因是：第一，宗教活动对于年轻人来讲过于沉闷，玩比宗教仪式有趣。第二，现在网络游戏与手机游戏的种类繁多，趣味性强。第三，通过新媒体了解到世界各地的节日过法，看到其他的节日过法新潮充满趣味，自己也想尝试。

（三）藏族歌舞与流行音乐：藏族传统文化传承的此消彼长

在歌舞等方面，藏族十分有天赋，还有藏戏，这个相当于藏族的京剧。以前藏族很喜爱传统歌舞，过节时会参与传统歌舞活动。但是最近几年来，与藏族传统歌舞相比，流行音乐更受欢迎些。我们看问卷调查的结果，就可以发现这一现象。

问题：藏历新年期间，您看过藏戏，听过流行音乐吗？

表 5—4　**藏族样本对藏戏与流行音乐的接触情况**

	经常	偶尔	无聊时会	完全不
您看过藏戏吗？	16.35%	34.62%	32.69%	16.35%
您听过流行音乐吗？	34.62%	42.31%	20.19%	2.88%

藏戏依然有强大的影响力。将“经常”“偶尔”“无聊时会”三项数据相加，藏历新年期间，看过藏戏的人达到了83.66%。但是，流行音乐拥有更多的粉丝，97.12%的人表示，藏历新年期间听过流行歌曲，没有听流行歌曲的人不到3%。

问题：藏历新年期间，您对藏戏与流行音乐的喜爱程度。

表 5—5　**藏族样本对藏戏与流行音乐的选择**

	非常喜欢	很喜欢	喜欢，但不会	不喜欢
您喜欢藏戏吗？	9.62%	33.65%	33.65%	23.08%
您喜欢流行音乐吗？	23.08%	27.88%	31.73%	17.31%

一成藏族样本表示“非常喜欢藏戏”（9.62%），但是喜欢流行音乐的藏族样本达到了二成多（23.08%）。此外，“不喜欢藏戏”的人达到了23.08%，“不喜欢流行音乐”的人比例要低些，占17.31%。

今天，人们可以轻松通过手机、互联网观看全球各地的电视剧、电影，收听最潮流的音乐，部分藏族人已经渐渐不爱观看传统的歌舞表演。特别是藏戏，现在很多年轻人都不喜欢看，因为听不懂藏戏的内容。而流行音乐、电视剧与电影更为通俗易懂，并且可以根据自己的喜好进行选择，自然就更受人喜爱。

（四）切玛与春联：逐渐消失的与正在增加的

节日习俗可以体现一个节日的特色。藏历新年，藏族人民家家户户供“切玛”，人人都尝“切玛”，人们也会带着“切玛”到亲戚或邻居家里去拜年，这是藏族人民在长期的历史发展中形成的一种民族风俗习惯。可是近几年这个习俗已经逐渐在消失，在城市中很少见了。

问题：近几年藏历新年期间，您会带着“切玛”到亲友家去拜年吗？

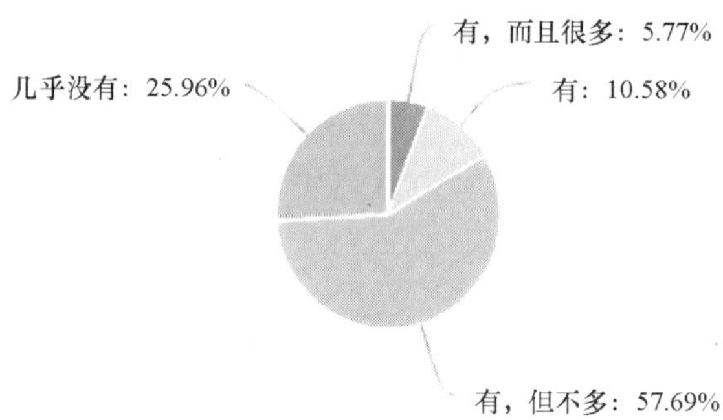

图 5—2　藏族样本带着“切玛”到亲友家去拜年的情况

在问卷结果中我们就可以看出，现在这种习俗在拉萨还是有的，但是已经没有太多人会这样做，在“近几年藏历新年期间，您会带着‘切玛’到亲友家去拜年吗”的结果中，近六成的人选择“有，但不多”，选择“几乎没有”这个选项的人有近 25.96%。这说明现在藏历年期间带着“切玛”相互拜访这种习俗已经逐渐不再被人们看重。最近几年，很多人去亲朋好友家拜年，都是拿着诸如啤酒、水果、牛奶等的礼盒。

不过其他民族的传统节日习俗却慢慢融入藏民族的传统节日中来了。例如近几年过藏历新年时，人们喜欢买藏文春联了。调查数据显示，58.65%的人觉得“贴春联挺好看、挺喜庆的，增加了节日氛围”，17.31%的人觉得“对这种习俗变化没感觉”，只有 24.04%的人表示“不喜欢，感觉不伦不类”。也就是说，大部分人已经认可这样的改变，觉得它对增加节日的氛围有帮助，愿意接受其他民族的节日习俗与藏民族节日习俗相融合。

（五）改变服饰习惯

藏装是藏族的传统服饰，也是藏族文化的重要组成部分。藏装样式繁多，在西藏各个地区的藏装服饰都有所差别；此外，虽然我们将它统一地称之为藏装，但是在藏语中还是有区别。以前人们在平时都穿藏装，只是在节日时穿得更加隆重，现在就算是过藏历新年，人们也不一定会穿藏装。数据显示，藏历新年期间穿其他服饰时间更长的人数超过 80%，很多人在新年期间倾向于不穿藏装。

问题：藏历新年期间，您会穿藏装吗？

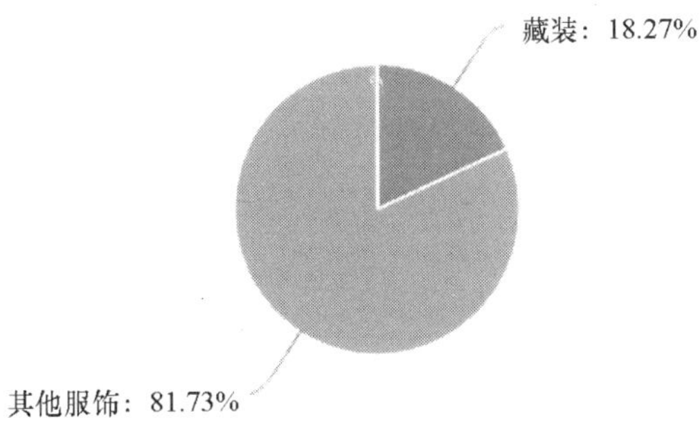

图 5—3　藏族样本穿藏装的情况

产生这样结果的原因主要是：第一，习惯于穿其他服饰，藏族如今也是习惯了穿衬衫、裤子、裙子等衣服。第二，现代社会生活的节奏简洁快速，一般穿普通衣服时可以直接套，或者扣扣子或者是拉拉链，但是藏装穿起来略显烦琐。

此外，近几年藏族的服装不仅有藏族特色，也融入了其他民族的服装特色，比如将旗袍的特点融入到藏装中，把藏装的领子改成旗袍领，有的藏装上的花纹是苹果手机的商标图案等。

（六）改变饮食习俗

从问卷中“藏历新年期间您经常吃？”一题的答案可以发现，藏历新年时经常吃藏餐的不超过 30%，每种食物都会吃的人占大多数接近 65%。从只吃藏餐到现在藏餐、中餐都吃，可以看出藏族人饮食习俗正在发生变化。

问题：藏历新年期间，您是否吃藏餐？

表5—6　　藏历新年期间，藏族样本的饮食选择

	藏餐	中餐	西餐	藏餐中餐都吃
您经常吃藏餐、中餐还是西餐？	28.85%	6.73%	0.00%	64.42%

藏餐有丰富的美食，如糌粑、奶渣、酥油、风干牛肉、青稞酒等。受访者中的年轻人表示，现在受网络、手机、电视广告的影响，口味逐渐发生改变，青稞酒变成啤酒，牛肉干变成炸鸡翅，糌粑变成大米，就连过节时要吃的食物人们也只是象征性地吃几口就完了。

二　对藏族传统节日“媒化”现状的传播学解读

（一）藏族传统节日出现了明显的“媒化”特征

所谓“媒化”，即每个人都是媒介影响下的“媒介人”，不仅对于世界的想象主要由媒介来建构，其思维方式、个体意识也都带上了媒介化的烙印。从本质上来讲也就是人的媒介化、人与人关系的媒介化。技术的进步带来新媒体的蓬勃发展。随着手机、互联网等媒介进入藏族人民的日常生活，藏族传统节日文化的形式与内容正在发生变化，从传统过节习俗到新潮节日过法，从心理改变到实际行动，从单一的藏民族传统文化到多种文化的融合。

从调查数据来看，藏族样本认为，对藏族传统节日发生改变影响最大的媒体是互联网与手机。

问题：您认为，对藏族传统节日发生改变影响最大的媒体是哪种？

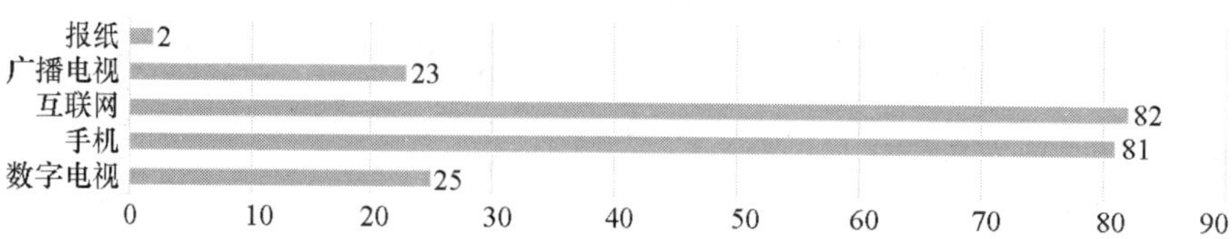

图5—4　对于藏族传统节日文化影响最大的媒体，藏族样本的认知

新媒体已成为藏族传统节日文化传承的重要手段。大众传媒的信息整合能力日益增强，大众传媒对西藏传统节日文化的传播和挖掘，成为西藏传统节日文化传承与保护的重要手段。少数民族传统文化具有较强的民族性与地域性，由于新媒体的便捷、海量等特点，可以克服区位的偏僻，在很短的时间内向世界全面展示藏族的传统节日文化。新媒体的文化传播让藏族传统节日文化得以在全球范围传递、交流，加深藏文化传播的广度和深度，并把自己民族的文化风采展现在世人面前。

调查中发现，藏族样本对新媒体依赖性增强。问卷中有一题“当您有问题无法解答时，你往往第一时间想到的是？”89.42%的人想到新媒体，查阅书籍和问专业人士只占了10.58%。以前过节时，人们会去亲戚朋友家串门送祝福。过节时有什么困惑，会去请教专业人士或查找相关书籍。现在人们可以通过新媒体轻松做这些事，因为它更方便，更为省时省力。因此有问题时人们会第一时间想到上网查，而不是其他方法。人们已经习惯用新媒体查找相关信息，每当有不会的或需要查找的资料，他们都会下意识想到新媒体，认为百度与手机能解决当前问题。

（二）藏族现代社会的媒介逻辑正在形成中

从上文分析中看到，媒体的发达与近用使藏族样本获得了“媒介赋权”。但是，增权只是其中一个维度，新媒介赋权一方面确能促进主体的自主性获得，另一方面也有可能使人的主体性丧失。对此，我们需要分析人、社会、媒介三者之间不断互动所带来的赋权结果。

首先，技术的发展为藏族社会的“媒介化”提供了支持。一篇名为《“双十一”西藏贡献了近一个亿》的报道中是这样写的：记者从天猫得到最新数据：11月11日当天，从0：00—24：00，西藏的成交额达到了0.97亿元（97022869元），无线成交额为0.75亿元（74734090元），距离1个亿的距离仅有0.03亿了。[①] 新媒体的出现使得藏族社会的媒介化进程提速，提高了藏族人民对于媒介的依赖性，并大大增强了媒介对于社会政治、经济和文化的影响力。

其次，藏族样本对新媒体的依赖，体现出他们有强烈的信息需求，这为媒介化社会提供了重要条件。藏族人民对媒体的高接触度与近用，一方面体现了藏族社会从早期的“他者表述”到现在的“自我建构”的一种

① 《西藏消费进入“网购时代”》，2014年4月16日新华网 http：//news.xinhuanet.com。

转变。另一方面，媒介新技术的出现打破了传统的媒介生产观念，信息发布门槛降低，手机等移动媒体广泛分布，人人都可以成为“记者”，即信息发布者。在媒介化社会中，人们通过媒介实现自我价值，对媒介渐渐产生了依赖。

最后，媒介本身的发展也会受到藏族传统文化、社会状态的影响。嘉沃德将社会的“媒介化”界定为社会对媒介及媒介逻辑的高度服从和依赖。媒介逻辑可以从技术和文化两个维度来解读，新媒体的技术逻辑偏向即时性、融合性、平台化特征，新媒体的文化逻辑偏重个体化、感性化和不平衡性。

藏族传统节日是维系藏族传统文化的重要精神纽带，也是传承优秀文化遗产的宝贵资源。在现代社会的“媒化”进程中，藏族传统节日的种种变化都与媒介的参与息息相关。媒介逻辑不仅是引发和推动这些变化的原因，而且更是为进一步的发展演变提供架构支持。一言以蔽之，媒介逻辑正在一步步演化为藏族现代社会的基本逻辑。

结语　媒介化与少数民族族群性变迁

一　少数民族社会变迁

社会变迁（social change）是一切社会现象发生变化的动态过程及其结果。按照社会变迁理论，引起变迁最重要的决定力量是社会生产力的发展，此外，还取决于自然环境、人口、社会制度、观念、社会心理、传播等多方面因素的影响，它是多种因素相互作用的结果。

全球化和现代化的浪潮正在席卷全球。其重要的表征之一就是大众传播日益发达，媒介化进程日益加深。“地球村”（global village）这一词是加拿大传播学家 M. 麦克卢汉 1967 年在他的《理解媒介：人的延伸》一书中首次提出的，但事实上，“地球村”早已产生。随着广播、电视、互联网和其他新的传播手段、传播形态的出现，随着各种现代交通方式的飞速发展，人与人之间的时空距离骤然缩短，整个世界紧缩成一个“村落”。

我国少数民族地区自然也处于全球化和现代化的进程中。推动民族地区社会变迁的是一种合力，传播媒介只是其中因素之一。但随着传播媒介在整个社会生活中的比例越来越大，传播媒介在少数民族社会结构中的地位也越发重要。循着“媒介化与少数民族社会变迁”这条主线，我们看到，最明显的变化来自于两大块：

第一，价值观念和生活方式的变迁。社会价值观念的变化往往成为整个社会变迁的先声。无论从第二章“大众传媒对民族地区农村的影响度调查”的实证数据，还是从“电视改变阿勒泰地区哈萨克族女性生活”的个案访谈中，我们可以看到，在大众传播的影响下，媒介已成为影响少数民族农民思想观念的重要因素，少数民族农民的思想观念正在发生渐进式的变化。

第二，少数民族传统文化的变迁。由于媒介的影响，价值观念和生活方式的变迁，最终引起了少数民族传统文化由量化到部分质变的、渐进式的变化。典型如 2015 年拉萨藏族新年期间的新媒体使用调查，我们看到，新媒体正在改变着藏族传统节日的生活方式，由此引起了拉萨藏族新年的节日内涵的变化。

当然，上述两方面的变迁是有秩序的、缓慢的和持久的。

二　“媒介化”对于少数民族发展的影响

尼古拉斯·尼葛洛庞帝提出了“数字化生存”这一概念，随着大众媒体的高速发展，人们进入了“媒介化生存”的时代，构成了人们生存的环境，成为人们生存的方式和状态。

（一）媒介化进程的积极影响

1. 促进国家意识的形成。媒介平台已成为少数民族地区政治传播的重要渠道。国家政策大政方针的通达、贯彻、实施，主要依靠媒介平台。通过媒介，可以唤醒少数民族的国家意识，并将注意力集中于国家的重要发展项目。

2. 教育功能。少数民族地区由于区位偏僻，输入的信息量少，而大众传媒特别是今天的移动互联网络，具有海量、快捷的特点，可以打开少数民族的视野，使他们及时接触到各种知识、信息，并把眼光放在将来的生活形态。

3. 塑造现代性人格。英格尔斯认为，一个国家的现代化首先（核心）是人的现代化，发展最终要求人的素质方面的改变。在调查中，我们接触到许多少数民族农民，由于与外界比较隔绝，他们还是坚持传统观念、害怕革新、被动接受命运，而这些严重阻碍现代化进程。因此，发展民族地区必须解决人的现代化，培养现代化人格。

4. 媒介赋权。网络的低门槛，自媒体的兴盛，赋予了少数民族在传统媒体时代未曾有过的传播渠道和技能，如，他们可以在网络上、自媒体上宣传、推介自己的家乡和产品，推介本民族传统文化。

5. 娱乐。数字技术的发展使得媒介能为人们提供日常生活和工作所必需的信息，还能够为人们提供娱乐，缓解因生活和工作而带来的压力。媒介提供丰富的娱乐内容，这对以往少数民族地区单调、贫乏的精神文化生活，是一个重要的改善。

（二）媒介化进程的消极影响

1. 少数民族传统文化的断裂。少数民族传统文化的传承后继乏人，文化传统面临断裂。这种局面的出现，与大众传媒的发展有一定关联。一方面，媒介内容大多是强势文化，容易对少数民族传统文化产生同化。此外，媒介生产了五光十色的“拟态环境”，使得部分少数民族青年向往外面的世界，不再关心自己民族的传统文化。

2. 过分依赖媒介。美国马里兰大学“无设备世界”（world unplugged）的研究项目显示，媒介化生存已经成为我们这个时代最逼真的一种生存方式，个体的经验很大程度上来自于媒介化的交往。人们对媒介依赖成瘾，一旦离开常用媒体就会出现焦躁、困惑、易怒、抑郁、孤独等情绪。在民族地区调研中，我们发现了一个现象：电视独大，娱乐独大。部分少数民族农民超长时间地观看电视剧及电视娱乐节目，长时间使用手机等，体现出他们对媒介的过分依赖。长期下去，可能会导致独立人格的丧失。

3. 人际关系的淡漠。日本学者中野牧提出了“容器人”这一概念来形容现代人的行为，即这些人的内心世界好像一个罐装容器，为了摆脱孤独他们希望与别人交往，但是又不希望他人深入到自己的内心。少数民族有丰富的节庆活动，这些活动都是需要在场、分享的；调研发现，部分少数民族过分使用媒介，可能形成人际关系的淡漠，进而使得节庆活动不断淡化。

4. 媒介素养在原地踏步。正是由于人们对媒介依赖性的增大，媒介的放大、扭曲及不实报道、不当传播，所带来的破坏性也是巨大的。调研结果显示，面对海量的媒介信息，少数民族农民的媒介素养还处于“原地踏步”的状态。这样可能会形成对媒介信息的误读，从而形成对事件、对社会的错误判断。

三　少数民族族群性的变迁

媒体制造了“拟态环境”，向少数民族展示了精彩的外部世界。传统社会，由于区位偏僻、媒介传播不发达，少数民族接触到其他民族文化的机会不多，要接触到外国文化更有难度。今天，发达的媒介、便利的交通、兴盛的旅游业，使得人们获取资讯，或是进出少数民族地区变得非常容易。

大众传媒特别是手机、互联网等新兴媒体，对少数民族传统文化有双面影响。一方面，它有利于少数民族传统文化的传播，但是也有可能让少数民族传统文化被其他强势文化融合、同化、甚至取代。特别是新媒体的海量、快捷传播，使得各具特色的地域文化或民族文化、各种各样的异国文化，通过新媒体传播到少数民族的生活中。调研发现，部分少数民族对本民族的传统节日来历不了解，但是对于圣诞节、情人节、母亲节等国外著名节日，却是从时间、来源、节日过程等方面都有深入的了解。网购时代也制造了一些新节日，如双十一（光棍节）、双十二，再通过各种渠道对这个节日进行广告宣传，现在，人人都知道哪一天是网购节，也知道这一天购物网站会打折、做促销。

出现这种现象，主要原因是：第一，新媒体中关于少数民族传统文化，比如说对传统节日文化的相关信息与宣传力度，都比不上对外国节日的宣传力度。第二，新媒体对于外国节日文化方面的信息储存量，远比少数民族传统节日文化的知识储存量要多。由此，人们了解洋节日胜过了解自己民族的重要节日文化。

文化变迁，是指文化内容或结构的变化，包括因文化的积累、传递、传播、融合与冲突而引起的新文化的增长和旧文化的改变。从上面的分析可以看到，现代传媒大规模介入少数民族日常生活，确实在改变着少数民族传统文化的形式和内容。少数民族社会在“媒化”进程中，正在逐步建构出新的族群性。

附录　调查问卷

一　少数民族媒介素养调查问卷

亲爱的被访问户成员：

您好！我们是西南民族大学师生组成的农村媒介调研组，目的是了解电视、报刊、广播、网络等大众传媒在民族地区农村发展中所起到的中介作用和推动作用。

占用了您及您家人的宝贵时间，我们全体工作人员向您的家人致以最诚挚的谢意！

西南民族大学农村媒介调研组

请您根据问卷内容逐一填写，凡是您及您家人同意或符合您的实际情况的项目，请在相应的序号上打“√”。本问卷不记姓名，没有所谓的正确答案。只要是您及您家人的想法就是正确答案，就可以填写，请不要有顾虑。

调查进行的地区：　　省　　州　　县　　乡　　　村

填表方式：1. 自填　　2. 代填

调查中提到的几种大众传媒，分别为：

电视、报纸、广播、碟片、书刊杂志、手机/固定电话、网络

一、请告诉我们您的基本情况：

性别________，年龄________，族别________，文化程度________，婚姻状况________，您家有________口人。

二、请问您（填表人）的身份？　1. 农业劳动者　2. 企业职工（包

括乡镇企业等）　3. 党政机关工作者　4. 企业管理者（包括私营企业主及企业中的领导、管理层人员）　5. 个体户　6. 外出打工者　7. 在校学生　8. 其他________________________________。

三、请回答您家里拥有下列物品的情况（用阿拉伯数字填写，没有的填写“0”）

1. 电视机________台，最早购买时间________年。

2. VCD/DVD ________台，最早购买时间________年。

3. 电话________部，最早安装时间________年；手机________部，最早购买时间________年。

4. 收音/录机________台，最早购买时间________年。

5. 组合音响________台，最早购买时间________年。

6. 学习机/游戏机________台，最早购买时间________年。

7. 电脑________台，最早购买时间________年。

（如有电脑则继续）8. 您家的电脑是否上过互联网？

（1）是　　　（2）否

四、在空闲时，您经常从事哪些活动？（请逐一回答）

	（几乎）每天	经常	有时	很少	从不
1. 看电视					
2. 做家务					
3. 串门聊天、休息					
4. 看书报、杂志					
5. 赶集、逛商店					
6. 亲友聚会					
7. 学习知识					
8. 民族歌舞、外出游玩					
9. 听广播					
11. 上网					
12. 玩电子游戏					
13. 棋牌、麻将等娱乐					
14. 琴棋书画					

五、你接触传媒的原因［各限选 1 项］主要是（　　），其次是（　　），再次是（　　）。

1. 了解新闻　2. 消磨时间、消遣娱乐　3. 学习新知识　4. 工作需要　5. 放松自己　6. 了解时尚和流行趋势　7. 学会与人交往　8. 其他

六、家里电视机是否接入有线网？

1. 已有，我家已接入　2. 已有，我家未接入　3. 本地还未接有线电视网

七、您家一共能收多少套电视节目？______套

八、请您估计一下，您上周每天大概用了多少时间看电视（平均收看时间）？

1. 周一到周五______小时/每天。　2. 周六到周日______小时/每天。

九、在农闲收看时间内，您主要选择哪些方面的内容？（限选 6 项）

1. 新闻　2. 电视剧、电影　3. 农业节目：指导科学种田、科学养殖的　4. 综艺节目　5. 体育比赛　6. 曲艺类　7. 音乐类　8. 科教文化类　9. 有什么看什么 10. 其他______

十、在农忙期间，您仍然经常收看的节目类别主要是（不限选项）：

1. 新闻　2. 电视剧、电影　3. 农业节目：指导科学种田、科学养殖的　4. 综艺节目　5. 体育比赛　6. 曲艺类　7. 音乐类　8. 科教文化类　9. 有什么看什么　10. 其他______

十一、您家能收到中央七台吗？

1. 能收到　2. 收不到

您知道中央七套是主播农业节目的电视频道吗？

1. 知道　2. 不知道

十二、您看过《致富经》、《科技苑》、《乡村大世界》（中央七套节目）吗？

1. 都看过　2. 只看过《致富经》　3. 只看过《农广天地》　4. 只看过《乡村大世界》　5. 都没有看过

十三、您喜不喜欢看上述三个节目？

1. 喜欢　2. 不喜欢　3. 无所谓

十四、本省、本地区、本县电视台/电台播出的农业节目，您经常看/听吗？

1. 从来不看　2. 几乎不看　3. 碰到了就看　4. 经常看（请填节目

名称________________________________）

十五、您有无参加过新闻媒介组织的下列活动（限选 3 项）

1. 有奖竞猜活动　2. 接受记者采访　3. 刊登广告、启事　4. 通过写信打电话等方式　5. 对新闻媒介提出过意见　6. 直销购物　7. 点播或参与电台或电视节目　8. 给新闻媒介提供新闻线索　9. 参加受众座谈会　10. 担任新闻媒介的通讯员、信息员

十六、您在种植业、养殖业活动中，有无借助传媒帮助的情况？

1. 有　2. 没有

十七、你在企事业工作中，有无借助传媒帮助的情况？

1. 有　2. 没有

十八、上述帮助主要是属于哪一方面？（不限选项）

1. 从传媒中学到了科学的生产技术　2. 从传媒中知道了进货渠道或产品的销售渠道　3. 从传媒中了解了社会需求，或从某个节目中受到启发　4. 从传媒中知道了招工信息　5. 通过传媒理解了国家政策

十九、请问您目前是否关心下面的问题？（请逐一回答）

	很关心	关心	无所谓	不关心	很不关心
农村致富门路					
有关农村的政策					
农村科技种田与科学养殖					
农业生产资料来源与农产品的销售渠道					
农产品价格的涨、跌					
农业税收					
打白条、乱收费、农民负担等					
城市发展变化					
进城打工能顺利找到工作					
打工时发生意外有医疗保障					
打工结束能马上领到工资					
北京举办 2008 年奥运会					
反腐败					
教育改革					
环境保护					

续表

	很关心	关心	无所谓	不关心	很不关心
计划生育					
民主选举					
股市行情					

二十、对传媒披露过的问题，您认为现实中能否得到解决？

1. 可以 2. 不一定 3. 不可以 4. 不知道 5. 无所谓

二一、您认为传媒内容是否真实？

1. 真实 2. 不太真实 3. 不真实 4. 不知道 5. 无所谓

二二、你对“现在人们离开大众传媒已无法生活”的看法是：

1. 完全同意 2. 基本同意 3. 可能吧，但我说不好 4. 不太同意 5. 完全不同意

二三、下列电视节目，您最常看的有哪些？（限选 3 项）

1. 新闻联播 2. 经济信息联播 3. 经济半小时 4. 新闻 30 分 5. 晚间新闻 6. 本省卫视新闻 7. 地方台新闻报道 8. 其他（请自填节目名）______

二四、看电视时，您主要选择哪些方面的内容？（限选 3 项）

1. 新闻类 2. 影视类 3. 综艺类 4. 谈话类 5. 曲艺类 6. 广告类 7. 音乐类 8. 科技知识类 9. 有什么看什么 10. 其他______

二五、您喜不喜欢看新闻专题节目如“焦点访谈”、“每周质量报告”、“新闻调查”等？

1. 喜欢 2. 不喜欢 3. 无所谓 4. 不知道，没看过

二六、下列新闻节目，您最常看的有哪些？（限选 3 项）

1. 焦点访谈 2. 东方时空 3. 实话实说 4. 新闻调查 5. 本地电视台的新闻专题 6. 其他（请填名称）______

二七、您喜不喜欢科普类的电视节目？

1. 喜欢 2. 不喜欢 3. 无所谓 4. 没看过，不知道

二八、您如果喜欢科普类电视节目，最常看的有哪些？

1. 人与自然 2. 探索·发现 3. 今日说法 5. 地球故事 6. 走近科学 7. 电大课程 9. 农广天地 10. 致富经 11. 农业教育 12. 其他

二九、下列财经类电视节目您常看的有哪些？（限选 3 项）

1. 证券时间 2. 中国财经报道 3. 中国房产报道 4. 经济半小时 5. 证券之夜 6. 其他____________ 7. 从未看过此类节目

三十、您喜欢音乐或是影视介绍之类的电视节目吗？

1. 喜欢 2. 不喜欢 3. 无所谓 4. 没看过，不知道

三一、下列音乐、影视介绍之类的电视节目中您最爱看的有哪些？（限选 4 项）

1. 同一首歌 2. 影视同期声 3. 中国电影报道 4. 中国音乐电视 5. 世界影视博览 6. 音画时尚 7. 中国影视动态 8. 新影视周刊 9. MIV 天籁村 10. 中国音乐风行榜 11. 本地电视台播放的，如____________

三二、您喜欢综艺类节目吗？

1. 喜欢 2. 不喜欢 3. 无所谓 4. 没看过，不知道

三三、下列综艺类节目中您最爱看的有哪些？（限选 4 项）

1. 艺术人生 2. 开心辞典 3. 快乐大本营 4. 非常 6 +1 5. 欢乐总动员 6. 曲苑杂坛 7. 星光大道

三四、请您估计一下，您上周大概共用了多少时间看电视？

1. 周一到周五（平均每天大致的收看时间）________分钟；2. 周六到周日（平均每天大致的收看时间）________分钟

三五、请您估计一下，农忙时，你大概一周用多少时间看电视？

1. 周一到周五（平均每天的收看时间）________分钟；2. 周六到周日（平均每天的收看时间）________分钟

三六、在农忙期间，您仍然经常收看的节目类别主要是（不限选项）：

1. 电视连续剧 2. 新闻 3. 综艺节目 4. 谈话节目 5. 戏剧、曲艺 6. 指导科学种田、科学养殖的节目 7. 广告 8. 与平时一样，什么节目都看 9. 其他____________

三七、您经常收听电台广播吗？

1. 经常听 2. 偶尔听 3. 从来不听

三八、除中央人民广播电台外，您还经常收听哪些台的广播：______

三九、您最喜欢的广播节目是（限填 2 个）：____________

四十、您是不是从未订过报纸但偶尔购买过报纸？

1. 偶尔购买　2. 从不购买

四一、您最近一年订阅（含购买阅读）报纸的份数：

1. 0 份　2. 一份　3. 两份　4. 三份以上

四二、你获得报纸杂志的方式：

1. 零购　2. 借阅　3. 报栏阅读　4. 自费订阅　5. 公费订阅

四三、请回答您阅读报纸的情况（限选 3 项）：

1. 经常看　2. 偶尔看　3 碰到了就看　4. 外出打工时看　5. 所在的单位有报纸就看　6. 别人买了自己就看　7. 从来不看

四四、您经常能看到的报纸有（不限选项）

1.《人民日报》　2.《南方周末》　3.《体坛周报》　4. 本地报纸　5. 其他（请写明具体名称）______________________________

四五、在上述报纸中您最喜欢看的 3 种报纸分别是（请填写报纸的序号）：

第一（　　　　），第二（　　　　），第三（　　　　）

四六、如果你经常看报刊，请问主要原因是什么？（限选 3 项）

1. 没有什么特别的原因，碰到了就看　2. 闲得无聊，为了解闷而看　3. 可以知道自己所不知道的事　4. 报刊上有些信息可以帮助脱贫　5. 报刊上有些信息可以帮助致富　6. 为了解国家对农村的政策　7. 为了寻找就业的途径　8. 增长知识与见闻　9. 为了寻找生产资料来源　10. 为了寻找农产品销售市场　11. 报刊上有些内容很有意思、有趣味　12. 了解股市行情　13. 因为喜好文学艺术　14. 因为报刊能反映农民呼声

四七、如果你不看报刊，请问主要原因是什么？

1. 没时间　2. 没兴趣　3. 没有与我们相关的内容　4. 识字太少，看不懂　5. 买报刊要花很多钱，家里没有余钱去买报刊　6. 农村订报或购报很困难，所以不看报　7. 认为报刊上的内容和电视、广播一样，不必看　8. 报刊不如电视、广播有趣，所以不看　9. 报刊上反映的内容不真实（每空限填 1 项）最主要的原因是__________，其次是__________，再次是__________。

四八、您曾在报刊上为自己的农副产品做过广告吗？

1. 做过　2. 没做过

四九、您认为为了出售您的农副产品而掏钱做广告划得来吗？

1. 划得来　2. 划不来　3. 要看情况

五十、你不愿做广告或视具体情况决定做不做广告的原因是（限选3项）：

1. 做广告好是好，但一年辛苦下来的钱做广告实在舍不得 2. 生产的产品三钱不值两钱，做广告不上算 3. 产品少，不值得做广告；产品多，可以考虑做广告 4. 不知道广告做了有没有用 5. 要看广告的价格 6. 广告没人看，做了白做，浪费钱

五一、您有较多的农副产品准备出售时，将会采用什么样的方式？（不限选项）：

1. 打算在报刊或其他媒体上做广告 2. 人托人，四处打听有哪些地方需要自己的产品 3. 由自己家人分头去赶集、进城镇市场或走街串巷叫卖

五二、您对大众传媒上广告的态度（限选2项）。

1. 广告数量太多 2. 广告引导了人们的合理消费 3. 多数广告都是"王婆卖瓜，自卖自夸" 4. 广告信息对生产和经营有相当大的作用 5. 广告信息对生产和经营没有多少作用 6. 好的广告给人以美的享受

五三、如果您看电视的话，喜欢看的有哪些内容？（限选3项）

1. 新闻联播 2. 本地新闻 3. 农村的新闻 4. 广告 5. 教育节目 6. 体育赛事 7. 科技知识介绍 8. 音乐歌舞 9. 国外电影、电视 10. 港台电影、电视 11. 国内电影、电视剧 12. 文艺晚会、综艺节目 13. 动画、木偶片 14. 戏剧、曲艺 15. 只要有时间所有节目都喜欢看 16. 其他____________

五四、如果您收听广播，喜欢听哪些内容？（限选3项）

1. 国际新闻 2. 国内新闻 3. 本地新闻 4. 体育新闻 5. 科技、知识等信息 6. 招工及农产品求购求售等广告 7. 教育节目 8. 企业商品广告 9. 曲艺、戏剧、广播剧 10. 音乐、歌曲 11. 天气预报 12. 小说、评书连播 13. 对农村广播 14. 只要有时间所有的内容都喜欢听 15. 其他____________

五五、如果您读报的话，喜欢阅读哪些内容？（限选3项）

1. 本地新闻 2. 社会新闻（包括奇闻轶事） 3. 农村报道 4. 国内新闻 5. 国际新闻 6. 经济信息（包括科技报道和科技知识介绍） 7. 体育新闻 8. 政府各项政策与法规法治报道 9. 反腐倡廉、舆论监督的报道 10. 广告 11. 文学作品及文艺活动报道 12. 其他____________

13. 报纸上所有的内容全看

五六、如果您看杂志的话，喜欢哪一类？（限选 3 项）

1. 故事类　2. 知识类　3. 童话类　4. 新闻时事类　5. 专业类　6. 文体类　7. 综合类　8. 所有杂志都喜欢看

五七、您对新闻媒介广告的态度（限选 3 项）：

1. 广告数量太多　2. 广告引导了人们的合理消费　3. 好的广告给人以美的享受　4. 多数广告都是“王婆卖瓜，自卖自夸”　5. 广告信息对生产和经营有相当大的作用　6. 广告信息对生产和经营没有多少作用

五八、您购买主要家用电器（如电视机、空调、洗衣机等）时，决定购买何种品牌的原因是（限选 4 项）：

1. 亲友买了这一牌子的，说很好，所以我们也买了　2. 价格便宜，所以买了　3. 看了电视广告后，决定买　4. 听了广播电台的广告后，决定买　5. 看了报纸上登的广告后，决定买　6. 听人说质量好，决定买　7. 在商场里，看见好些人买，所以也决定买

五九、在购买您不很了解的商品时，广告对您所起到的影响：

1. 很大　2. 较大　3. 一般　4. 较小　5. 很小

六十、在您选择下列商品时，广告在其中产生过什么样的影响？

1. 洗衣粉　2. 化妆品　3. 服装　4. 家电　5. 农药　6. 化肥　7. 饲料　8. 良种　9. 农机　10. 运输机械　11. 医药（每问限选 3 项）1. 影响非常大__________2. 影响比较大__________3. 影响有但不大__________4. 完全没有影响__________

六一、在购买重要商品（如主要家电）时，您及家人谁是最终决定者？

1. 户主　2. 主妇　3. 成年孩子　4. 户主的父母　5. 谁去买谁决定

六二、在购买常用商品（如洗衣粉、食物等）时，您及家人谁是最终决定者？

1. 户主　2. 主妇

六三、在购买农用商品（如化肥、农用机械等）时，您及家人谁是最终决定者？

1. 户主　2. 主妇　3. 成年孩子　4. 户主的父母　5. 谁去买谁决定

六四、当您有重大问题需要反映或出现纠纷时，你首先会想到找谁？

（限选 3 项）

1. 村或乡镇干部　2. 族长或者本地有威望的人　3. 派出所等公安司法机关　4. 新闻媒介　5. 亲朋好友　6. 其他

六五、在空闲时，您经常从事哪些活动？（请逐一回答）

	几乎每天	经常	有时	很少	从不
1. 看电视					
2. 看报纸					
3. 看书、看杂志					
4. 听广播					
5. 读小说					
6. 到剧场看电影					
7. 看录像或影碟					
8. 唱卡拉 OK 或跳舞					
9. 听音乐					
10. 外出旅游					
11. 做家务、串门聊天、逛商店、休息					
12. 学习知识					
13. 体育活动					
14. 逛商店					
15. 打麻将					
16. 下棋、打扑克					
17. 玩电脑					
18. 养花、鸟					

六六、请问您家主要劳动力所从事的主要工作以及你家的主要经济来源？

1. 外出打工　2. 在企业工作（包括乡镇企业）　3. 养殖业　4. 种植业　5. 自己办企业　6. 半年务农，半年打工

六七、您的家人有在城镇打工的吗？

1. 有　2. 没有　3. 此前没有，农闲后会有

六八、为什么进城打工？（限选 4 项）

1. 左邻右舍都去，就跟去了　2. 打工能挣钱　3. 乡下活不多，闲着也是闲着，所以去打工　4. 不一定指望挣多少钱，只是不想待在乡下，进城开开眼界，顺便挣点钱　5. 自己的父母 一辈子当农民，太苦，自己想改变命运，进城去碰碰运气　6. 进城打工，说不定能成为城里人　7. 经常在新闻报道或电影、电视中看到农民进城打工的事，自己也想去试试　8. 靠种田难以养活一家老小，所以只好去打工

六九、请问去年您家庭的实际年总收入多少？约＿＿＿＿＿＿元。总支出多少？约＿＿＿＿＿＿元。

七十、请问去年您家庭的实际人均年收入多少（不包括支出，简单计算：家庭总收入 ÷ 人数）？约＿＿＿＿＿＿元。

七一、假如您现在有结余的钱，您首先愿意怎样保管或使用它？（限选 4 项）

1. 存银行　2. 自己放在家里　3. 留给孩子读书用　4. 买国债　5. 翻盖新房　6. 去做生意的本钱　7. 借给别人生息　8. 炒股　9. 其他

您的意见对本地农村以及全国农村的建设将会产生非常大的作用！占用了您及您家人的宝贵时间，谢谢您！我们全体工作人员祝您全家万事如意！

二　大众传媒对少数民族地区农村的影响度调查问卷

调查进行的地区：＿＿＿＿＿省/自治区＿＿＿＿＿州/市＿＿＿＿＿县＿＿＿＿＿乡＿＿＿＿＿＿村。

一、请告诉我们您的基本情况：

性别＿＿＿＿，年龄＿＿＿＿，族别＿＿＿＿，文化程度＿＿＿＿，婚姻状况＿＿＿＿，您家有＿＿＿＿口人。

二、请问您（填表人）的身份？

1. 农业劳动者 2. 公司企业职工（包括乡镇企业）　3. 党政机关工作者 4. 企业管理者（私营企业主及企业中的领导、管理层人员）5. 个体户 6. 外出打工者　7. 在校学生 8. 其他

三、请回答您家里拥有下列物品的情况（用阿拉伯数字填写，没有的填写“0”）

1. 电视机________台，最早购买时间________年。

2. 订阅报/刊________份。

3. 电话________部，最早安装时间________年。

4. 手机________部，最早购买时间________年。

5. 电脑________台，最早购买时间________年。

6. 您家的电脑是否上过互联网？　1. 是　2. 否

四、您认为对您个人的思想观念影响最大的是什么？

选项	影响最大	影响较大	有影响，但较小	完全没有影响
家庭				
电视				
学校				
周围环境				
朋友				
工作环境				
广播				
书籍				
报纸				
杂志				
网络				
电影				

五、您认为报纸、广播、电视、网络等传媒在以下方面发挥的作用使您满意吗？

	很满意	满意	说不好	不满意	很不满意
1. 发布党和国家的法令、法规、政策和方针					
2. 及时报道世界上发生的各种重要事件					
3. 及时反映农村人民群众的呼声					
4. 满足农村人们娱乐消遣的需要					

续表

	很满意	满意	说不好	不满意	很不满意
5. 及时提供与农村经济活动相关的政策和信息					
6. 介绍当前农村欢迎的最新商品的种类及功能					
7. 揭露腐败和社会不正之风					
8. 传授和普及科学文化知识					
9. 提供生活服务、引导消费					

六、对大众传媒的传播内容或方式，您能否作出评价：

1. 可以　2. 有时可以　3. 不可以　4. 不知道

七、您认为大众传媒的内容是否真实：

1. 真实　2. 不太真实　3. 不真实　4. 不知道

八、对大众传媒报道过的问题，您认为现实中能否得到解决：

1. 可以　2. 不可以　3. 不一定　4. 不知道

九、您对农民、农村、农业发展前景的看法是：

选项	百分比	排序
现在党的政策好，农民大有希望	50%	1
当农民工作累，收入低	24%	2
路在脚下，很多人不是凭自己的聪明勤劳致富了吗！	21%	3
当农民没什么出路	5%	4

十、书面回答：您认为电视、广播、报刊、电话、网络这些大众传媒在帮助您发家致富方面能起到多大的作用？您认为在农村应大力发展大众传媒吗？

三　传统主流媒体在少数民族地区的公信力状况调查问卷

调查进行的地区：__________省/自治区__________州/市__________县__________乡__________________村。

一、请告诉我们您的基本情况：

性别________，年龄________，族别________，文化程度________，婚姻状况________，您家有________口人。

二、请问您（填表人）的身份？

1. 农业劳动者 2. 公司企业职工（包括乡镇企业） 3. 党政机关工作者 4. 企业管理者（私营企业主及企业中的领导、管理层人员） 5. 个体户 6. 外出打工者 7. 在校学生 8. 其他____________

三、请回答您家里拥有下列物品的情况（用阿拉伯数字填写，没有的填写“0”）

1. 电视机________台，最早购买时间________年。

2. 订阅报/刊________份。

3. 电话________部，最早安装时间________年。

4. 手机________部，最早购买时间________年。

5. 电脑________台，最早购买时间________年。

6. 您家的电脑是否上过互联网？ 1. 是 2. 否

四、在空闲时，您经常从事哪些活动？（请逐一回答）

	（几乎）每天	经常	有时	很少	从不
1. 看电视					
2. 做家务					
3. 上网					
4. 看书报、杂志					
5. 串门聊天、休息					
6. 参加民族歌舞，或外出游玩					
7. 听广播					
8. 学习知识					
9. 玩电子游戏					
10. 麻将、棋牌、扑克娱乐					

五、请您估计一下，您上周每天大概用了多少时间看电视（平均收看时间）？

1. 周一到周五________小时/每天。

2. 周六到周日________小时/每天。

六、请回答你对以下电视、网络、报纸、杂志的使用情况（请逐一回答）。

	每天看/听	经常	有时	很少	从不
1. 中央电视台一套					
2. 人民日报、参考消息					
3. 中央人民广播电台					
4. 新华网、农业信息网					
5. 本地电视台/报纸					
6. 其他喜欢看的 常看的是：（请写出）					

七、以下媒体所发布的信息，您认为较可信的是（多选）：

1. 电视　2. 网络（新华网、人民网等）　3. 手机短信　4. 广播　5. 报纸

八、你可以上网吗？

1. 无法上　2. 天天上　3. 经常上　4. 偶尔上　5. 从没上

九、你每天的上网时间：

1. 1 小时内　2. 1—2 个小时　3. 2—3 个小时　4. 不定期，不固定

十、您在网上主要是（多选）：

1. 看新闻，查信息　2. 聊天　3. 玩游戏　4. 收发邮件　5. 其他

十一、你上网时是否有明确的目的计划：

1. 没有，上网过程中再找自己感兴趣的内容　2. 有目的，但常常会受干扰去看别的内容　3. 有明确目的，但完成后会去看别的内容　4. 目的非常明确，完成后就下线了

十二、当你从某一国内网站上看到一件重大新闻报道时，你会：

1. 看到就相信　2. 从网上看到后，通过人际关系（亲友或族人）求证　3. 还要在别的国内网站上核实　4. 通过电视或报纸求证　5. 去外国网站寻找相关信息

十三、你一般用手机：1. 接打电话　2. 发短信　3. 上网

十四、你的手机接收亲友、同事/同学的短信：

1. 很多 2. 一般 3. 很少 4. 几乎没有

十五、你对亲友、同事的短信：

1. 完全相信 2. 基本相信 3. 部分相信

十六、你手机接收手机新闻、实用信息的情况：

1. 很多 2. 一般 3. 很少 4. 几乎没有

十七、你对手机新闻：

1. 完全相信 2. 基本相信 3. 部分相信 4. 不相信

十八、您对电视、电台、网络、、报纸等媒体的新闻宣传的看法？

1. 新闻宣传完全可信 2. 基本可信 3. 不可信 4. 不知道 5. 无所谓

十九、如果您认为新闻宣传不可信，主要原因是：

1. 有些报道内容与实际生活不符 2. 有些报道内容说好都好，说坏都坏，有片面性 3. 有时报喜不报忧

二十、您平时通过什么渠道了解新闻信息？请按影响大小依次答两个。

1. 亲友聚会 2. 空闲时间与街坊邻居闲聊 3. 宗教活动 4. 民族歌舞活动 5. 电视 6. 网络 7. 手机 8. 广播 9. 报纸杂志

（每个限选 2 项）影响最大________，影响较大________，有影响，但较小________，完全没有影响________。

二一、您认为对您个人的思想观念影响最大的是什么？请按影响大小依次答两个。

1. 家庭 2. 学校 3. 工作环境 4. 朋友 5. 电视 6. 报纸杂志 7. 网络 8. 广播 9. 书籍 10. 周围环境 11. 电影 12. VCD/DVD 碟片

（每个限选 2 项）影响最大________，影响较大________，有影响，但较小________，完全没有影响________。

二二、对传媒披露过的问题，您认为现实中能否得到解决：

1. 可以 2. 不一定 3. 不可以 4. 不知道 5. 无所谓

二三、你对“现在人们离开电视、网络、手机等（大众传媒）已无法生活”的看法是：

1. 完全同意 2. 基本同意 3. 可能吧，但我说不好 4. 不太同意 5. 完全不同意

二四、您认为报刊、电视、手机、网络这些大众传媒在帮助您发家致富方面能起到多大的作用？您认为在农村应大力发展大众传媒吗？

二五、（受访者）典型语录，细节，以及调查员的强烈感受。

四 主流意识形态在少数民族地区的影响力现状调查问卷

一、请回答您家里拥有下列物品的情况（用阿拉伯数字填写，没有的填写“0”）

物品	电视机1台（含1台以上）	报/刊1份	电话1部	手机1部	手机2部以上	电脑1台	电脑上过网
拥有情况							

二、在空闲时，您经常从事哪些活动？（请逐一回答）

	5 每天	4 经常	3 有时	2 很少	1 从不
1. 看电视					
2. 做家务					
3. 串门聊天、睡觉					
4. 看书报、杂志					
5. 赶集或亲友聚会					
6. 上网					
7. 参加民族歌舞，或外出游玩					
8. 听广播					
9. 学习知识					
10. 玩电子游戏					
11. 麻将、棋牌、扑克娱乐					

三、您认为对您个人的思想观念影响最大的是什么？请按影响大小，选择两项。

1. 家庭 2. 学校 3. 工作环境 4. 朋友 5. 电视 6. 报纸杂志

7. 网络 8. 广播 9. 书籍 10. 手机信息 11. 电影 12. VCD/DVD 碟片

影响最大________，影响较大________，有影响，但较小________，完全没有影响________。

四、网络

（一）您可以上网吗？

1. 无法上 2. 天天上 3. 经常上 4. 偶尔上 5. 从没上

（二）上网时长通常是：

1.1 小时内 2. 1—3 个小时 3. 3 小时以上 4. 不定期，不固定

（三）您在网上花费最多时间来做（多选）：

1. 看新闻、查信息 2. 聊天 3. 玩游戏 4. 收发邮件 5. 其他

（四）你上网时是否有明确的目的（单选题）：

1. 没有，上网时再找自己感兴趣的内容 2. 有目的，但常常会受干扰去看别的内容 3. 有明确目的，但完成后会去看别的内容 4. 目的非常明确，完成后就下线了 5. 上网主要是和朋友聊天、打游戏

（五）当你从某一国内网站上看到一件重大新闻报道时，你会（单选题）：

1. 看到就相信 2. 从网上看到后，通过人际关系（亲友或族人）求证 3. 还要在别的国内网站上核实 4. 通过电视或报纸求证 5. 去外国网站寻找相关信息

五、手机

（一）你一般用手机：

1. 接打电话 2. 发短信 3. 上网

（二）你手机接收亲友、同事/同学的短信：

1. 很多 2. 一般 3. 很少 4. 几乎没有

（三）你对亲友、同事的短信：

1. 完全相信 2. 基本相信 3. 部分相信

（四）你手机接收手机新闻、实用信息的情况：

1. 很多 2. 一般 3. 很少 4. 几乎没有

（五）你对手机新闻：

1. 完全相信 2. 基本相信 3. 部分相信 4. 不相信

六、您对以下电视、广播、报纸杂志的看/听情况（请逐一回答）。

	5 每天看/听	4 经常	3 有时	2 很少	1 从不
1. 中央电视台一套					
2. 人民日报/参考消息					
3. 中央人民广播电台					
4. 新华网/农业信息网					
5. 本地电视台/报纸					
6. （请写）其他喜欢看的常看的是：					

七、请回答您对“中国梦”与“美丽中国”这两个提法的了解：

	中国梦	美丽中国
了解吗？	1. 很了解　2. 较了解　3. 了解一点　4. 不了解　5. 无所谓	1. 很了解　2. 比较了解　3. 了解一点　4. 不了解　5. 无所谓
从哪里了解到的？	1. 从长辈、同村人处知道的 2. 看电视，听广播知道的 3. 看报纸知道的　4. 上网了解到的	1. 从长辈、同村人处知道的 2. 看电视，听广播知道的 3. 看报纸知道的　4. 上网了解到的
关心吗？	1. 非常关心　2. 很关心 3. 一般关心　4. 不怎么关心 5. 与我无关，不关心	1. 非常关心　2. 很关心 3. 一般关心　4. 不怎么关心 5. 与我无关，不关心

八、请对下面的表述给出您的评分或看法，在相关选项上打“√”即可。

（评分标准：1 分“不重要”，2 分“有点重要”，3 分“重要”，4 分“比较重要”，5 分“非常重要”）

1. 保护环境，给子孙留下青山绿水	1	2	3	4	5
2. 干部清正、政府清廉	1	2	3	4	5
3. 有政策都会通知百姓，政府信息公开透明度高	1	2	3	4	5
4. 农村居民收入不断提高，涨幅超过物价涨幅	1	2	3	4	5
5. 和城市相比，农村居民收入不低	1	2	3	4	5
6. 在老家有发展前途，有致富的项目	1	2	3	4	5
7. 外出打工能顺利找到工作，工期结束后能拿到工钱	1	2	3	4	5

续表

8. 农村学生毕业后能找着工作，社会就业率高、失业率低	1	2	3	4	5
9. 看病方便，便宜，农村医疗服务水平高	1	2	3	4	5
10. 与城市相比，教育机会均等，教育质量高	1	2	3	4	5
11. 社会保障体系健全，老有所养，老有所依	1	2	3	4	5
12. 食品卫生安全有保障	1	2	3	4	5
13. 交通顺畅，不为堵车苦，不为购票难	1	2	3	4	5

九、如果还有您认为重要的，请说说您的梦想（可写到空白页上）：

十、对媒介的信任度

（一）以下媒体所发布的信息，您认为较可信的是（多选题）

1. 电视　2. 网络（新华网、人民网等）　3. 手机短信　4. 广播　5. 报纸

（二）您平时通过什么渠道了解新闻信息？请按影响大小依次答两个

1. 亲友聚会　2. 空闲时间与街坊邻居闲聊　3. 宗教活动　4. 民族歌舞活动　5. 电视　6. 网络　7. 手机　8. 广播　9. 报纸杂志

十一、您家的支柱产业（主要经济来源）是：

1. 种植业　2. 养殖业　3. 旅游接待　4. 家庭企业　5. 其他行业____

十二、在从事生产经营活动时，有无借助传媒帮助的情况？

1. 有　2. 没有

十三、上述帮助主要是属于哪一方面？（不限选项）

1. 从传媒中学到了科学的生产技术　2. 从传媒中知道了进货渠道或产品的销售渠道　3. 从传媒中了解了社会需求，或从某个节目中受到启发　4. 从传媒中知道了招工信息　5. 通过传媒理解了国家政策

十四、（一）请告诉我们您的基本情况：

性别________，年龄________，族别________，文化程度________，婚姻状况________，您家有________口人。

（二）请问您（填表人）的身份？

1. 农业劳动者　2. 公司企业职工（包括乡镇企业）　3. 党政机关工作者　4. 企业管理者（私营企业主及企业中的领导、管理层人员）　5. 个体户　6. 外出打工者　7. 在校学生　8. 其他

参考文献

一 中英文论著（以出版时间为序）

张天路主编：《中国少数民族人口调查研究》，高等教育出版社 1996 年版。

罗吉斯·伯德格：《乡村社会变迁》，浙江人民出版社 1988 年版。

杨群：《民族学概论》，上海社会科学院出版社 1998 年版。

乔治·E. 马尔库斯、米开尔·M. J. 费彻尔：《作为文化批评的人类学：一个人文学科的试验时代》，王铭铭、蓝达居译，三联书店 1998 年版。

斯蒂文·小约翰：《传播理论》，中国社会科学出版社 1999 年版。

沃纳·赛佛林、小詹姆斯·坦卡德：《传播理论：起源、方法与应用》，郭镇之等译，华夏出版社 2000 年版。

艾伦：《重组话语频道》，中国社会科学出版社 2000 年中文版。

利贝卡·鲁宾等：《传播研究方法·策略与资料来源》，华夏出版社 2000 年版。

米勒：《组织传播》，华夏出版社 2000 年中文版。

贝姆：《组织中的传播和权力：话语、意识形态和统治》，中国社会科学出版社 2000 年中文版。

林青编：《中国少数民族广播电视发展史》，北京广播学院出版社 2000 年版。

张宇丹主编：《传播与民族发展》，新华出版社 2000 年版。

庄孔韶：《银翅：中国的地方社会与文化变迁：1920—1990》，三联书店 2000 年版。

施正一编：《民族经济学教程》，中央民族大学出版社 2001 年版。

马戎：《民族与社会发展》，民族出版社 2001 年版。

韦尔伯·施拉姆：《大众传播媒介与社会发展》，金燕宁等译，华夏出版社 2001 年版。
费斯克：《理解通俗文化》，中央编译出版社 2002 年中文版。
梅罗维茨：《消失的地域：电子媒介对社会行为的影响》，清华大学出版社 2002 年中文版。
周大鸣主编：《中国的族群与族群关系》，广西民族出版社 2002 年版。
埃弗雷特·M. 罗杰斯：《创新的扩散》，辛欣译，中央编译出版社 2002 年版。
滕星、王军：《20 世纪中国少数民族与教育》，民族出版社 2003 年版。
马戎编：《民族社会学》，北京大学出版社 2004 年版。
尤尔根·哈贝马斯：《后民族结构》，曹卫东译，北京大学出版社 2004 年版。
奥利弗·博伊德—巴雷特、克里斯·纽博尔德编：《媒介研究的进路：经典文献读本》，新闻出版社 2004 年中文版。
伯兹曼：《娱乐至死》，广西师范大学出版社 2004 年中文版。
洛厄里、德弗勒：《大众传播效果研究的里程碑》，中国人民大学出版社 2004 年中文版。
安德斯·汉森等：《大众传播研究方法》，新华出版社 2004 年中文版。
大卫·帕金汉：《童年之死——电子时代成长的儿童》，华夏出版社 2005 年中文版。
谢咏才、李红艳：《中国乡村传播学》，知识产权出版社 2005 年版。
特里·甘布尔、迈克尔·甘布尔：《有效传播》（第 7 版），清华大学出版社 2005 年中文版。
丹尼斯·麦奎尔：《受众分析》，中国人民大学出版社 2006 年版。
柯克·约翰逊：《电视与乡村社会变迁》，展明辉、张金玺译，中国人民大学出版社 2006 年版。
中国社会科学院农村与发展研究所：《中国农村发展研究报告 NO. 5：聚焦“三农”》，社会科学文献出版社 2006 年版。
白润生：《中国少数民族新闻传播史》，民族出版社 2008 年版。
周德仓：《中国藏文报刊发展史》，中国社会科学出版社 2010 年版。
尤游：《大众传媒在农村社区的角色变迁》，上海交通大学出版社 2011 年版。
李苓：《现代传媒与中国西部民族》，中华书局 2012 年版。

李逢雨：《中国朝鲜族新闻传媒与和谐社会建设》，人民出版社 2012 年版。

朱杰：《徘徊与踌躇中的抉择——西北民族地区大众传播与社会变迁研究》，中国社会科学出版社 2013 年版。

二 论文（以出版时间为序）

王铭铭：《传媒时代与社会人类学》，载《新闻与传播研究》1996 年第 4 期。

潘忠党：《传播媒介与文化：社会科学与人文科学研究的三个模式（上）》，载《现代传播》1996 年第 4 期。

秦石林、松涛：《试论我国少数民族广播电视的地位作用及其特殊性》，《中国广播电视学刊》1996 年第 8 期。

张小平：《关于中国少数民族广播电视的几个问题》，《中国广播电视学刊》1997 年第 6 期。

周大鸣：《族群与文化论——都市人类学研究（上）》，载《广西民族学院学报》（哲学社会科学版）第 19 卷第 2 期，1997 年 4 月。

魏洪庚、董森：《中国少数民族广播电视跨世纪发展宏观思考》，《当代传播》1999 年第 3 期。

李一松：《民族志及其实验趣向》，载《学术探索》2000 年第 1 期。

大卫·帕金翰：《英国的媒介素养教育：超越保守主义》，载《新闻与传播研究》2000 年第 2 期。

宋小卫：《西方学者论媒介素养教育》，载《国际新闻界》2000 年第 4 期。

［英］大卫·帕金翰，宋小卫摘译：《英国的媒介素养教育：超越保护主义》，载《新闻与传播研究》2000 年第 2 期。

郑保卫：《媒介教育大众化势在必行》，载《中华新闻报》2002 年 1 月 16 日。

李琨：《媒介素质教育与中国》，载《国际新闻界》2003 年 5 月。

郭建斌：《民族志方法：一种值得提倡的传播学研究方法》，载《新闻大学》2003 年第 2 期。

郭建斌：《传媒与乡村社会：中国大陆 20 年研究的回顾、评价与思考》，《现代传播》2003 年第 3 期。

阿斯买·尼亚孜、金玉萍：《新疆民文党报传播效果调查分析》，载《当代传播》2004 年第 1 期。

约翰·庞杰特：《第二次浪潮：加拿大中学的媒体素养教育》，于亚卓译，载《媒介研究》2004 年第 3 期。

赛莱西·阿不都拉、阿斯玛·尼亚孜：《新疆哈萨克族受众分析》，载《当代传播》2004 年第 1 期。

朱凌飞、孙信茹：《走进“虚拟田野”——互联网与民族志调查》，载《社会》2004 年第 9 期。

臧海群：《西方受众研究的传统与范式》，载《国外社会科学》2005 年第 5 期。

叶同春、邓涛：《论和谐传媒的构建》，载《中国报业》2005 年第 10 期。

石长顺、方雪琴：《电视收视语境与文本基准意义的重构——评戴维·莫利的民族志受众研究》，载《当代传播》2005 年第 6 期。

王建民：《民族志方法与中国人类学的发展》，载《思想战线》2005 年第 5 期。

高丙中：《民族志的科学范式的奠定及其反思》，载《思想战线》2005 年第 1 期。

李春霞：《电视与中国彝民生活》，四川大学文学与新闻学院 2005 年博士学位论文，打印稿。

王玲宁、张国良：《 我国农村受众媒介接触行为调查分析》，中国新闻研究中心：http：//www. cddc. net/，2005 年 5 月 15 日。

仇学英：《贫困山村发展传播模式的探索——大众传播与一个贫困乡村现代化演进的分析框架》，http：//media. szu. edu. cn，2006 年 8 月 19 日。

金玉萍：《日常生活实践中的电视使用——托台村维吾尔族受众研究》，复旦大学新闻学院，2010 年博士论文。

周德仓：《西藏当代新闻传播 60 年》，载《西藏民族学院学报》（哲学社会科学版）2011 年第 5 期。

龙丽双：《少数民族广播电视新闻编辑原则与编辑技巧》，《安顺学院学报》2012 年第 10 期。

张丽萍：《创新内容 拓宽渠道 提高蒙古语广播电视的对外影响力》，《中国广播电视学刊》2012 年第 5 期。

三　网站

在人民网、新华网、国家新闻出版广电总局网站、国家民族事务委员会网站、中国西藏信息中心网站、西藏网、西藏广播电视网、天山网、亚心网、新疆广播电视网、广西网、广西新闻网、宁夏新闻网、四川新闻网等查询并获得相关资料。

作者相关成果目录

一　调研报告

1. 2012年5月，调研报告《当前民族地区信息传播特点与舆论引导建议》经国家民族事务委员会办公厅编入《民委信息》（188期）上报中共中央办公厅、国务院办公厅；2012年8月，该调研报告获中共中央办公厅、国务院办公厅刊物采用。
2. 调研报告《当前民族地区信息传播特点与舆论引导建议》，获2012年国家民族事务委员会社会科学研究成果二等奖。
3. 调研报告《大众传媒与少数民族发展关系的调研报告》，获2007年国家民族事务委员会社会科学研究成果三等奖。

二　论文

1. 林晓华：《论少数民族的媒介素养教育》，载《新闻界》2005年第6期。
2. 林晓华：《少数民族媒介素养教育体系的构建》，载《西南民族大学学报》2007年第12期。
3. 林晓华：《少数民族农牧民媒介素养教育浅议》，载《中国民族》2008年第3期。
4. 林晓华、钟熠：《大众传媒对少数民族农村的影响度分析》，载《西南民族大学学报》2008年第9期。
5. 林晓华：《少数民族媒介素养现状调查》，载《当代传播》2008年第3期。
6. 林晓华：《新媒体与民族文化传播——以元谋彝族聚居区为例》，载《新媒体与民族文化传播研究》，中国广播电视出版社2009年版。
7. 林晓华、时光：《20世纪中国西南少数民族社会制度变革与民族、性别、发展研究》，载《西南民族大学学报》2009 年第 12 期。

8. 林晓华：《关于少数民族农村信息传播现状的调查与思考》，载《中国少数民族地区信息传播与社会发展论丛》，经济日报出版社 2010 年版。
9. 林晓华：《提升民族地区突发事件舆论引导能力的路径研究》，载《西南民族大学学报》2011 年第 3 期。
10. 林晓华：《新形势下提升突发事件舆论引导能力的理论构架》，载《新媒体与民族文化传播研究（第二辑）》，中国广播电视出版社 2011 年版。
11. 林晓华：《主流媒体在民族地区如何提升公信力?》，载《西南民族大学学报》2013 年第 12 期。
12. 林晓华、邱艳萍：《定位理论在民族院校新闻教育发展中的运用》，载《新闻界》2012 年第 12 期。
13. 林晓华：《从“有声有影有字”到“入脑入耳入心”还有多远？——谈民族地区大众传播的短板》，载《中国民族》2013 年第 12 期。
14. 林晓华、邱艳萍：《论羌文化传播中主体性的缺失》，载《西南民族大学学报》2013 年第 9 期。
15. 林晓华、邱艳萍：《手机出版：突破少数民族农村信息传播瓶颈的最优选择》，载《出版发行研究》2013 年第 1 期。
16. 林晓华：《民族传播学研究的“真材实料”》，载《甘肃日报（理论版）》2015 年 5 月 21 日。
17. 林晓华：《迈进主流媒体第一阵营》，载《新闻战线》2015 年第 7 期。
18. 林晓华：《民族文化屏障与生态建设》，载《民族学刊》2016 年第 1 期。
19. 林晓华：《对民族出版业数字化发展的思考》，载《现代出版》2016 年第 1 期。

后　记

云贵高原，大山的褶皱里。生于20世纪70年代初的我，是民族地区农村一名牵牛童，儿时最深刻的记忆就是公社的大喇叭和家里的小喇叭（有线广播）里播放的雄壮激昂的革命歌曲、毛主席语录，以及随处可见的毛主席像、《毛泽东选集》。在我十几岁时，大喇叭小喇叭一齐消失，爸爸买回了收音机，订了一份《春城晚报》。每天下午放学以后，我在听中央人民广播电台的少儿节目《小喇叭》《星星之火》，父亲在看《春城晚报》。晚上，父亲听滇戏，我和姐姐则看从村子里朋友处借来的电影画报和杂志。

十五岁时我离开家到地区民族中学读书。在这个时候，村里有些人家已经买来了黑白电视，架起了天线，在自己家里演起了“小电影”。和有活动图像的电视相比，收音机由于显得落伍，悄悄从村民们的生活中退出。在我二十多岁大学毕业时，村子里的彩色电视机取代了黑白屏幕，有的家庭还购买了VCD/DVD、音箱，当夜幕降临时，村子里会响起年轻人唱卡拉OK的歌声。最近几年我回家，村子里的年轻人纷纷外出打工，村里的多是老年人和留守中小学生，他们毫无例外地都用起了手机，作为日常通讯的工具……

这个村庄的居民们在享用着各种各样的、日新月异的大众传媒。看起来，在现代化的浪潮下，这里也在发生着这样那样的变化。

不过，在这个村庄里，始终不变的似乎还是落后。现在没有哪一个家庭再为温饱发愁，但是，“有吃的，没有用的”（没钱花、钱不够花）是我相熟的村人常向我提起的一句话。在村里最经常发生的事情，如一场婚丧嫁娶，或家中有人生病住院，或供一个孩子上高中/大学，都会导致全家日子过得窘迫。

因此，在将“媒介化社会与少数民族发展”作为论题时，我脑海里浮现出的是一幅幅这样的图景，和一个个随之而来的问题：在今天的中国，大众传媒无所不在的触角已延伸到了乡村的角角落落；那么，大众传媒对少数民族农民生活的影响主要在哪些方面？有多大的影响？大众传媒在少数民族农村扮演了什么样的角色？

在经过数次调研以后，我和参加调查的同学们的共同感受是：面对这个过于庞大的问题，我们似乎无能为力。不过，这却激发了我空前的热情。因为这些问题和我如影随形，像是我生命中与生俱来的问题，其核心指向是我——一个来自民族地区农村的青年对其落后现状的一种焦虑。在今天这个媒介化社会里，少数民族农民如何主动地利用身边的媒介来获取自己想要的信息，并切实改变自己的生活？本书虽然结稿，但这也是另一个探索的开始，对这些问题的追问，将是我今后较长一段时期内的思考方向。

感谢我的博士导师邱沛篁教授。在博士学习期间，邱老师提点我：你来自民族大学，要多关注民族新闻业进展，研究民族传播现象。邱老师的指导是我民族传播研究的开始。

感谢西南民族大学科技处，将本课题列为中央高校重大项目培育项目，使得课题调研有了经费支持。感谢西南民族大学文新学院中国语言文学博士培育点对本书的出版资助。感谢西南民族大学新闻学专业的同学们，你们热情、高效地参与了几次调研，取得了大量的调查数据、手记、照片、视频，为本研究提供了扎实的数据和案例。

感谢中国社会科学出版社李炳青编辑，为了此书的顺利出版，李老师做了大量艰苦、细致的工作。

感谢所有帮助、支持过我的所有老师、亲人和朋友，深深祝福你们快乐安康！

林晓华

于西南民族大学

二〇一六年五月二十二日